이슈와 친해지는 20가지 찬반 논쟁 ──

거침없이, 토론!

Yes!

드루와, 드루와!

No!

김병욱·박정란 지음

북트리거

차례

1
문화_
'너'와 '나'의 입장 차이,
극복할 수 있을까?

2
과학_
자율과 규제,
힘겨루기의 승자는?

3 법_
국가의 힘과 개인의 권리,
무엇이 먼저일까?

4 사회_
평행선을 달리는 사회문제,
해결할 수 있을까?

열린 사고, 거침없는 토론을 꿈꾸며

충남 대천에 '임해교육원'이라는 이름의 청소년수련원이 있습니다. 2000년대 초반에 학생들 수련 활동의 인솔 교사로 그곳을 방문했는데, 사무실 벽에 붙어 있는 세계지도를 보고 큰 충격을 받았습니다. 세계지도가 거꾸로 붙어 있었던 거예요. 잘못 붙인 게 아니라 학생들 교육을 위해 일부러 그렇게 붙여 놓은 것이었습니다. 무엇을 교육하고 싶었던 것일까요? 당시 원장님 말씀을 간단히 요약하면 아래와 같습니다.

1. 우리나라는 삼면이 바다에 둘러싸여 있고 한 면만이 육지로 이어진 반도국가(半島國家)이다. 그럼에도 불구하고 우리나라 사람들은 대부분 대륙국가(大陸國家)에 살고 있다고 잘못 생각한다.

2. 우리나라 사람들이 세계지도를 볼 때, 우리나라가 사실은 해양국가(海洋國家)일 수 있다는 생각을 갖기 힘든 자세에 익숙하기 때문이다. 예컨대 세계지도의 한반도 부

분에 자신의 몸을 세워 놓고 세상을 바라본다고 할 때, 흔히 바다를 등진 채 대륙을 향해 시선을 고정하는 경우가 일반적이다.

3. 그래서 세계지도를 거꾸로 걸어 놓기로 했다. 우리 학생들이 기존의 관성과는 정반대로, 대륙을 등진 채 드넓은 바다를 통해 세상을 바라보는 기회를 한 번쯤 가졌으면 좋겠다. 그래야 다들 대륙만 바라보지 않고 해양도 균형 있게 바라볼 수 있을 것이고, 드넓은 대양을 향해 꿈을 키우는 친구들도 많아질 것이다.

여러분은 어떤가요? 대륙과 해양을 균형 있게 바라보고 있나요? 저는 당시까지 40여 년을 한반도에서 살고 있었지만, 단 한 번도 바다를 향해 시선을 둔 적이 없었습니다. 우리나라가 해양국가일 수 있다는 생각을 해 본 적이 없었거든요. 제가 큰 충격을 받은 것은 바로 그렇게 살고 있는 제 자신의 모습을 난생처음 깨달았기 때문입니다.

조금만 생각해 봐도 참으로 어처구니없는 일입니다. 대륙과 해양을 두루 품고 있는 반도에 살고 있으면서 시종일관 어느 한쪽만 바라본 채 다른 한쪽은 아예 외면하고 있는 것이니까요. 더구나 현실적으로 엄밀히 보면, 지금 우리가 살고 있는 대한민국의 영토는 남북 분단으로 인해 대륙과의 연결이 끊긴 상태에 놓여 있습니다. 사실상 섬나라와 다름없는지라, 바닷길을 통하지 않고는 외부 세계와 만날 수 없는 처지이지요. 이런 상황에서 우리나라 사람들 대부분이 우리나라가 해양국가일 수 있다는 인식조차 갖고 있지 않은 것이 사실이라면, 참으로 걱정스러운 일이 아닐 수 없습니다.

이 책은 바로 이런 문제의식에서 출발했습니다. 동일한 사물이나 현상이라 해도 바라보는 위치와 시선에 따라 얼마든지 달리 보일 수 있다는 것, 그러니 어떤 사물이나 현상을 제대로 파악하기 위해서는 이쪽저쪽을 두루 살펴보아야 한다는 것입니다. 그래야 '거침없이' 말할 수 있어요. 거침이 없다는 것은 언행이 중간에 걸리거나 막힘이 없다는 뜻입니다. 제대로 잘 알고 있어야 가능합니다. 아집과 고정관념에 묶여 있으면 가능하지 않은 경지입니다.

이를 위해 이 책에서는 최근 몇 년간 우리 사회를 뜨겁게 달구어온 20가지의 이슈들을 다루고 있습니다. 지금도 여전히 매우 치열하게 논쟁이 이루어지고, 어떤 현상이나 문제 상황을 바라보는 입장이 매우 첨예하게 대립되는 주제들입니다. 그런 만큼 하나의 문제에 대해 사람들이 갖고 있는 서로 다른 생각이 아주 잘 드러나 있습니다.

또한 이 책은 찬반 논쟁 형식으로 구성되어 있습니다. 양쪽의 입장 차이가 뚜렷 드러나는 방식입니다. 하지만 그것이 목적은 아닙니다. 각각의 입장에 담겨 있는 이유까지 세세히 밝히고 따져 보기 위해서입니다. 그래야 논란이 되는 쟁점의 양 측면을 좀 더 종합적으로 바라볼 수 있고, 문제의 본질에 근접한 해결 방안을 찾을 수 있습니다.

역지사지(易地思之)라는 말이 있습니다. 흔히 쓰는 말이고 여러분도 한 번쯤 들어 봤을 거예요. "입장 바꿔 생각을 해 봐. 네가 지금 나라면 넌 웃을 수 있니."라는 노랫말이 있습니다. 역지사지의 의미를 정말 잘 표현하고 있습니다.

역지사지는 토론, 특히 찬반 논쟁에서 꼭 필요한 자세입니다. 찬성과 반대는 같은 사물이나 현상을 바라보는 시선이 맞서고 있다는 뜻입니다. 서로의 위치를 바꿔서 바라보는 경험이 꼭 필요합니다. 그래야 우리의 생각이 좀 더 풍성해지고 균형을 갖출 수 있습니다. 이 책이 역지사지의 좋은 도구가 되었으면 좋겠습니다. 같은 현상을 서로 다른 각도에서 바라보고 있는 사람들이 상대방의 이야기에 귀 기울이는 멋진 시간이 되면 참 좋겠습니다.

2020년 이른 봄
저자를 대표해서 김범묵

1
문화

‘너’와 ‘나’의 입장 차이,
극복할 수 있을까?

한국식 나이, 유지해야 할까

이번에는 '한국식 나이(세는 나이), 유지해야 할까'를 주제로 토론해 보려고 해. 우리나라는 크게 세 가지 방식으로 나이를 세고 있어. 이 중 우리에게 가장 익숙한 방식은 한국식 나이 셈법이라 불리는 '세는 나이' 방식이야. 이 방식에 따라 한국인은 1세로 태어난 뒤 새해 첫날이 되면 한 살을 더 먹어. 두 번째 방식인 '만 나이 셈법'은 0세로 태어나 생일이 돌아올 때마다 한 살씩 먹는 방식이야. 마지막 '연 나이 셈법'은 현재 연도에서 태어난 연도를 빼 나이를 계산하는 방식으로, 병역법이나 청소년보호법 등에 이용되고 있어. 생각보다 복잡하지?

모든 나라에서 만 나이를 사용하는데, 유일하게 우리나라만 나이를 세는 방법이 세 가지나 되어 불편을 초래한다는 의견이 많아. 이에 '만 나이로 나이 계산법을 통일하자'는 목소리가 높아지고 있지. 하지만 세는 나이는 우리의 고유문화이므로 계속 유지해야 한다는 입장도 있어.

오늘의 토론 주제는 '문화 변동'과 관련이 있어. '세는 나이'는 문화 접변의 한 사례라고 할 수 있지. 현재 우리나라에서만 사용되는 독특한 나이 셈법이지만, 우리나라에서 시작된 문화는 아니거든.

세는 나이는 원래 중국에서 처음 사용되었고, 지리적으로 가까운 우리나라·일본·베트남 등 동아시아 국가에 전해졌어. 그 유래에 대해서는 의견이 분분해. '엄마 배 속에 있을 때부터를 어엿한 인간으로 인정했다', '농경 사회에서 새해 첫날을 중요하게 생각해 나이의 기준으로 삼았다', '당시 중국에 0의 개념이 없어 1세부터 시작했다' 등이 그것인데, 아직 명확하게 밝혀진 바는 없어.

오늘날 중국과 일본, 베트남 등에서는 세는 나이가 아닌 만 나이를 사용하고 있어. 세는 나이를 쓰는 국가는 우리나라가 유일하기 때문에 이를 '한국식 나이'라고 부르기도 해. 외국에서도 'Korean Age'라고 하며 한국의 문화로 소개하지. 세는 나이는 중국의 문화가 우리나라로 전해져 아예 우리 고유문화로 정착하게 된 문화 접변의 사례라고 볼 수 있어.

Yes? No?

잠깐!

토론을 하기 전에 생각해 볼까?

1. 나의 만 나이는 몇 살인가?

2. 한국식 나이 셈법으로 인해 불편함을 겪은 적이 있는가?

3. 왜 우리나라에서만 '세는 나이'를 쓸까?

4. 만 나이로 통일하면 호칭 체계가 무너질까?

5. 한국식 나이 유지에 대한 '나'의 생각은?

도움이 되는 자료들

외국인이 보는
한국식 나이

만 나이 법안
일문일답

찬성1

세는 나이는 우리나라의 고유문화이자 전통이야. 세는 나이 대신 만 나이를 사용하게 되면, 같은 해에 태어났다고 해도 생일에 따라 나이가 달라져 혼란이 생길 거야.

　세는 나이는 우리나라의 독특한 문화이자 전통이야. 다른 나라에서는 사용하지 않는다는 이유로 이를 폐지하는 것은 옳지 않아. 새해 첫날에 떡국을 먹고, 설날에 세배를 드리는 것처럼 오랫동안 전해 내려온 문화로 인정해야 해.

　〈자료 1〉을 살펴보면 세는 나이를 유지하자는 사람이 만 나이로 통일하자는 사람보다 약간 많은 것을 알 수 있어. 만약 하루아침에 세는 나이를 없애고 만 나이만 사용한다면, 우리 사회에 큰 혼란이 생길 거야. 같은 해에 태어났다고 해도 생일에 따라 나이가 달라지는 문제가 생길 수 있기 때문이야. 같은 학년, 같은 반에 속해 있지만 나이는 서로 다른 거지.

같은 해 5월에 태어난 A와, 11월에 태어난 B를 예로 들어 볼게. 올해 중학교 1학년인 A와 B는 세는 나이로 14세 동갑이야. 하지만 만 나이를 적용하면 시기에 따라 사정이 달라져. 4월에는 A와 B 모두 생일이 지나지 않아 만 12세로 나이가 같아. 하지만 6월이 되면 생일이 지난 A는 만 13세, 생일이 지나지 않은 B는 만 12세로 나이가 달라져. 그리고 12월이 되면 두 사람은 다시 만 13세로 나이가 같아지지. 이럴 경우 A와 B의 호칭은 어떻게 해야 할까? B가 생일이 먼저 지난 A를 형·누나라고 불러야 할까? B의 생일이 지나면 둘은 다시 친구가 되는 걸까?

외국에서는 호칭을 잘 쓰지 않고 서로의 이름을 부르는 경우가 많아서 만 나이를 사용해도 크게 문제가 되지 않아. 하지만 이름 대신 호칭을 사용하는 우리나라에서 만 나이를 적용하게 되면 호칭 체계가 무너질 가능성이 있어.

잘 모름
9.2%

'세는 나이' 유지
46.8%

전국
529명

'만 나이'로 통일
44.0%

*자료: 리얼미터(2016년)

〈자료 1〉 '세는 나이'에 대한 국민 여론

반대1

우리나라를 제외한 모든 국가에서 만 나이를
사용하고 있어. 만 나이 셈법으로 통일하면
행정적 혼란을 줄일 수 있어.

우리나라는 전 세계에서 유일하게 세는 나이를
사용하는 국가야. 〈자료 2〉에 따르면 세는 나이를 처음 사용하기 시
작한 중국을 비롯해, 일본, 베트남 등 동아시아 국가들도 만 나이를
적용하고 있지.

그러다 보니 우리나라 사람들은 외국에 가서 국제적인 서류를
작성할 때나 외국인과 소통할 때 나이가 헷갈려 어려움을 겪는 경
우가 많아. 일·공부·여행 등을 이유로 우리나라를 찾는 외국인들도
한국식 나이가 아직 낯설다는 반응을 보이고 있어.

또한 세는 나이는 행정 처리를 할 때에도 혼란을 가져올 수 있어.

1장 ◆ 문화 이슈

우리나라는 1962년에 만 나이를 법적 기준으로 지정했어. 이에 따라 민법과 형법, 투표권 유무를 나누는 기준, 관공서·언론·병원 등에서 만 나이를 적용하고 있지. 게다가 병역법·청소년보호법·정보통신망법 등에서는 연 나이를 기준으로 하고 있기 때문에 혼란이 가중될 수 있어. 결국 세는 나이, 만 나이, 연 나이가 동시에 사용되고 있는 셈이지.

이를 방지하기 위해서는 상황에 따라 다르게 적용되는 나이 기준을 꼼꼼히 확인하고 오류가 발생했을 때 수정해야 하는데, 이 과정에서 불필요한 사회적 비용[1]이 발생할 수 있어. 만 나이로 통일해 사용하면 행정적인 혼란은 물론 사회적 비용도 줄일 수 있을 거야.

〈자료 2〉 세는 나이를 폐지한 동아시아 국가들

- 중국: 1966~1976년, 10년간 이뤄진 문화대혁명 이후 세는 나이를 폐지하고 만 나이를 사용함.
- 일본: 1902년 만 나이를 공식적으로 사용하기 시작함. 1950년 이후 세는 나이를 법적으로 폐지함.
- 베트남: 1884~1945년 프랑스 식민지 기간 동안 자연스럽게 세는 나이를 폐지함.
- 북한: 1980년대 이후 만 나이만 사용함.

1 어느 생산자가 재화를 생산할 때 생산자를 포함한 사회 전체가 부담하는 모든 비용을 말한다.

찬성 2

세는 나이에는 태아를 인간으로 인정하는 생명 존중 사상이 담겨 있어. 지금처럼 세는 나이와 만 나이를 병행해서 사용해도 큰 문제는 없어.

한국식 나이에서는 임신 기간에 태아가 배 속에서 보낸 시간을 고려해 태어날 때부터 한 살로 보고 있어. 여기에는 생명을 소중히 하고 후손 잇는 것을 중시하는 우리나라의 관습이 담겨 있어. 이렇게 소중한 관습을 없애는 것은 옳지 않다고 생각해.

또 우리나라 사람들은 이미 세는 나이에 익숙해져 있기 때문에, 이를 하루아침에 바꾸는 일은 쉽지 않아. 앞서 말했듯이 정부는 법적으로 만 나이 사용을 공식화하고 일부 법에서는 연 나이를 적용하도록 했지만, 결국 오랜 관습을 바꾸진 못했어. 이미 일상적으로 사용되고 있는 세는 나이를 폐지하기 위해서는 정부가 국민을 상대로 '만 나이 사용 캠페인'을 벌이는 등 적극적인 홍보가 필요해. 이를 위해서는 상당한 노력과 예산이 들어갈 텐데, 굳이 그렇게까지 할 필요가 있을까. 여태까지 세는 나이와 만 나이를 큰 문제 없이 병행해 온 것처럼 앞으로도 그렇게 유지해 나가면 돼.

반대 측에서는 외국인이 세는 나이를 낯설어한다고 했는데, 이는 문화의 차이라고 생각하면 되지 않을까 싶어. 외국인이 세는 나이를 어려워한다고 해서 아예 없애는 것은 적절하지 않아. 오히려 법적 나이 기준으로 만 나이와 연 나이가 혼용되는 것이 더 심각한 문제라고 생각해. 〈자료 3〉을 보면 우리나라 병역법과 청소년보호법에서 연 나이를 적용하고 있어. 일정 나이에 이르는 해의 1월 1일이 되면 생일에 관계없이 병역 대상자가 되고, 술이나 담배 등을 구입할 수 있다는 것이 그 내용이지. 이를 두고 행정상의 편의를 위해 나이 체계를 더 복잡하게 만들었다는 비판도 일고 있어.

〈자료 3〉연 나이가 적용되는 경우
- 병역법 제11조: 병역 의무자는 19세가 되는 해에 징병검사를 받아야 한다. → 연 나이 적용 이유: 병역 자원의 통일적 관리를 위함.
- 청소년보호법 제2조: '만 19세 미만' 청소년은 술·담배 등을 구매할 수 없다. 단 '만 19세가 되는 해를 맞이한 사람'은 예외로 한다.
  → 연 나이 적용 이유: 규제의 효율성과 집행의 편의성을 위함.

반대 2

만 나이를 사용하면 의료·언론 등 여러 분야에서 발생할 수 있는 혼란을 줄일 수 있어. 세는 나이는 경직된 서열 문화를 심화시킨다는 문제도 있어.

만 나이를 사용하면 행정 처리뿐만 아니라 다양한 분야에서 발생할 수 있는 혼란을 방지할 수 있어. 실제로 의료 분야에서도 만 나이를 활용하고 있어. 예를 들어 병원에서 감기약을 처방할 때 만 12세 미만은 20mL, 주사로 약물을 투여할 때 만 6세 미만은 10cc 등으로 정하는 것처럼 말이야.

언론에서도 사람의 나이를 표시할 때는 만 나이를 써야 해. 하지만 관습적으로는 세는 나이를 사용하다 보니, 언론사나 기자의 판단에 따라 특정 인물의 나이가 통일되지 않은 채 보도되어 혼선을 주는 경우가 많지.

〈자료 4〉에서도 알 수 있듯이, 우리가 살아가면서 중요하게 참여하거나 결정해야 하는 많은 일들이 이미 만 나이를 기준으로 이뤄지고 있어. 만 나이를 사용하면 따로 나이를 계산할 필요가 없으므로 보다 편리한 삶을 살 수 있지. 그렇기에 세는 나이 대신 만 나이로 통일해 사용할 필요가 있어.

또 세는 나이는 경직된 서열 문화를 심화시킬 수 있다는 단점이 있어. 예를 들어 세는 나이에 따르면 12월 31일생 아기는 태어난 지 이틀째인 이듬해 1월 1일에 두 살이 돼. 한 살 차이로 언니, 오빠, 형, 누나 등 서열을 정리하려는 서열 문화를 조장할 수 있지. 따라서 누구나 만 1년이 지나야 한 살 더 먹는 만 나이 셈법을 사용하는 것이 더 타당하다고 생각해.

〈자료 4〉 만 나이 자격 기준

- 운전면허 취득 가능(만 18세 이상)
- 아르바이트 및 취업 가능(만 18세 이상)
- 청소년 관람 불가 영화 관람 가능(만 18세 이상, 재학 중인 고등학생 제외)
- 군대 입영 가능(만 18세 이상)
- 9급 공무원 지원 가능(만 18세 이상)
- 워킹 홀리데이 신청 가능(만 18세~만 30세)
- 투표 가능(만 18세 이상)

토론 갈무리하기

　오늘의 주제는 '한국식 나이, 유지해야 할까'였어. 이에 대한 찬성과 반대 입장을 각각 정리해 보자.

　찬성 측은 세는 나이가 우리나라의 고유문화이자 전통이라고 말했어. 그리고 세는 나이 대신 만 나이를 사용할 경우 같은 해에 태어났더라도 생일에 따라 나이가 달라져 혼란이 생길 거라고 주장했어. 또 지금처럼 세는 나이와 만 나이를 병행해서 사용하면 큰 문제가 되지 않는다고 덧붙였지.

　반대 측은 우리나라를 제외한 모든 국가에서 만 나이를 사용한다고 하면서, 이로 인해 외국에 나간 우리 국민은 물론 우리나라를 찾는 외국인도 불편을 겪을 수 있다고 했어. 또 나이 셈법을 만 나이로 통일하면 행정·의료·언론 등 여러 분야에서 발생할 수 있는 혼란을 줄일 수 있다고 했지. 그리고 경직된 서열 문화를 조장하는 세는 나이는 폐지되는 게 마땅하다고 주장했어.

　나이 문제는 그동안 계속해서 논란이 됐던 이슈라 오늘 토론이 더욱 흥미진진했던 것 같아. 오늘도 열띤 토론을 펼쳐 줘서 정말 고마워.

주제 2

카페의 '카공족', 이대로 괜찮을까

오늘은 '카공족'에 대해 토론해 보려고 해. 혹시 카공족에 대해 들어 봤니? 카공족이란 '카페에서 공부하는 사람들'을 의미해. 몇 년 전, 커피 전문점 '스타벅스'의 한 매장이 유독 사람들의 관심을 끌었어. 2018년 4월에 문을 연 노량진 지점이 바로 그곳이야. 매장이 문을 열기 전에는 스타벅스 매장이 왜 그동안 노량진에 입점하지 않았을까 하고 궁금해하는 사람들이 꽤 있었어. 노량진은 각종 시험을 준비하는 젊은이들이 몰려 있는 곳인데 스타벅스가 없다는 게 의구심을 자아낸 거지.

그런데 막상 매장이 생기자 논란이 일었어. 다른 매장과 달리 노량진점은 테이블이 낮고 콘센트가 몇 개 없어서 손님들이 오래 앉아 있을 수 없었거든. 그러자 이것이 수험생들이 카페에 오래 앉아 있을 것을 우려한 업체의 야박한 처사가 아니냐는 의견이 있었어. 그런데 이에 사람들 대부분은 스타벅스가 아닌 카공족을 비난했어. '카공족 때문에 맘 놓고 대화도 못한다'는 등의 부정적 여론이 제기되면서 카공족을 둘러싼 찬반 논란이 이슈로 떠오르게 되었지.

오늘의 토론 주제인 '카공족'을 둘러싼 논란은 '공동체 윤리' 차원에서 고민되어야 할 문제라고 할 수 있어. 우리 인간은 더불어 살아가는 사회적 존재야. 사회가 원활히 돌아가려면 타인에 대한 관심과 배려가 필요해. 그리고 배려는 자기중심적인 입장을 버리고 상대방의 입장에서 생각해 보는 데서 시작하지. '역지사지(易地思之)'라는 고사성어를 들어 봤을 거야. 특히 많은 사람이 함께하는 공공장소에서는 역지사지의 자세로 남을 배려하는 태도가 중요해.

카공족에 대해 다양한 시선이 존재할 수 있겠지만, 기본적으로 이런 관점에서 접근하는 것이 중요하다고 생각해. 카페는 공공장소야. 이곳에서는 서로를 존중하고 배려하는 마음을 가질 필요가 있지. 그렇다면 카공족의 행태는 어떻게 해석될 수 있을까? 이들도 일종의 자릿세를 지불했으니 장시간 카페 이용은 정당한 권리 행사일까, 아니면 타인을 배려하지 않은 이기적인 행동일까? 이는 판단하기 매우 어려운 문제야. 사회적 존재로서 반드시 갖추어야 하는 덕목인 '배려'를 기억하며 토론을 펼쳐 줬으면 좋겠어.

잠깐!

토론을 하기 전에 생각해 볼까?

1. '나'는 왜 카페에 갈까?
2. 카페에서 공부를 해 본 적이 있는가?
3. 카페에서 공부하는 사람을 보면 어떤 생각이 드는가?
4. 음료수 한 잔을 주문했을 경우, 카페에 머물 수 있는 적정 시간은 얼마일까?
5. 카공족에 대한 '나'의 생각은?

도움이 되는 자료들

카공족 장점

카공족 단점

한국 최초
커피 전문점

반대 2

카페는 쉼터이자, 교류가 이루어지는 문화 공간이야. 카공족이 비난받는 이유는 카페의 고유 기능을 침해하고 있기 때문이야.

　　카공족을 새로운 카페 문화를 선도하는 주역으로 보다니 잘 이해가 되지 않아. 카페는 기본적으로 '공부방'이 아니야. 카페는 본래 가볍게 음식을 먹고 휴식을 취하는 쉼터이자, 대화와 교류가 이루어지는 문화 공간이야. 카공족이 비난의 대상이 된 주된 이유는, 카페를 마치 시험과 취업 준비를 위한 공부방으로 여기며 그 고유의 기능을 침해하고 있기 때문이야.

　　〈자료 4〉를 보면서 카페 고유의 기능이 무엇인지, 우리가 추구해야 할 카페 문화란 어떤 것인지 생각해 봤으면 좋겠어. 파리, 로마, 빈 등 유럽의 유명 도시에는 오랜 전통을 자랑하는 카페가 많아. 그

비결이 무엇일까? 유럽의 카페는 무엇보다 지식과 문화를 창출하는 장소였어. 지식인들의 토론장이자 예술가들의 아지트로, 새로운 문화를 선도하는 공간이었지.

지금 우리 사회에서는 카공족을 하나의 변화된 카페 문화로 보고 있지만, 유럽의 카페 문화는 이와는 차원이 달라. 카공족의 행태에는 극한 경쟁 사회의 부정적인 특성이 고스란히 담겨 있어. '나만 잘되면 그만'이라는 이기적인 특성이 드러나, '꼴불견', '비(非)매너'라는 비난을 면치 못하는 거야. 그런데 그런 카공족이 카페를 장악하고, 카페는 수익을 위해 점점 더 그들의 요구에 맞춰 변하고 있으니 안타까운 마음이 들어. 하지만 아직 희망은 있다고 생각해. 카페는 지금까지 사람들이 모이는 거점의 역할을 해 왔고, 현재는 우리 삶에 없어서는 안 될 공간으로 자리 잡았어. 우리나라의 카페도 유럽의 카페처럼 편안한 쉼과 멋진 만남이 있는, 새로운 문화를 창출하는 장소로 거듭날 필요가 있어.

〈자료 4〉 최초의 프랑스 카페, '르 프로코프'

'르 프로코프'는 1686년 문을 연 최초의 프랑스 카페다. 볼테르, 루소, 몽테스키외, 빅토르 위고, 나폴레옹과 같은 유명인들이 르 프로코프의 단골이었으며, 청년들은 이곳에서 프랑스 정치에 대한 담론을 나누면서 프랑스혁명의 사상적 기반을 마련했다. 뒤이어 프랑스에는 다양한 문학 카페와 철학 카페가 생겨났다. 르 프로코프는 300년이 훌쩍 지난 지금도 운영되며 그 명성을 이어 가고 있다.

키는 말인데, 다른 낱글자를 사용해도 글자가 비슷하게 보이는 효과를 이용해 만들어졌어. 이 밖에 초성 중심의 줄임말, 외국어와 한글을 섞은 신조어들도 인기를 끌고 있지.

이러한 신조어 사용을 둘러싼 찬반 논란은 오래전부터 계속되어 왔어. 신조어 사용을 찬성하는 측은 이것이 시대 변화에 따른 자연스러운 현상이며 새로운 언어를 창조하는 일이라고 주장해. 반대 측은 신조어를 사용하면 우리 고유의 언어인 한글이 파괴되고 세대 간 소통이 단절될 것을 우려하지.

오늘의 토론 주제인 '신조어'와 관련해 반드시 살펴봐야 할 내용으로는 '어문규범'을 들 수 있어. '어문규범'이란 우리가 언어생활에서 따르고 지켜야 할 공식적인 기준이야. 바르고 정확하게 말하고 쓰기 위해 지켜야 할 규칙이지. 어문규범에는 '한글맞춤법, 표준어 규정, 외래어표기법, 로마자표기법'이 포함되어 있어. 신조어가 비판받는 이유 가운데 하나는 어문규범을 따르지 않고 한글을 파괴하기 때문이야.

그런데 교과서를 보면 올바른 국어 생활의 기본은 어문규범이지만, 무조건 원칙을 지킬 필요는 없다고 설명해. 구어와 문어, 문학어와 일상어, 방언 등도 적절히 사용해 창의적인 언어생활을 하는 것이 중요하다고 보지. 사회가 변화함에 따라 언어를 창의적으로 활용할 줄 알아야 한다는 의미야. 이에 대해 어떻게 생각해? 그럼 이제 본격적으로 신조어 사용 문제에 대해 토론해 볼까?

Yes? No?

잠깐!

토론을 하기 전에 생각해 볼까?

1. '나'는 신조어를 주로 어디서 접하는가?
2. 사람들은 왜 신조어를 사용할까?
3. 신조어 사용으로 의사소통의 어려움을 겪은 적이 있는가?
4. 신조어를 대화할 때 사용하는 것과 방송에서 사용하는 것은 어떤 차이가 있을까?
5. 신조어 사용에 대한 '나'의 생각은?

도움이 되는 자료들

2019년
신조어 테스트

2017년
급식체 유행

반대 1

무분별한 신조어 사용으로 한글이 파괴되고 있어. 방송 매체에서 신조어를 남용하는 것도 문제야.

요즘 신조어가 무분별하게 사용되면서 한글 파괴 현상이 일어나고 있어. 인터넷과 SNS에서 널리 쓰이는 신조어가 사이버공간을 넘어 일상생활에서도 활발히 사용되면서 한글이 훼손되고 있지.

신조어 가운데 맞춤법이 틀리고, 뜻을 알 수 없을 만큼 지나치게 축약되고, 국적이 불분명한 것들이 점점 많아지고 있어. 이러한 상황에서 많은 사람들은 어문규범에 맞지 않는 신조어를 별다른 비판 의식 없이 사용하고 있지. 습관적으로 신조어를 사용하다가 공식적인 자리나 어른과 대화하는 자리에서 실수를 하는 경우도 있어. 따

1장 ◆ 문화 이슈

라서 가급적 신조어 사용을 줄이고, 올바른 언어를 사용하는 습관을 길러야 해.

여러 방송 매체에서 신조어를 남용하는 것도 심각한 문제야. 출연자들이 직접 신조어를 사용하는 것은 물론 자막에까지 버젓이 나오고 있지. 방송은 시청자들의 생각이나 언어생활에 큰 영향을 주는 만큼 신조어 사용에 관한 규제가 마련되어야 한다고 생각해.

〈자료 2〉에 따르면, 청소년들은 신조어가 한글을 훼손하고 있으며, 신조어를 대체할 표준어가 있다면 사용하겠다고 답했어. 물론 재미로 신조어를 몇 차례 사용할 수는 있어. 하지만 어문규범이 떠오르지 않을 정도로 신조어에 몰입하는 일은 우리 모두 경계해야 하지 않을까?

〈자료 2〉 신조어의 한글 파괴에 관한 청소년의 생각

*대상: 중고생 남녀 140명 *자료: 엘리트(2016년)

신조어를 사용하면 효율적인 의사소통을 할 수 있어. 또한 신조어는 한글을 파괴할 정도로 큰 영향력을 갖고 있진 않아.

신조어를 사용하면 길고 복잡한 설명 없이도 손쉽게 의사소통을 할 수 있어. 특히 줄임말 신조어의 경우 글자 수 제한이 있는 SNS에서 사용하기에 유용해. 글자 수 제한이 없더라도 말을 빠르게 전달할 때 사용하기에도 좋지.

신조어에는 '대유잼' 등과 같이 새롭고 재미있는 표현이 많아 소통하는 즐거움을 주기도 해. 서로 비슷한 신조어를 사용하는 과정에서 유대감과 친밀감이 더욱 쌓일 수도 있지.

또 신조어는 사회현상이나 이슈를 빠르게 반영해 만들어진다는 것도 장점이야. 2019년 7월 세계적인 축구 스타 호날두가 우리나라에 방문했어. 많은 사람이 호날두의 경기를 직접 보기 위해 비싼 값에 입장권을 구입했지만, 호날두는 단 1분도 경기에 나서지 않았지. 그러자 화가 난 사람들이 '날두하다'라는 신조어를 만들었어. 이는 '할 일을 하지 않고 제값을 못하는 것'을 가리켜.

　신조어 사용을 반대하는 사람들은 신조어가 세대 간 격차를 가져와 의사소통을 방해할 수 있다고 하는데, 이는 지나친 걱정이야. 실제로 〈자료 3〉에 따르면, 절반 이상의 사람들이 신조어 때문에 대화에 어려움을 겪은 적이 별로 없다고 답했어. 국립국어원의 발표에 따르면, 신조어 10개 가운데 7개는 10년 안에 저절로 사라진다고 해. 이는 신조어가 한글을 파괴할 정도로 큰 영향력은 없다는 것을 의미하지.

〈자료 3〉 신조어나 준말 때문에 대화에 어려움을 겪은 적이 있는가?

전혀 없다
1.8%

자주 있다
15.9%

매우 자주 있다
25.5%

별로 없다
56.8%

*대상: 직장인 337명
*자료: 취업 포털 커리어(2019년)

반대 2

신조어는 세대 간 대화를 단절시키고, 언어 격차를 가져올 수 있어. 특정 계층을 혐오하는 신조어는 사회 갈등을 일으킬 수도 있지.

요즘 유행하는 신조어는 주로 젊은 층(10~20대)을 중심으로 만들어져 사용되고 있어. 이에 따라 〈자료 4〉의 기사에서도 볼 수 있듯, 어른 세대는 빠르게 변화하는 신조어를 이해하는 데 어려움을 겪을 수 있어. 아무리 노력한다고 해도 계속해서 쏟아지는 신조어를 모두 이해하는 건 거의 불가능하다고 볼 수 있지. 뜻을 알고 나서도 쉽게 이해하지 못하는 경우도 많고. 따라서 신조어를 지나치게 사용하면 세대 간 대화가 단절되고, 언어 격차가 커질 가능성이 높아.

2018년 국가인권위원회에서 발표한 '노인인권종합보고서'에 따

1장 ◆ 문화 이슈

르면 노인의 40.4%가 '세대 간 소통에 어려움을 경험했다'고 답했어. 물론 세대 간 대화가 단절되는 원인을 100% 신조어 때문이라고 볼 수는 없지만, 주요 원인 가운데 하나임은 분명해.

신조어 수가 급격히 증가하면서 심지어 같은 세대 안에서도 대화가 통하지 않는 일이 벌어질 수 있어. 신조어를 모르는 경우 신조어를 사용하는 이들로부터 놀림을 받거나 소외될 수 있지.

또한 특정 계층이나 지역을 비하하는 신조어는 사회 갈등을 일으킬 가능성도 있어. 특정 계층에 한자 '벌레 충(蟲)' 자를 붙여 이들을 비하하는 의미가 담긴 '노인충, 맘충, 급식충' 등으로 부르거나, 외국인을 '외퀴'(외국인 + 바퀴벌레)라고 하는 것이 대표적인 예라고 할 수 있지.

〈자료 4〉 "오늘 댕댕이 아파서 병원 갔다 왔어… 완전 롬곡?"

30대 직장인 권 씨는 퇴근길 지하철역에서 10대 여고생들이 나누는 대화에 어리둥절했다. "댕댕이는 친한 친구란 뜻인가? 롬곡은 또 뭐지?" 스마트폰을 꺼내 든 권 씨는 이내 머리를 긁적였다. 댕댕이는 반려견(멍멍이)을 이르는 말이었다. '멍' 자가 '댕' 자와 얼핏 비슷하게 보인다는 점에 착안해 변형한 단어다. 롬곡는 '눈물'을 위아래로 뒤집은 말이다. 권 씨는 "학창 시절에 (신조어를) 많이 쓰곤 했는데, 요즘 친구들이 쓰는 신조어는 무슨 말인지 잘 모르겠다"며 "10대 학생들이 하는 말을 못 알아들으니 갑자기 꼰대가 된 기분"이라고 말했다.

*자료: 이데일리(2018년)

토론 갈무리하기

이번 시간에는 '신조어, 사용해도 될까'를 주제로 토론해 봤어.

먼저 신조어 사용을 찬성하는 측에서는 새로운 언어가 등장하는 건 자연스러운 언어 현상이라고 했어. 신조어로 인해 어휘와 표현이 풍부해지고 언어문화가 발전할 수 있다고 주장하기도 했지. 또 많은 사람이 신조어를 간편하고 재미있다고 여기므로 창의적인 언어 놀이로 봐야 한다고 했어.

신조어 사용을 반대하는 측에서는 신조어로 인해 한글이 파괴될 것을 우려했어. 신조어로 인해 올바르지 않은 언어 습관이 형성될 수 있다고 했지. 또한 신조어는 주로 젊은 층을 중심으로 만들어지고 사용되기 때문에, 세대 간 대화를 단절시키고 언어 격차를 가져올 수 있다고 지적하기도 했어. 그 밖에 특정 계층이나 지역 등을 비하하는 신조어는 사회 갈등을 일으킬 수도 있다고 했지.

신조어는 '언어문화 발달' 등의 순기능과 '세대 간 소통 단절, 한글 파괴' 등의 역기능을 모두 지니고 있어. 그렇기에 찬반 논란이 더욱 거센 이슈라 할 수 있지. 앞으로도 이 주제에 대해 계속해서 고민해 봤으면 좋겠어. 그럼 오늘 토론은 여기서 마칠게.

개고기 식용, 합법화해야 할까

　　오늘은 '개고기 식용, 합법화해야 할까'라는 문제에 대해 토론하려고 해. 매 여름 논란이 되는 이슈인데, 2018년도부터는 특히 찬반 입장이 격렬히 맞서고 있지.

　　정부가 분뇨 처리 시설을 갖추지 않은 축산 농장을 폐쇄하겠다는 '축산분뇨법' 시행 방침을 발표하면서 동물 보호 단체와 육견 단체(개 농가와 개고기 판매 업주들의 단체) 간 갈등이 심화됐어. 소나 돼지 등 다른 가축들의 농장에는 6개월의 준비 기간을 주겠다고 했지만, 개 농장에 한해서는 당장 적용하겠다고 했거든.

　　그러던 중 몇몇 국회의원이 개고기 식용을 금지하는 법을 발의

반대1
문화는 언제든지 바뀔 수 있어.
반려동물 양육 인구 1,000만 시대에
개를 식용 대상으로 삼을 순 없어.

개고기 식용 합법화를 주장하는 사람들이 흔히 내세우는 논리가 문화상대주의인데, 이는 한마디로 매우 억지스러워. 우선 문화상대주의는 우리나라의 개고기 식용 문화를 정당화하는 논리가 될 수 없어. 개고기 식용 문화를 문화상대주의 측면에서 본다고 해서 그 문화가 옳거나, 그것을 꼭 따라야 한다는 뜻은 아니기 때문이야. 예컨대 우리의 남아 선호 사상을 문화상대주의 측면에서 생각한다고 해서 그 사상 자체가 정당화될 수 없는 것처럼 말이야.

또한 개고기 식용 합법화를 주장하는 사람들이 내세우는 논리는 지나치게 비현실적이야. 먼 옛날 농경 사회에 의거한 우리의 식문화를 논리의 근거로 이야기하기 때문이지. 시대가 바뀌면 문화도 바뀌게 마련이야. 예전에는 고기의 종류가 다양하지 않아 개를 음식으로 먹었지만, 지금은 소·닭·돼지·오리 등 다양한 육류가 있어 굳이 개를 먹지 않아도 돼. 오히려 오늘날 우리가 주목해야 할 것은 '사람들이 개와 어떤 관계를 맺고 있는가'라고 할 수 있어. 〈자료 2〉에서 볼 수 있듯이, 2017년 기준으로 전체 가구의 29%가 반려동물을 키우고 있어. 반려동물 양육 인구 1,000만 시대가 도래한 거지. 이제 개는 가족과 다름없는 매우 친숙한 동물이 되었어. 따라서 지금은 식용견과 반려견을 구분해서 기르는 것이 더 어려워졌어. 식용견과 반려견을 누가 어떤 기준으로 정할 수 있을지도 의문이야.

개고기 식용 논쟁은 1988년 서울올림픽 때부터 시작해 약 30년간 이어지고 있어. 아직도 국내외의 비난을 감수하면서까지 개고기 식용 합법화를 주장하는 사람들이 있는데, 이는 시대착오적인 발상이야. 개고기 식용은 절대 합법화되어선 안 돼.

〈자료 2〉 반려동물 양육 인구 및 개체 수
· 반려동물을 키우는 가구
  2010년 전체 가구의 17% → 2017년 29%
· 국내 반려동물 개체 수
  2010년 476만 마리 → 2017년 874만 마리 (7년간 83.6% 증가)
                                    *자료: 한국농촌경제연구원(2018년)

반대 2

개고기 식용 합법화는 동물 복지를 악화시킬 거야. 공장식 개 사육 농장이 확대되면서 개에 대한 학대가 더욱 심화될 수 있기 때문이야. 소·돼지·닭이 겪는 고통을 개도 겪을 수 있어.

　　어떤 동물의 식용을 합법화한다는 것은 그 동물을 집단 사육해 상업적으로 이용할 수 있게 한다는 뜻이야. 〈자료 4〉와 같은 환경에서 사육되고 있는 돼지와 닭의 사례를 보면 쉽게 이해할 수 있을 거야. 돼지는 무료함을 달래기 위해 다른 돼지의 꼬리를 씹는데, 나중에 그로 인해 상처가 썩어 들어가면 매우 치명적이라고 해. 그래서 농장주는 이를 방지하기 위해 어린 돼지의 송곳니를 잘라 버리기도 하지. 또한 닭은 서열을 정하기 위해 좁은 닭장 안에서 서로 쪼기 공격을 한대. 그래서 농장주는 이를 막기 위해 병아리의 부리를 생으로 잘라 버리기도 해. 생각만 해도 정말 끔찍하지 않니?

그러나 '동물보호법'에 따르면 돼지와 닭은 학대를 당하고 있는 게 아니야. 식품으로 이용될 산업 동물이기 때문이지. 만약 개고기 식용이 합법화되어 개를 집단 사육하게 되면 개는 어떤 행동을 보일까? 그리고 농장주는 그런 개에게 어떤 조치를 취할까? 개는 돼지와 닭보다 훨씬 더 활동적이고 공격적인 동물이야. 여럿을 철창에 가두게 되면 앞서 언급한 돼지와 닭보다 더 공격적인 반응을 보일 수 있지. 훨씬 위험한 상황이 생길 수도 있다는 의미야.

결국 이는 일종의 동물 학대와 다름없으며, 동물 복지를 걷잡을 수 없이 악화시킬 거야. 개 식용 합법화는 개가 살아가는 환경을 더욱더 피폐하게 만들 거야. 동물 복지를 위해서라도 개 식용 합법화는 절대 실현되어선 안 된다고 생각해.

〈자료 4〉 공장식 축산 동물 학대 주범, 사육 틀

- 스톨(stall)
  어미 돼지를 가둬 두는, 폭 60cm, 길이 200cm 정도의 철제 감금 틀이다. 스톨 내의 돼지는 앞뒤로 돌 수가 없다.
- 배터리 케이지(battery cage)
  가로세로 50cm의 철창으로, 한 케이지에 산란계(알을 낳는 닭) 약 6마리가 들어간다. 한 마리에게 주어지는 공간은 416cm², A4 용지 1장의 3분의 2 정도 크기에 지나지 않는다.

토론 갈무리하기

오늘 토론 주제는 '개고기 식용, 합법화해야 할까'였는데, 역시나 찬반 입장이 첨예하게 대립한 이슈였어. 그러면 토론 내용을 정리해 볼까?

우선 찬성 측은 개고기 섭취는 우리의 오랜 문화이기 때문에 이를 존중해야 한다고 주장했어. 그리고 개고기 식용을 합법화하면, 식용견에 대한 사육, 도살, 유통, 소비의 전 과정이 법에 의해 엄격하고 투명하게 관리될 수 있으므로 개고기 섭취의 안전성이 확보된다고 이야기했지.

이에 반대 측은 문화는 언제나 바뀔 수 있으며, 1,000만 인구가 반려견을 키우고 있는 현실에서 개고기 식용 합법화는 충분히 반감을 불러일으킬 수 있는 주장이라고 이야기했어. 또한 개고기 식용을 합법화하면 공장식 개 사육 농장이 확대되면서 오히려 동물 복지를 악화시킬 거라고 맞섰지.

반려견을 키우고 있는 친구가 있다면 오늘 토론이 더 흥미롭고 유익했을 거야. 동물권 단체와 육견 단체가 헌법 소원까지 내며 맞선 주제이므로, 앞으로도 관심을 갖고 의견을 정리했으면 해.

2
과학

- - - - - - - - - - -

자율과 규제,
힘겨루기의 승자는?

찬성 1

**현재 다방면에서 활용되고 있는 드론은
앞으로 4차 산업혁명을 이끌어 갈
성장 산업이 될 거야.**

드론은 4차 산업혁명을 대표하는 신산업·신기술 분야로 주목받고 있어. 세계 여러 나라와 기업들은 드론 시장을 선점하기 위해 치열하게 경쟁하고 있지. 현재 드론은 다방면에서 활발히 활용되고 있어. 군사 분야에서는 적진을 탐지하고, 침투한 뒤에는 주변을 정찰·감시하는 데 이용돼. 근래에는 드론에 미사일 등을 장착해 아예 공격용 무기로도 쓰고 있지.

또한 영상 촬영 분야에서도 드론이 이용되고 있어. 예를 들어 여행 관련 프로그램을 보면 높은 곳에서 여행지의 풍경을 한눈에 보여 주는 장면이 자주 나오는데, 바로 이것이 드론으로 촬영된 거야.

그 밖에 드론은 지리적인 이유로 사람이 가기 힘든 오지나 재해 현장 등을 촬영하는 데도 이용돼.

한편 국토가 넓은 미국이나 중국, 고령화로 일손이 부족한 일본에서는 드론을 농업에 활용하고 있어. 사람의 힘으로 살충제나 비료를 뿌리기 힘든 경우에 유용하게 쓰이지.

드론을 이용한 산업 가운데 가장 주목받는 분야는 아마 운송일 거야. 2016년 미국의 '아마존'은 세계 최초로 상품을 드론으로 배송하는 데 성공했고, 지금 상용화를 준비하고 있어. '중국의 아마존'이라 불리는 '징둥닷컴'은 수백 kg의 물건을 운반하는 대형 드론 시험 비행을 마쳤다고 해.

우리나라의 경우 공공 부문에서 드론이 유용하게 쓰이고 있어. 〈자료 1〉을 보면 이를 확인할 수 있지. 드론 산업은 앞으로가 더 기대되는 산업이야. 우리나라도 하루빨리 드론을 상용화해야 해.

〈자료 1〉 공공 부문의 드론 활용 주요 사례
- 자산관리공사: 국유재산 무단 점거 등 실태 조사
- 국민안전처: 화재·재난 현장 탐지
- 경찰청: 실종자 수색 탐지
- 농촌진흥청: 채소 주산지 작황 정보 제공, 병충해 방제
- 한국전력: 고공 철탑, 해안가 배전 설비 등 점검
- 해양과학기술원: 연안 지역 무인 관측

*자료: 국토교통부(2017년)

반대1

드론은 사생활을 침해할 소지가 있어.
시간이 지날수록 드론을 이용한 새로운 범죄가
늘어날 거야.

최근 몇 년 사이에 드론 관련 기술이 크게 발전했어. 드론 카메라를 이용해 고화질 촬영은 물론이고, 소음을 없애는 기술을 바탕으로 촬영된 영상에 음성을 입힐 수도 있게 됐지. 이로 인해 드론을 일반 가정집이나 빌딩, 호텔 근처에 띄워 남의 사생활을 침해하거나, 고의로 조작해 범죄에 활용할 위험이 커졌어.

드론으로 인한 사생활 침해는 특히 여름철 야외에서 기승을 부리고 있어. 해수욕장·노천탕·야외 샤워 시설 등에서 불법 촬영이 이루어지는 일이 빈번하지. 물론 이 같은 시설 주변에서는 드론 비행이 금지되어 있지만, 개인이 드론을 몰래 띄우면 단속이 쉽지 않아.

2장 ◆ 과학 이슈

드론의 불법 운행 및 범죄 악용 사례가 늘고 있다는 점도 큰 문제야. 〈자료 2〉를 보면 2014~2017년 비행 금지 구역 등에서 드론이 불법으로 운행된 건수는 83건으로, 최근 4년간 약 9배 증가했어. 이는 공항 마비나 비행기 사고 등을 유발할 수 있어 무척 위험하지. 또 드론은 범죄에 악용될 수도 있어. 드론에 마약, 담배, 휴대전화 등 외부 물품을 실어 교도소 수감자에게 전달하는 사례도 있었지.

상황이 이렇다 보니 드론 등록제를 시행해야 한다는 의견도 나오고 있어. 우리나라는 산업용 드론에 한해 정부의 허가를 받게 되어 있는데, 이제 상업·취미용 드론까지 허가받아야 한다는 거야. 참고로 드론이 대중화된 미국·영국·중국 등에서는 무게가 250g 이상인 드론을 소유한 사람은 반드시 기기 등록을 하고 등록 번호를 부여받아야 한다고 해.

현재 우리나라에는 드론 관련 범죄를 처벌할 법안이 마련되어 있지 않으므로, 관련 법안이 구비되고 난 뒤에 드론 상용화를 논의하는 게 옳다고 생각해.

〈자료 2〉 2014~2017년 드론 불법 운행 건수

2014년	4건
2015년	17건
2016년	26건
2017년	37건

*자료: 항공안전기술원(2018년)

찬성 2

반대 측에서 드론이 사생활을 침해할 수
있다고 주장하는데, 이 문제는 규제와 기술
개발로 충분히 해결될 수 있어.

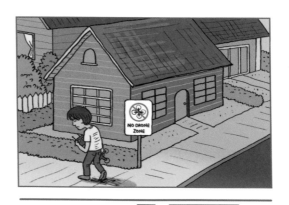

　　　드론이 사생활을 침해할 수 있다는 의견에 나도
동의해. 하지만 이는 규제와 기술 개발로 충분히 해결될 수 있다고
생각해. 실제로 2018년 정부는 '드론 분류 기준 개선과 규제 합리화
방안'을 내놓으면서 드론 사용을 일부 규제하려는 움직임을 보인
바 있어.

　　정부는 드론을 무게와 성능에 따라 250g 이하 모형 비행 장치와
저위험, 중위험, 고위험 무인 비행 장치로 재분류했어. 새 기준에 따
르면 무게가 250g 이하이면서 카메라를 탑재하지 않은 비사업용
드론은 규제 대상에서 제외돼. 드론으로 인한 사생활 침해가 카메

라 촬영을 통해 발생하는 만큼, 이 부분을 집중적으로 규제하겠다는 의도가 담겨 있어.

전용 구역에서만 드론을 띄울 수 있게 하는 법안도 고려해 볼 수 있어. 예를 들어 일본의 경우 사생활 침해 문제를 방지하기 위해 주택가에서는 아예 드론 촬영을 금지하고 있다고 해. 또 영상을 활용할 때는 촬영된 차량의 번호판을 반드시 모자이크 처리해야 하지.

한편 불법 드론을 탐지 및 추적하는 시스템도 구비될 필요가 있어. '안티드론(Anti-drone)' 기술이 대표적인 예로, 이는 사생활을 침해할 뿐만 아니라 사고를 일으키거나 무기로 활용될 수 있는 드론의 운행 정보를 추적하고, 필요시 격추까지 할 수 있다고 해.

현재 세계 여러 나라에서 안티드론 기술을 개발 중이고 상용화를 준비하고 있어. 이를 통해 드론과 관련된 문제들이 해결될 수 있을 거야. 따라서 드론 상용화는 꼭 이루어져야 해.

〈자료 3〉 '안티드론(Anti-drone)'이란?
- 안티드론의 뜻 : 안전과 보안 등을 위협하는 드론에 대응하는 것
- 안티드론 기술의 예
  - 수동적 방어: 비행 금지 구역 지정, 드론과 운용자 등록, 드론 비행 금지 구역에 대한 GPS 정보 입력, 드론 발견 시 색출 등
  - 능동적 방어: 전파 방해, 드론 포획, 드론 격추 및 파괴 등

반대 2

드론은 '안전' 문제에서 자유로울 수 없어. 추락·충돌 사고가 발생할 수 있고, 테러에 이용될 수도 있기 때문이야.

드론의 가장 큰 문제점은 '안전'이야. 비행하는 도중에 다른 물체와 충돌하거나 추락할 위험이 언제든지 도사리고 있지. 〈자료 4〉를 살펴보면 많은 사람이 드론의 기기 오작동, 제품 불량, 신체 위협 등의 피해를 우려하고 있음을 알 수 있어.

드론은 날개가 빠른 속도로 회전하기 때문에 어떤 물체와 살짝만 접촉해도 사고를 일으킬 수 있어. 또 조종 미숙·기기 오작동·주파수 혼선 등으로 인한 사고 발생률도 높은 편이지. 게다가 최근에는 드론을 이용해 공연을 펼치는 경우가 많은데, 사람들이 많이 모여 있는 곳에 드론이 추락한다면 큰 인명 피해가 생길 수 있어. 실제로 외국에서는 드론이 추락하면서 사람을 가격하거나 차 사고를 일으켜 인명 피해가 발생한 사례가 있어.

드론이 테러에 이용될 수 있다는 점도 큰 문제야. 실제로 2015년 일본에서는 정부의 원전 정책을 반대하며 총리 관저로 미량의 방사성물질이 담긴 드론을 보내는 테러가 발생했고, 2018년에는 베네수엘라 대통령을 겨냥한 드론 테러가 시도되기도 했어. 영국에서는 공항 활주로에 드론 두 대가 수십 차례 날아들어 36시간 동안 항공기 운항이 전면 중단되기도 했지. 이로 인해 공항을 찾은 승객 14만여 명의 발이 묶였다고 해.

이처럼 드론을 이용한 테러는 다른 테러와 비교해 미리 대응하기 어렵고, 정확도가 높아 매우 위협적이야. 드론 상용화는 각종 사고와 테러 등 안전 문제에 대응할 방법을 충분히 논의한 뒤에 이루어져도 늦지 않다고 생각해.

〈자료 4〉 드론 이용·구매 시 가장 우려되는 피해

기기 오작동	제품 불량	신체 위협/위해	광고	개인 정보 유출	A/S 불이행	서비스 계약 불이행
30.5	22.0	20.1	9.9	7.2	7.1	3.2

*대상: 전국 성인 남녀 1,500명
*자료: 한국소비자원(2017년)

토론 갈무리하기

 오늘은 '드론, 상용화해야 할까'를 주제로 토론했어. 찬반 측 모두 설득력 있는 근거를 제시해 줬는데, 그 내용을 정리해 보자.

우선 찬성 측은 드론이 군사·운송·영상 촬영·농업 등 다방면에서 활용되고 있으며, 4차 산업혁명을 이끌어 갈 성장 산업이라는 점을 강조했어. 우리나라도 하루빨리 드론을 상용화해서 관련 기술을 발전시켜야 한다고 했지. 또 드론의 문제점으로 거론되는 사생활 침해 문제는 규제 마련과 기술 개발로 충분히 해결될 수 있다고 봤어.

반대 측은 최근 드론 기술이 발전하면서 사생활 침해 문제가 심각해졌다고 이야기했어. 드론이 불법 운행이나 범죄에 악용되는 일이 증가하고 있다는 점을 지적하기도 했지. 또한 드론이 다른 물체와 충돌하거나 추락하면 큰 사고로 이어질 수 있고, 테러에 이용될 수도 있다고 주장했어.

이번 시간에는 첨단 기술과 관련된 주제이니 만큼 그 어느 때보다 찬반 대립이 팽팽했던 것 같아. 앞으로 드론 산업이 어떤 방향으로 발전해 나갈지 관심을 갖고 지켜보기로 하자.

주제 2

인터넷 실명제, 도입해야 할까

이번 시간에는 '인터넷 실명제, 도입해야 할까' 라는 주제로 토론해 보려 해. 2019년 10월, 연예인 설리가 세상을 떠났어. 설리는 생전 심각한 악성 댓글(이하 악플)과 루머에 시달리면서 우울증이 심해졌는데, 이것이 자살의 원인이었던 것으로 추정돼. 이에 설리의 죽음 이후 '인터넷 실명제'가 도입되어야 한다는 목소리가 높아지고 있어.

인터넷 실명제란 이용자의 실명을 밝히고 인터넷 게시판에 글이나 댓글을 쓸 수 있도록 하는 제도야. 사실 인터넷 실명제는 2007년 '제한적 본인 확인제'라는 이름으로 도입된 바 있어. 하지만 2012년 헌법재판소에서 이 제도가 표현의 자유·개인 정보 자기 결정권·언론의 자유 등 기본권을 제한한다고 위헌 결정해, 제도 시행 5년 만에 폐지됐지. 그런데 최근 악플로 인한 인권침해가 심각해지면서 인터넷 실명제를 부활시켜야 한다는 주장에 힘이 실리고 있어.

인터넷 실명제에 대해 토론을 시작하기 전에 먼저 살펴볼 내용이 있어. 바로 정보화 시대에 우리에게 반드시 필요한 '정보·통신 윤리'야. 인간의 삶은 정보·통신 매체와 기술의 발달로 편리해진 반면, 새로운 문제에 직면하게 되었지. 사이버공간에서 악의적인 비방이나 욕설, 인신공격, 악플 등 인간의 존엄성을 훼손하는 일이 빈번하게 일어나고 있는 거야. 따라서 사이버공간에서 도덕적 원칙을 지킬 필요가 있어.

정보화 시대에 우리가 지켜야 할 도덕적 원칙으로 먼저 '존중의 원칙'이 있어. 사이버공간에서 나 자신이 존중받기를 원하는 것처럼 타인을 존중해야 한다는 의미야. 둘째로는 '책임의 원칙'이 있어. 자신의 말과 글이 초래한 결과를 생각해 신중을 기하고, 결과에 책임지는 자세를 지녀야 한다는 거지. 셋째는 '정의의 원칙'이야. 모든 개인은 동등한 기본적 자유의 권리를 가지고 있으며, 타인의 기본적 자유와 권리를 침해해서는 안 된다는 거야. 마지막으로 '해악 금지의 원칙'은 타인에게 피해를 주는 행위를 해서는 안 되며 피해를 막기 위해 노력해야 한다는 내용이지.

Yes? No?

잠깐!

토론을 하기 전에 생각해 볼까?

1. '나'는 악플을 단 적이 있는가?
2. 사람들은 왜 악플을 달까?
3. 혐오 표현도 표현의 자유일까?
4. 인터넷 실명제 외에 악플을 줄이는 방법은 없을까?
5. 인터넷 실명제에 대한 '나'의 생각은?

도움이 되는 자료들

인터넷 실명제,
부활될까

해외 언론의
악플 대처법

〈비정상회담〉
혐오 표현 토론

연예인은 물론 일반인도 무분별한 악플로 고통받고 있어. 이들의 인권을 보호하기 위해 인터넷 실명제를 도입해야 해.

인터넷과 SNS가 발달하면서 연예인이나 유명인을 비롯해 평범한 일반인까지 악플에 시달리고 있어. 2018년 한 맘 카페에는 '아이가 교사에게 안기려 하는데 교사는 돗자리를 터는 데만 신경 쓰고 아이를 밀쳤다'는 내용의 게시글이 올라왔어. 순식간에 이를 비난하는 댓글이 빗발치면서 교사의 실명과 사진도 공개됐지. 결국 해당 교사는 글이 올라온 지 이틀 만에 자살이라는 극단적인 선택을 하고 말았어. 이처럼 나날이 심각해지는 악플 피해를 줄이기 위해 반드시 인터넷 실명제를 도입해야 해.

악플이 사라지지 않는 가장 큰 이유는 그것이 지닌 익명성 때문이야. 그런데 인터넷 실명제가 도입되면 온라인상에서 신분을 숨긴 채 다른 사람을 비난하고, 사실이 아닌 이야기를 사실인 것처럼 퍼뜨려 타인의 명예를 훼손하고 인권을 침해하는 일이 줄어들게 될 거야. 이에 공감하듯 〈자료 1〉에 따르면 대다수 국민이 인터넷 실명제 도입에 찬성하고 있어.

인터넷 실명제 도입을 반대하는 측에서는 인터넷 실명제가 '표현의 자유'를 침해한다고 주장하기도 해. 하지만 표현의 자유는 언제 어디서나 주어지는 무제한의 권리가 아니라, 필요한 경우에는 제한될 수 있는 권리야. 타인의 인격과 명예를 훼손하고 사생활을 침해하는 표현의 자유는 제한될 수 있다는 의미지.

〈자료 1〉 온라인 댓글 실명제 도입에 대한 국민 여론

*대상: 전국 19세 이상 성인 502명
*자료: 리얼미터(2019년)

반대1
인터넷 실명제는 표현의 자유를 제한하는 제도야. 또 건전한 비판·공익 제보 등 익명의 순기능을 침해할 수 있지.

　〈자료 2〉에서 알 수 있듯이, 우리나라는 헌법에 따라 표현의 자유를 보장하고 있어. 원하는 경우 어떤 형태로든 개인의 의사를 자유롭게 표현할 수 있지. 그런데 인터넷 실명제가 도입되어 실명 인증을 강제하면 이 같은 표현의 자유가 침해될 수 있어.

　사람들이 인터넷에 자유롭게 글을 올리고 자신의 의견을 표현하는 데에는 익명성이 중요한 역할을 하고 있어. 자신이 누구인지 밝히지 않아도 되기 때문에 부담 없이 의견을 제시할 수 있거든. 익명성이 사라지게 되면 신분이 노출될 것을 우려해 자기 생각을 밝히는 것을 꺼리는 사람들이 늘어날 거야. 그렇게 되면 건전한 비판이나 토론 문화가 위축될 것이 분명해.

인터넷 실명제가 도입되면 정의 사회 구현에 도움이 되는 공익 제보 또한 크게 줄어들 거야. 인터넷과 SNS 사용이 활발해지면서 이를 이용해 고위 공직자의 비리나 대기업의 횡포를 폭로하는 사례가 많아졌어. 이 같은 폭로는 대개 양심 고백·내부 고발의 형태를 띠고 있지. 하지만 인터넷 실명제로 인해 자신의 신원이 쉽게 드러나는 상황에서는 이처럼 용기를 낼 수 있는 사람이 많지 않을 거야.

악플 피해를 줄이기 위한 대안이 필요하다는 의견에는 나도 동의해. 하지만 인터넷 실명제는 적절한 대안이 아니야. 현재 악플은 명예훼손죄나 모욕죄 등으로 처벌할 수 있어. 하지만 악플 유형이 다양해 판단 기준이 모호한 데다, 피해 신고가 많아 사법 처리가 쉽지 않지. 이를 보완하고 악플러 처벌 강화 같은 현실적인 대안을 마련하는 것이 더 중요하다고 봐. 또 복잡한 고소·고발 절차를 단순화하기 위한 제도적 장치를 마련하는 것도 필요해.

〈자료 2〉 표현의 자유, '헌법 제21조 제1항'
"모든 국민은 언론·출판의 자유와 집회·결사의 자유를 가진다."
언론·출판의 자유는 자신의 사상과 의견을 표현하는 자유를 의미한다는 점에서 '표현의 자유'라고 부르기도 한다. 헌법이 보장하는 표현의 자유는 사상과 의견의 자유로운 표명(발표의 자유)과 그것을 전파할 자유(전달의 자유)를 의미한다.

찬성 2

인터넷 실명제를 도입하면 악플을 비롯한 사이버 범죄를 예방하고, 좀 더 책임감 있고 성숙한 인터넷 문화를 만들 수 있어.

　　인터넷 댓글은 타인과 자유롭게 생각을 교환하고 정보를 공유할 수 있게 한다는 장점이 있어. 하지만 오늘날 댓글은 이러한 긍정적 기능을 상실한 듯 보여. 정치 이슈, 각종 사고, 연예인 가십 등 분야를 막론하고 관련 기사마다 모욕적이고 비윤리적인 댓글이 달리고, 이유 없는 비방과 거짓 정보가 넘쳐 나고 있지. 이러한 댓글로 인해 명예훼손 피해를 입는 사람이 늘어나는 것도 심각한 문제야. 실제로 〈자료 3〉을 살펴보면, 사이버 명예훼손 모욕 범죄가 매해 1만 건 넘게 발생함을 알 수 있어. 이러한 상황에서 인터넷 실명제가 도입되면 명예훼손을 예방하는 데 도움이 될 거야.

2장 ◆ 과학 이슈

또 가해자를 쉽게 추적·검거해 처벌하고, 수사 인력 낭비를 줄이는 데도 기여할 테고. 명예훼손 외에도 인터넷 실명제는 스토킹, 물품 거래 사기 등 다양한 사이버 범죄를 예방하는 데 도움이 될 거야.

인터넷 실명제로 인해 개인 정보가 유출되고 이것이 범죄에 악용될 것이라는 우려도 있는데, 이 같은 문제는 보안 기술을 개발하고 법적 처벌을 강화함으로써 충분히 해결할 수 있어.

헌법재판소가 2012년 제한적 본인 확인제에 대해 위헌 결정을 내렸으므로 사실상 인터넷 실명제 도입이 불가능하다는 입장도 있어. 하지만 우리나라에서 인터넷 실명제가 완전히 위법으로 인정된 것은 아니야. 공직선거법에 따르면 국회의원·대통령 등 선거운동 기간 중 특정 정당이나 후보자에 대한 댓글을 달 때 실명 확인을 하도록 규정하고 있기 때문이야. 이에 대해 헌법재판소는 인터넷 선거 운동의 폐해를 막기 위한 적절한 조치라는 이유로 합헌 결정을 내린 바 있어.

〈자료 3〉 사이버 명예훼손·모욕죄 발생 및 검거 현황

(단위: 건)

발생 검거

	2015	2016	2017	2018	2019년 6월
발생	15,043	14,903	13,348	15,926	7,664
검거	10,202	10,539	9,756	10,889	5,328

*자료: 경찰청(2019년)

반대 2

**인터넷 실명제를 도입하면 개인 정보가
유출되어 오히려 사이버 범죄가 증가할 거야.
악플 및 사이버 범죄는 다른 대안을 통해
충분히 해결할 수 있어.**

인터넷 실명제는 개인 정보 유출이라는 치명적인 한계를 가지고 있어. 해킹 등 보안 문제로 신상 정보가 노출되면, 이것이 사이버 범죄의 표적이 될 수 있지. 인터넷 실명제가 오히려 사이버 범죄의 수단으로 악용될 수 있다는 거야.

또한 2007년 제한적 본인 확인제가 시행됐을 당시 인터넷 실명제는 그다지 실효성이 높지 않았어. 〈자료 4〉를 보면, 제한적 본인 확인제 시행 시 악플 감소 효과가 크지 않았음을 확인할 수 있어.

인터넷 실명제는 국내 포털 사이트에만 적용 가능하고, 페이스북·유튜브 등 외국계 SNS에는 적용할 수 없다는 허점도 지니고 있어. 실제로 제한적 본인 확인제 시행 기간 중 이용자들이 국내 기업 플랫폼에서 대거 이탈하면서 유튜브가 국내 동영상 시장을 장악하기도 했지.

인터넷 실명제를 시행하지 않아도 사회 구성원의 도덕의식이 높아지고 건전한 인터넷 문화가 형성되면 악플 및 사이버 범죄는 저절로 사라질 거야. 이를 위해 국가 차원의 인터넷 예절 교육이 시행되어야 해.

또 언론사에서 악플을 유도하는 자극적인 기사를 내보내지 않고, 포털 사이트 게시판 구조를 바꾸는 것도 대안이 될 수 있어. 실제로 설리의 죽음 이후 카카오는 다음 포털의 연예 뉴스에 한해 댓글 기능을 잠정 폐지하기도 했지. 이처럼 여러 대안이 있는데, 굳이 허점을 지닌 인터넷 실명제를 시행할 필요는 없다고 생각해.

〈자료 4〉 제한적 본인 확인제 도입 전후 악플 비율 비교

방송통신위원회가 다음, 머니투데이, 디시인사이드의 게시판 댓글을 수집·분석한 '2008년도 본인 확인제 효과 분석 보고서'에 따르면 2007년 8월 전체 댓글 1만 3,472개 중 악성 댓글이 13.9%를 차지했다. 이듬해인 2008년 8월에도 전체 댓글 8,380개 중 13%가 악성 댓글이었다. 이 1년 사이 본인 확인제(인터넷 실명제)가 시행됐지만 악성 댓글 감소 효과는 미미했던 것. 오히려 2008년에는 각 사이트에 악성 댓글이 증가했다.

*자료: 머니S(2014년)

토론 갈무리하기

오늘은 '인터넷 실명제, 도입해야 할까'를 주제로 토론해 봤어. 어떤 의견들이 나왔는지 정리해 보자.

먼저 인터넷 실명제 도입을 찬성하는 측은 인터넷 실명제를 도입해 악플로 인해 고통받는 사람들의 인권을 지켜야 한다고 주장했어. 익명의 뒤에 숨어 타인을 비방·비난하는 것을 막고 자신이 쓴 글에 책임을 지는 인터넷 문화를 형성해야 한다고 했지. 또 인터넷 실명제가 도입되면 다양한 사이버 범죄를 예방하고, 가해자를 쉽게 검거·처벌할 수 있을 거라고 주장했어.

인터넷 실명제 도입을 반대하는 측은 표현의 자유가 침해당할 수 있다고 주장했어. 신원이 노출되는 상황에서는 건전한 비판이나 공익 제보가 이뤄지기 어려울 거라고 지적하기도 했지. 또 인터넷 실명제를 도입하면 개인 정보가 유출되어 오히려 사이버 범죄가 증가할 것이라고 주장하기도 했어.

악플 문제가 심각한 상황인 만큼 하루빨리 관련 논의가 이뤄져 건전한 인터넷 문화가 형성되었으면 좋겠어. 이것으로 오늘 토론을 마칠게.

주제 3

게임 중독, 질병으로 분류해야 할까

이번 시간에는 '게임 중독, 질병으로 분류해야 할까'를 주제로 토론해 보려 해. 2019년 5월 세계보건기구(WHO)가 게임 중독을 '게임 이용 장애(gaming disorder)'로 규정하며 공식적인 질병으로 분류했어. 이전까지는 술이나 마약 등에 중독된 경우만 질병으로 봤는데, 이제는 게임이나 도박 등에 중독된 경우도 질병으로 인정하겠다는 거지.

게임 이용 장애란 '일상생활보다 게임을 우선시해 부정적인 결과가 발생해도 게임을 지속하는 상태'를 의미해. 우리나라에서는 흔히 '게임 중독'이라고 부르지. WHO의 결정은 오는 2022년부터 효력이 발생하지만, 권고 사항이기 때문에 회원국들은 각국의 사정에 맞게 적용하면 된다고 해.

WHO의 발표와 동시에 우리나라에서는 이와 관련해 격렬한 찬반 논란이 일었어. 일상생활에 지장이 있을 정도로 게임에 빠진 사람들에게 치료가 필요하다는 것에는 이견이 없지만, 게임 중독을 질병으로 지정하는 것은 다른 차원의 문제라는 거지.

우리나라의 경우, 청소년들이 게임에 장시간 몰입하는 것을 막기 위해 2011년부터 '셧다운제'를 시행하고 있어. 셧다운제는 만 16세 미만 청소년이 자정부터 다음 날 오전 6시까지 온라인 게임에 접속할 수 없게 한 제도야. 하지만 이는 청소년들의 자율성과 판단력을 무시한다는 점에서 비판을 받아 왔어. 또 청소년들이 부모님의 개인 정보를 도용해 게임에 접속할 수 있으므로 실효성이 적었지. 결국 셧다운제는 시간이 흐르며 유명무실해졌어.

다들 알고 있겠지만, 게임 중독이나 인터넷 중독에 빠지면 타인에게 피해를 줄 뿐만 아니라 자기 자신도 피해를 입게 돼. 꼭 해야 하는 일에 소홀하게 되기 때문이지. 또 현실 공간에서 타인과 소통할 기회도 줄어들면서 타인에 대한 공감이나 배려가 부족해져, 조화로운 인간관계를 유지하기 어렵게 돼. 따라서 게임이나 인터넷을 사용할 때는 적절한 시간 동안 용도에 맞게 사용하는 '절제'의 자세가 필요해. 자, 그럼 이런 내용을 기억하면서 토론을 시작해 볼까?

잠깐!

토론을 하기 전에 생각해 볼까?

1. '나'는 게임을 얼마나 자주 하는가?
2. 많은 청소년이 여가 시간에 주로 게임을 하는 이유는 무엇일까?
3. 게임 중독의 위험성은 술이나 도박과 비슷할까?
4. 게임 중독이 질병으로 분류되면 게임에 대한 부정적인 인식이 확산될까?
5. 게임 중독의 질병 분류에 대한 '나'의 생각은?

도움이 되는 자료들

게임 중독
질병 논란

게임 중독
찬반 토론

찬성1

게임 중독은 개인뿐만 아니라 사회에 부정적인 영향을 줄 수 있어. 게임 중독을 질병으로 분류해 예방 및 치료에 대한 체계적인 계획과 관리를 이행해야 해.

게임 중독은 개인뿐만 아니라 사회에 부정적인 영향을 줄 수 있어. 게임에 지나치게 몰입하면 학업이나 회사 업무 등 일상생활을 하는 데 지장이 생길 뿐만 아니라, 원만한 대인 관계를 형성하는 데 어려움을 겪을 수 있지. 또한 게임 중독으로 인해 다양한 범죄가 발생하기도 해. 게임 아이템과 연관된 사기 범죄가 일어나는가 하면, 게임 중독 문제로 가족 간 다툼이 벌어지다 끔찍한 사건이 일어나기도 하지.

이처럼 게임 중독으로 인해 여러 문제가 생기는데도 지금까지는 게임 중독에 대한 의학적 처방 및 대응에 한계가 있었어. 이제 게임 중독이 질병으로 분류되면, 국가가 해당 질병 예방과 치료를 위한 계획을 세우고 예산을 배정해 체계적으로 관리할 수 있게 돼. 게임 중독에 빠진 이들을 위한 국가 차원의 치료·예방 프로그램은 꼭 필요하다고 생각해.

WHO가 게임 중독을 질병으로 분류하기로 결정하면서 진단 기준과 대상을 두고 논란이 일기도 했어. 하지만 WHO가 〈자료 1〉과 같이 명확한 기준을 제시했기 때문에 문제는 없다고 생각해.

한편 게임 중독이 질병으로 분류되면 게임업계 종사들이 모두 환자로 분류되는 것 아니냐는 비아냥도 있긴 한데, WHO는 게임이 "인간관계·사회적·교육적·직업적으로 문제를 일으키지 않는 상태"는 논외로 두었어.

〈자료 1〉 게임 이용 장애(게임 중독) 진단 기준

① 게임에 대한 통제력이 부족함.(게임하고 싶은 욕구가 강해 게임을 끝내지 못하는 경우)
② 삶의 다른 관심사 및 일상생활보다 게임을 우선시함.
③ 부정적인 결과가 발생함에도 불구하고 게임을 중단하지 못해 인간관계·사회적·교육적·직업적으로 문제를 일으키는 상태에 해당함.
→ 이 모든 현상이 12개월 이상 동안 지속되는 경우 게임 이용 장애라고 볼 수 있음.(증세가 심각할 경우 더 짧은 기간도 진단 가능)

*자료: WHO(2019년)

**게임은 누구나 즐길 수 있는 문화이자 미래가
기대되는 산업이야. '게임=질병'이라는
편견이 생기면, 게임 산업이 위축될 수 있어.**

　　게임은 많은 국민이 즐기는 대표적인 여가 문
화이자 4차 산업혁명을 이끌어 갈 핵심 콘텐츠야. 이러한 유망 산
업에 질병이라는 꼬리표를 붙이는 건 바람직하지 않아. 또 게임 중
독은 교육이나 가족의 관심 등을 통해 개선될 수 있는데, 굳이 이를
질병이라고 낙인찍을 필요가 있을까? 게임 중독을 질병으로 분류하
면 많은 사람이 게임 자체를 부정적으로 인식하게 될 가능성이 높
아. '게임=질병', '게임 이용자=게임 중독자'라는 편견이 생길 수 있
지. 이로 인해 게임 산업이 위축될 수도 있어. 게임 이용자가 줄어드
는 것은 물론 게임에 대한 각종 규제가 확대되고, 게임업계 종사자

들이 다른 업계로 이탈하는 등 산업의 근간이 흔들릴 수 있지.

한국콘텐츠진흥원에 따르면 우리나라 게임 산업은 세계 4위 수준이며, 2018년 매출이 14조 2,902억 원(한국콘텐츠진흥원 자료)에 이를 정도로 규모가 상당해. 또 〈자료 2〉에서 알 수 있듯이, 게임은 음악·영화·방송보다도 훨씬 높은 수출액을 기록했어. 게임이 우리나라 콘텐츠 산업을 이끌어 가고 있다 해도 과언이 아니지. 게임 중독이 질병으로 분류되어 그 여파로 게임 산업이 위축된다면, 국가적으로 큰 손실을 입게 될 거야. 2011년에 '셧다운제'가 도입되면서 게임 산업이 타격을 입었던 것을 생각해 봐. 게임업계 관계자들은 게임 중독 질병 분류가 셧다운제보다 게임 산업에 더 심각한 피해를 가져올 거라 예상하고 있어.

〈자료 2〉 2018년 장르별 콘텐츠 수출액 비중

캐릭터 9.5%
광고 1.6%
방송 7.3%
애니메이션 2.1%
영화 0.6%
게임 56.5%
지식 정보 9.3%
콘텐츠 솔루션 2.8%
출판 3.1%
만화 0.6%
음악 6.8%

*자료: 한국콘텐츠진흥원(2019년)

찬성 2

게임에 중독되면 뇌 기능이 저하된다고 해.
WHO의 이번 결정으로 게임 중독과 관련된
치료법과 예방책이 마련될 것으로 보여.

우리 뇌의 전두엽에서는 '도파민'이라는 신경전
달물질이 분비돼. 이것은 적절하게 분비될 경우 통증을 완화시키는
등 긍정적인 영향을 미치지. 그런데 게임에 지나치게 몰입하면 도
파민의 분비량이 과도해지면서 전두엽의 충동 조절 기능에 이상이
생길 수 있다고 해. 이로 인해 '주의력결핍과잉행동장애(ADHD)'나
'정신분열증' 등이 일어날 수 있지.

서울대 병원에서 게임 중독자 35명을 대상으로 뇌파를 측정했더
니 뇌의 알파파 기능이 일반인보다 떨어지는 것으로 나타났어. 알파
파 기능이 떨어지면 우울감이 생기거나 스트레스 저항력이 약해지

고, 집중력 저하·수면 부족·우울증 등을 겪을 가능성이 높다고 해.

의료계에서는 WHO의 이번 결정을 크게 반기는 분위기야. 이를 계기로 게임 중독과 관련된 적절한 치료법과 예방법이 마련될 것으로 기대하고 있지. 현재 게임 중독에 빠진 이들은 정신과 진료나 상담을 받고 있는데, 이 경우 진단서에 우울증, 적응 장애와 같은 병명으로 기록되고 있어. 이번 결정으로 게임 중독이라는 병명이 공식화되면 이를 계기로 치료 및 연구가 활발해지면서, 게임 중독이 주로 어떤 상황에서 생기고 어떤 치료가 효과적인지 등을 구체적으로 알 수 있게 될 거야. 〈자료 3〉에 따르면 다수의 국민이 게임 중독을 질병으로 지정하는 것에 찬성하고 있어. 이와 관련된 제도와 시스템이 하루빨리 마련되어, 게임에 중독된 사람들이 체계적인 치료를 받을 수 있으면 좋겠어.

〈자료 3〉 게임 중독, 질병으로 지정해야 하나?

찬성
45.1%

18.8%
모름/무응답

반대
36.1%

술, 도박, 마약
중독과 마찬가지

놀이 문화에 대한
지나친 규제

*대상: 전국 19세 이상 성인 511명
*자료: 리얼미터(2019년)

반대 2

게임에 몰입하는 것이 신체와 정신에 부정적인 영향을 미친다고 확신할 수는 없어. 오히려 게임이 뇌 기능 발달에 긍정적인 영향을 미친다는 연구 결과도 있지.

　　앞서 찬성 측에서 게임 중독인 사람에게서 우울증과 ADHD 등 정신적 질환이 나타날 수 있다고 이야기했는데, 그 원인이 100% 게임 때문이라고 확신할 수는 없어. 〈자료 4〉에서도 살펴볼 수 있듯이, 오히려 게임이 뇌 기능 발달에 긍정적인 영향을 미친다는 연구 결과도 발표된 바 있지.

　게임 중독이 실제로 뇌 기능에 부정적인 영향을 미치는지에 대해서는 아직 과학적 근거가 충분하지 않기 때문에, 이를 섣불리 질병으로 분류해서는 안 돼. 연구가 충분히 이루어지지 않은 상황에서 게임 중독이 질병으로 분류되면, 의사가 오진할 가능성도 배제할 수 없어.

WHO가 제시한 게임 중독의 진단 기준도 문제야. 알코올중독을 진단할 때 혈중알코올농도를 측정하는 것처럼, 게임 중독을 수치화할 수 있는 객관적이고 구체적인 기준이 없잖아. WHO는 게임하는 것을 스스로 통제할 수 없는 상황이 지속되는 것을 기준으로 삼겠다고 밝혔지만, 과연 통제 가능 여부를 게임 중독 당사자나 가족 등 비전문가가 정확히 판단할 수 있을까?

게임은 이미 시간과 장소에 구애받지 않고 일상생활 속 스트레스를 해소하는 데 도움을 주는 놀이로 자리 잡았어. 대중의 소중한 여가 문화이자 놀이인 게임에 몰입하는 것을 질병으로 분류하는 것은 옳지 않다고 생각해.

〈자료 4〉 게임이 뇌 기능 발달에 긍정적이라는 것을 보여 준 사례

- 2013년 독일 막스플랑크 인간발달연구소에서 평균 나이 23세 실험자들에게 두 달간 매일 30분씩 닌텐도 게임 '슈퍼마리오 64'를 하도록 했다. 그 결과 신체의 운동 기능과 관련된 전두엽 피질, 오른쪽 해마, 소뇌가 발달한 것을 확인할 수 있었다.
- 2015년 서울아산병원 신경과에서 일반 남성 가운데 실시간 전략 게임 (RTS, Real Time Strategy)을 1,000회 이상 해 본 사람을 모아, 3개월 동안 주 4시간 이상 게임을 하도록 했다. 그 후 이 그룹과, 1년간 게임을 10시간 이상 한 적이 없는 그룹의 뇌를 비교했다. 그 결과 전자의 경우, 시·지각 능력과 판단, 추론을 담당하는 뇌 영역이 활성화된 것이 확인됐다.

토론 갈무리하기

　오늘은 '게임 중독, 질병으로 분류해야 할까'라는 주제로 토론했어. 그럼 찬반 입장을 정리해 볼까?

　찬성 측은 게임 중독이 질병으로 분류되면 국가가 질병 예방과 치료를 위한 계획을 세우고 관련 예산을 책정해 체계적으로 관리할 수 있다고 주장했어. 또 게임 중독은 뇌 기능을 저하시키며, ADHD나 정신분열증을 일으키기도 하므로 질병으로 규정되어야 한다고 했지.

　반대 측은 대표적인 여가 문화이자 4차 산업혁명을 이끌어 갈 게임을 질병으로 분류해서는 안 된다고 주장했어. 게임에 대한 부정적인 인식이 확대되면 게임 산업이 위축될 수 있음을 우려하기도 했지. 또한 게임에 빠진 사람에게 우울증과 ADHD 등 정신 질환이 나타나는 원인을 100% 게임이라고 확신할 수 없다고 덧붙였어.

　WHO가 게임 중독을 질병으로 분류하겠다고 발표한 만큼, 회원국인 우리나라는 이를 어떻게 적용할지 충분히 고민해야 해. 반대 측에서 우려하는 문제들을 해결함으로써 국민 모두가 공감할 수 있는 결론이 나왔으면 좋겠다. 그럼 토론을 마칠게.

주제 4

원격의료,
허용해야 할까

 오늘 토론 주제는 '원격의료, 허용해야 할까'야. 원격의료란 환자가 직접 병·의원을 방문하지 않고, 통신망이 연결된 모니터 등 의료 장비를 통해 의사의 진료를 받을 수 있는 서비스를 말하지.

 2019년 3월, 보건복지부가 의료 사각지대를 대상으로 '스마트 진료'를 추진하겠다고 밝히면서 원격의료에 대한 논란이 불거지기 시작했어. 스마트 진료의 핵심이 바로 '원격의료의 확대 및 허용'이거든. 이때까지만 해도 원격의료는 의사-의료인 간에 한해서만 허용되고 있었어. 그런데 보건복지부에서 의료법 개정을 통해 도서 벽지·원양 선박·교도소·군부대 등에 한해 의사-환자 간 원격의료를 허용하겠다고 밝힌 거야. 한편 보건복지부는 의사-의료인 간 원격협진도 대폭 강화할 방침이야. 원래는 지역 보건소를 찾아오는 고혈압·당뇨 등 만성질환자를 주요 대상으로 했지만, 이제부터는 응급 환자, 분만 취약지 고위험 산모 등에 대해서도 적극적으로 적용한다는 방침이지.

이전에도 정부는 의료법 개정을 위해 노력했지만, 당사자인 의료계가 거세게 반발하는 바람에 번번이 무산됐어. 원격의료를 허용하는 의료법 개정안은 2010년 이후 수차례 발의됐지만, 매번 국회 상임위원회의 벽을 넘지 못하고 폐기됐지. 처음 원격의료가 시작된 1988년부터 지금까지, 여전히 원격의료 서비스가 시범 사업에 머물러 있는 이유는 바로 이 때문이야. 보건복지부에 따르면, 2020년 1월 현재 9개 시·도, 45개 시·군, 419개소에서 공공기관의 원격의료 서비스가 제공되고 있어.

현재 원격의료에 대해서는 찬반 의견이 첨예하게 대립하고 있어. 원격의료는 의료 접근성을 높이고, 환자를 체계적으로 관리하는 데 도움을 줘. 또 의료와 첨단 기술이 융합된 신(新)산업을 창출할 수 있지. 하지만 원격의료에 대한 의료계와 시민 단체들의 반발도 만만치 않아. 원격의료가 허용되면 의료의 질이 저하될 수 있고, 소수 대형 병원에 환자가 집중될 수 있다는 이유 때문이지. 너희는 오랫동안 논란이 되고 있는 원격의료 문제에 대해 어떻게 생각하니?

Yes? No?

잠깐!

토론을 하기 전에 생각해 볼까?

1. '나'는 병원에 얼마나 자주 가는가?

2. 원격의료가 꼭 필요한 사람은 누구일까?

3. 원격의료를 허용하면 왜 대형 병원에 환자가 집중될까?

4. 원격의료 중 의료사고가 발생하면 누가 책임져야 할까?

5. 원격의료 허용에 대한 '나'의 생각은?

도움이 되는 자료들

원격의료 정리

원격의료 찬반

찬성1

**원격의료가 허용되면 의료 사각지대가
해소되고, 환자의 편의성이 높아질 거야.
또 원격의료는 진료 효율성이 높아 환자들이
의료비를 절감하는 데 크게 기여해.**

원격의료는 의료 사각지대를 해소하고 국민의
의료 접근성과 편의성을 높이는 데 기여해. 원격의료가 허용되면
의료 접근성이 떨어지는 도서 벽지 등에서 살아가는 사람과 군인,
재소자 등이 혜택을 받을 수 있어. 도시에 살더라도 직장이나 육아
등으로 낮에 병원에 가기 어려운 사람들이 편리하게 진료받을 수도
있지.

또 원격의료가 허용되면 거동이 불편한 장애인이나 노인도 편리
하게 의료 서비스를 제공받을 수 있어. 특히 만성질환 환자의 경우

건강 상태를 꾸준히 기록하며 관리해야 하므로 정기적으로 병원에 방문해야 하는데, 이때 원격의료를 이용하면 병원에 오가는 데 드는 시간적·경제적 비용을 줄일 수 있다는 장점이 있지.

〈자료 1〉에 따르면 보건복지부는 원격의료가 허용됨에 따라 보다 신속한 진료와 주기적 모니터링이 가능해져 국민의 건강이 향상될 것으로 봤어. 정부는 원격의료가 전면 도입될 경우, 120만 명에 달하는 의료 소외 계층이 의료 혜택을 받게 될 거라고 예측하기도 했지.

원격의료는 진료 효율성이 높아 환자들이 의료비를 절감하는 데에도 도움을 줘. 불필요한 검사나 입원 등을 하지 않아도 되기 때문이지. 이처럼 원격의료는 시간적·재정적 부담을 줄여 의료 접근성을 높임으로써 환자가 조기에 병을 발견하고 건강한 삶을 살아갈 수 있도록 해.

〈자료 1〉 원격의료로 인한 국민 건강 향상 기대 효과

- 고혈압·당뇨 환자 → 상시적인 혈압·혈당 정보 제공 및 담당 의사의 모니터링 가능
- 거동이 불편한 노인·장애인, 도서 벽지 주민 → 보다 신속한 진료 가능
- 수술·퇴원 후 재택 환자 → 지속적인 욕창 관리, 가정 산소 치료기 모니터링 가능
- 군·교도소 등 특수지 환자 → 보다 신속한 진료 및 주기적 모니터링 가능

*자료: 보건복지부(2016년)

반대1

원격의료는 오진 가능성이 높고,
의료사고가 발생했을 때
환자가 구제받기 어려울 수도 있어.

개인 정보

원격의료가 허용되면 환자의 건강권이 침해될 우려가 있어. 우리나라에서 의료 행위는 대면 진료를 원칙으로 하고 있어. 그러나 원격의료는 대면 진료 없이 환자가 입력한 의료 정보에 따라 진단이 이뤄져. 만약 이때 환자가 의료 정보를 잘못 입력하면 정확한 진단과 처방이 이뤄지지 않을 위험이 있지. 심지어 이는 의료사고로 이어질 수도 있어. 나아가 의료사고가 발생했을 때 환자가 구제받지 못할 가능성도 있지. 의사들이 환자가 의료 정보를 제대로 제공하지 않았다는 이유로 책임을 회피할 수 있기 때문이야. 실제로 〈자료 2〉를 살펴보면 많은 사람이 원격의료에 대해 부정적인 입장을 취하고 있어. 오진 확률이 높고, 세심한 진료를 기대하기 어렵다는 이유에서지.

한편 환자가 의료 정보를 입력·전달하는 과정에서 개인 정보가 유출될 수도 있어. 이로 인해 개인의 사생활이 침해될 수 있으며, 유출된 정보는 사이버 범죄에 악용될 수 있다는 문제도 있지.

또한 원격의료가 과연 실효성이 있는지 의문이 들어. 장애인이나 노인들은 원격의료에 사용되는 인터넷과 정보 통신 기기를 다루는 데 어려움을 겪을 수 있어. 또 환자들이 의사의 지시에 따라 의료 행위를 적절하게 수행할 수 있을지도 의문이고. 환자가 고가의 원격의료 장비를 구입해야 하는 경제적 부담이 있다는 점도 문제야.

〈자료 2〉 원격의료에 대한 인식

57.5%
온라인 원격의료는
오진 확률이
높을 것 같다

64.5%
온라인 원격의료는
세심한 진료를
기대할 수 없다

*대상: 전국 만 19~59세 성인 남녀 2,000명
*자료: 엠브레인 트렌드모니터(2017년)

찬성2

원격의료는 관련 산업계에 돌파구로 작용할 거야. 관련 산업의 발전과 일자리 창출에 기여할 수 있지.

원격의료는 4차 산업혁명을 이끌 핵심 기술 가운데 하나로, 저성장 시대에 돌입한 우리나라 산업계에 돌파구로 작용할 수 있어. 〈자료 3〉의 미국의 사례에서도 볼 수 있듯이, 원격의료 시장 규모는 빠르게 확대되고 있으며, 이를 이용하는 환자 수도 급증하고 있어. 원격의료가 허용되면 원격 건강 관리·환자 모니터링 등에 필요한 의료 기기 및 정보 통신 기술 산업이 크게 발전할 거야.

2018년 현대경제연구원은 원격의료 이용률이 인구의 20%로 확대되면 2조 원 규모의 신규 시장이 생겨날 것으로 예상했어. 또 한국경영자총협회는 원격의료 허용 등 의료 관련 규제가 완화되면, 최대

37만 개의 새로운 일자리가 만들어질 것으로 전망하기도 했지.

실제로 원격의료는 그 효과도 높은 편이야. 2016년 보건복지부가 환자 5,300명을 대상으로 원격의료 시범 사업을 벌인 결과, 원격 모니터링 대상자인 당뇨 환자의 혈당 수준이 비대상자보다 더 낮아지고 복약 순응도는 높아졌다고 해. '복약 순응도'란 환자가 의료인의 지시에 따라 정확하게 약을 먹는 정도를 말해. 또 도서 벽지 주민을 대상으로 원격의료 만족도를 조사한 결과, 88.9%가 건강 관리에 도움이 됐다고 답했으며, 80.2%가 앞으로도 원격의료를 이용하겠다고 밝히기도 했지. 이처럼 원격의료는 국민이 보다 나은 의료 서비스를 제공받도록 도와줄 뿐만 아니라 경제 발전에도 기여할 거야.

〈자료 3〉 미국 원격의료 시장 규모

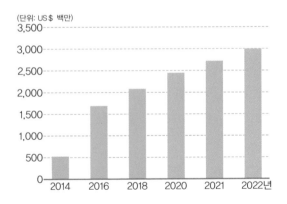

(단위: US$ 백만)

* 2018년 이후는 전망임
* 자료: IBIS World(2018년)

반대 2

원격의료 시스템을 갖춘 대형 병원으로
환자가 몰려 1·2차 병원, 지방 병원이 도산할
가능성도 있어.

우리나라는 대형 병원 쏠림 현상이 심각한 편이
야. 〈자료 4〉에 따르면 2018년 불과 5개의 병원이 우리나라 전체 진
료비의 6.23%를 차지했지. 이처럼 대형 병원의 선호도가 높은 상황
에서 원격의료까지 허용된다면, 원격의료 시스템을 갖춘 대형 병원
으로 환자가 더 몰리게 되면서 1·2차 병원과 지방 병원 등이 설 자
리를 잃고 말 거야.

현재 우리나라 의료 기관은 1~3차로 이어지는 의료 전달 체계를
유지하고 있어. 일반적으로 증세가 가벼운 환자는 1차 의료 기관에
서 치료하되, 의사가 대형 병원의 진료가 필요하다고 판단하면 소

2장 ◆ 과학 이슈

견서를 써서 3차 의료 기관인 종합병원으로 보내지. 하지만 원격의료가 도입되면 1·2차 의료 기관을 거치지 않고도 환자가 바로 대형 병원 의사에게 원격진료를 받을 수 있기 때문에, 이 제도의 의미가 없어져. 원격의료를 시행하려면 화상 진료 장비 등이 필요하므로 자본 투자 여력이 있는 주요 대형 병원이 이 사업의 주체가 될 것이고, 환자들은 보다 큰 병원에서 진료받기를 희망할 거야.

이로 인해 다수의 1·2차 병원이 문을 닫게 되면, 오히려 환자들의 의료 접근성이 크게 떨어질 수 있어. 특히 지방에 거주하는 환자들의 경우 대면 진료를 받고자 할 때 근처에 병원이 없어 서울의 대형 병원을 방문해야만 하는 상황이 생길 수도 있지.

게다가 원격의료는 의료 영리화로 이어질 수 있어. 원격의료 허용을 계기로 정보 통신 기술과 의료를 융합한 대기업들이 의료 시장에 활발히 진출하고, 결국 이 대기업들이 국내 생산량을 좌지우지하는 산업 독과점 구조를 심화시킬 수 있지.

〈자료 4〉 전체 진료비 가운데 빅5 병원 진료비가 차지하는 비중

2017년	2018년
5.5%	6.23%

*빅5 병원: 삼성서울병원, 서울대학교병원, 서울성모병원, 서울아산병원, 세브란스병원
*자료: 국회 보건복지위원회 김상희 의원(더불어민주당, 2019년)

토론 갈무리하기

오늘은 '원격의료, 허용해야 할까'를 주제로 토론했어. 찬반 의견이 팽팽하게 맞섰는데, 각각 어떤 주장을 펼쳤는지 정리해 보자.

찬성 측은 원격의료가 허용되면 의료 사각지대가 해소되고, 환자의 편의성이 높아질 거라고 주장했어. 또 원격의료는 진료 효율성이 높아 환자들이 의료비를 절감하는 데 기여한다고 했지. 나아가 관련 산업이 발전하는 데 도움이 된다고 이야기하기도 했어.

반대 측은 원격의료는 오진 가능성이 높아 환자의 건강권을 침해할 수 있다고 했어. 환자가 의료 정보를 정보 통신 기기에 직접 입력하는 과정에서 오류가 생길 수도 있기 때문이지. 이 밖에 원격의료 시스템을 갖춘 대형 병원으로 환자가 몰려, 1·2차 병원이 도산할 위험이 있다고 지적하기도 했어. 또한 원격의료는 의료 영리화로 이어질 수 있다고 주장했지.

원격의료는 국민의 건강과 직접적으로 연관된 문제야. 그렇기에 더욱 신중한 논의가 이루어져야 한다고 생각해. 앞으로도 이 주제에 관심을 갖고 의견을 정리해 나갔으면 해.

주제 5

초소형 카메라, 판매를 금지해야 할까

오늘은 '초소형 카메라 판매 금지 논란'에 대해 토론해 보려 해. 최근 불법 촬영 범죄가 잇따르면서 초소형 카메라 판매를 금지해야 한다는 목소리가 높아지고 있어.

2018년 3월, 청와대 국민 청원 게시판에 '위장·몰래카메라 판매 금지와 몰카 범죄 처벌을 강화해 주세요'라는 제목의 게시글이 올라왔어. 작성자에 따르면 우리나라의 불법 촬영 범죄는 2012년 2,400건에서 2017년 6,470건으로 무려 3배 가까이 증가했는데, 이는 넥타이, 볼펜, 물병, 탁상시계, 안경, 벨트 등에 장착되는 초소형 카메라가 아무런 제약 없이 판매되고 있기 때문이라는 거야.

게다가 2018년 5월에는 대학교 미술 수업에 참여한 누드모델의 나체 사진이 불법으로 촬영·유출되는 사건이 발생했어. 이에 디지털 성범죄에 대한 분노와 두려움이 사회 전반으로 확산됐고, 아예 초소형 카메라 판매를 금지하자는 요구가 빗발쳤지. 하지만 반대 의견도 만만치 않아. 이들은 초소형 카메라 판매 금지가 디지털 성범죄를 막기는커녕 오히려 부작용만 낳을 거라고 지적하지.

오늘의 토론 주제와 관련하여 우리 사회의 성(性) 윤리 및 인권의식을 살펴봤으면 해. 먼저 성 윤리 차원에서 생각해 보면, 불법 촬영은 '관음증(觀淫症)'과 관련이 있어. 혹시 관음증에 대해 들어 본 적 있니? 관음증이란 타인을 훔쳐보는 행위를 통해 쾌락을 얻는 증상을 의미해. 우리 사회의 성 문화가 관음증에 지배받고 있는 것은 아닌지, 건전한 성 윤리를 지니기 위해선 어떤 노력을 해야 할지 진지하게 성찰할 필요가 있어.

다음으로 불법 촬영 범죄는 인권 측면에서도 살펴볼 수 있어. 현재 우리나라 불법 촬영 범죄 피해자의 대부분이 여성이라는 점에서, 특히 여성의 인권침해 문제로 접근하는 것이 중요해. 여성을 동등한 시민권을 가진 인간이 아닌 성적 대상으로만 바라보는 시각이 널리 퍼져 있는 것은 아닌지 깊이 고민해 봐야 해.

결과적으로 오늘 토론의 최종 목표는 '불법 촬영 범죄를 줄이기 위해 성 윤리와 인권 의식을 바로 세우는 것'이라고 할 수 있어. 이 점을 염두에 두고 본격적으로 토론을 시작해 보자.

Yes?　No?

잠깐!

토론을 하기 전에 생각해 볼까?

1. 초소형 카메라는 어떤 분야에 이용될까?

2. 불법 촬영 피해자가 대부분 여성인 이유는 무엇일까?

3. 친구가 불법 촬영 사진이나 동영상을 보여 줄 경우, '나'의 태도는?

4. 초소형 카메라 판매가 금지되면 불법 촬영이 사라질까?

5. 초소형 카메라 판매 금지에 대한 '나'의 생각은?

도움이 되는 자료들

- - - - - - - - - - - - - - - - - -

디지털 성범죄
강의 동영상

'몰카' 아닌
'불법 촬영'

찬성1

지금 우리 사회는 '몰카 공포증'이라는 신조어가 생길 정도로 불법 촬영 범죄가 심각한 상황이야. 초소형 카메라 판매 전면 금지가 불가피해.

현재 우리나라는 '몰카의 나라'라고 해도 과언이 아니야. 안경이나 넥타이, 단추, 만년필, 라이터 등에 내장할 수 있는 초소형 카메라가 많이 개발되어 있을 뿐만 아니라, 누구나 인터넷을 통해 이를 손쉽게 구할 수 있지. 실제로 온라인 쇼핑몰에서 '초소형 캠'을 검색하면 다양한 형태의 초소형 카메라를 누구나 쉽게 구입할 수 있어.

2018년 경찰청에서 발표한 자료에 따르면, 불법 촬영 범죄는 2011년 1,353건에서 2017년 5,497건으로 4.06배나 증가했어. 다른 범죄에 비해 무척 빠른 속도로 증가하고 있지. 게다가 과거에는 불법 촬영 영상이 주로 불법 음란 사이트에서만 음성적으로 유통됐는데, 이제는 카카오톡 대화방에서까지 활발히 공유되고 있을 정도야. 이로 인해 '몰카 공포증'이라는 신조어마저 생겨났어. 불법 촬영 범죄를 근본적으로 차단하기 위한 조치는 사실상 초소형 카메라 판매 금지밖에 없어. 불법 촬영 영상이 일단 인터넷에 유포되어 퍼져 나가기 시작하면 영상을 회수하거나 폐기할 방법이 없을 뿐만 아니라, 유포자를 특정해서 처벌하기도 어렵기 때문이야. 그런데 지금 우리나라에서는 불법 촬영에 이용되는 초소형 카메라를 판매하거나 구입하는 행위에 대한 법적 규제가 전무해. 따라서 하루빨리 초소형 카메라 판매를 규제하는 법을 만들어 시행해 나가야 해.

하지만 현실은 여전히 막막하기만 해. 2017년에는 여러 국회의원이 '변형 카메라의 관리에 관한 법률안'[1]을, 2018년에는 '위장형 카메라의 관리에 관한 법률안'을 발의했어. 그런데 몇 년이 지난 지금까지도 이 법률안들은 관련 소위원회나 상임위원회에서 계류(어떤 사건이 해결되지 않고 걸려 있음) 중이거나 논의조차 되지 않고 있지.

---

1 '변형 카메라 관리에 관한 법률안'은 변형 카메라의 제조·수입·판매·배포 및 광고에 대한 허가제를 도입하고, 그 유통 이력을 추적할 수 있도록 하는 내용을, '위장형 카메라의 관리에 관한 법률안'은 초소형 카메라를 판매하거나 소유하려면 신상 정보를 등록해야 한다는 내용을 담고 있다.

반대1

**초소형 카메라가 불법 촬영 범죄용으로
악용된다고 해서 판매 자체를 금지하는 것은
과잉 규제야.**

불법 촬영 범죄용으로 악용된다고 해서 초소형
카메라 판매 자체를 금지하는 것은 과잉 규제야. 초소형 카메라를
범죄에 이용하면 당연히 그에 합당한 처벌을 하는 게 옳지. 그렇다
고 해서 초소형 카메라 판매를 완전히 금지하는 것은 지나치게 편
협한 처사라고 생각해.

원래 초소형 카메라는 불법 촬영이 아닌 의료용 및 산업용으로
만들어졌어. 〈자료 2〉를 살펴보면 초소형 카메라가 종양을 제거하
는 수술에서 유용하게 활용되고 있음을 알 수 있어. 초소형 카메라
를 사용하면 수술 부위 통증이 적고 회복이 더 빠르지. 따라서 초소

형 카메라의 판매를 법으로 규제하는 건 현실적으로 보면 매우 어려운 일이야.

만약 그럼에도 불구하고 초소형 카메라 판매를 금지시키려면, 이것이 불법 촬영용인 경우로만 제한해야 하는데, 현실적으로 의료용 및 산업용과의 뚜렷한 구분은 힘들어 보여. 사실상 성능이 똑같은 카메라들을 판매 단계에서 구분한다는 건 거의 불가능하지 않을까?

결과적으로 불법 촬영 범죄는 초소형 카메라 자체의 문제가 아니기 때문에 판매를 무조건적으로 금지하면 논란만 더 확산될 거야. 다만 불법 촬영으로 악용되는 것을 방지하기 위한 대책은 반드시 마련해야 하지. 예를 들어 초소형 카메라 구매자를 별도로 기록해 두는 등 불법 촬영 범죄 가능성을 줄이는 방안을 검토하는 게 더 중요하다고 생각해.

〈자료 2〉 의료용으로 활용되는 초소형 카메라

4mm 정도로 아주 얇은 카메라가 종양까지 바로 접근해 내시경을 여러 각도로 바꿔 가면서 종양을 말끔히 제거한다. 한쪽 콧구멍에는 수술 도구가, 다른 쪽엔 카메라가 들어가므로 코에 흉터가 생기지 않고 2~3시간 정도면 수술이 끝난다. 게다가 수술할 때 출혈이나 통증이 적어 수술 다음 날 퇴원할 수 있다. 기존 현미경 수술법보다 수술 시야가 더 넓어 종양 제거에 완성도와 안전성이 높아져 잔존 종양과 재발을 줄일 수 있다. 재발률은 5% 이하로 낮아졌고, 방사선 수술과 같은 추가 치료를 하는 경우도 적어졌다. 이 밖에 현미경을 이용한 수술보다 코 손상이 적어 회복이 빠르고 통증도 덜하다.

*자료: 한국일보(2018년)

찬성2

초소형 카메라 판매를 금지하는 것만이 불법 촬영 범죄를 근본적으로 차단하는 가장 효과적인 예방책이야.

불법 촬영 범죄는 무엇보다 예방이 중요하다고 생각해. 일단 불법 촬영 영상이 유포되면 유포자에 대해 효과적인 조치와 처벌을 취하기가 사실상 거의 불가능하기 때문이지.

〈자료 3〉에는 우리 사회 불법 촬영 범죄의 특성이 잘 드러나 있어. 피해자 비율은 여성이 87.6%로 월등히 높고, 가해자 비율은 남성이 98.8%로 매우 높다는 것을 확인할 수 있지. 또한 카메라 등을 이용한 촬영 범죄의 1심 양형(형벌의 정도를 정하는 일) 비율을 살펴봐도 실형에 비해 집행유예나 가벼운 벌금형의 비율이 훨씬 높다는 것을 알 수 있어. 즉 불법 촬영 범죄는 대부분 남성이 여성을 대상으로 하는 범죄로, 그 처벌이 매우 미미해. 한마디로 남성이 처벌에 대한 큰 두려움 없이 여성에게 저지르는 성범죄라고 할 수 있지.

실제로도 많은 사람들이 불법 촬영 범죄를 큰 벌을 받아 마땅한 심각한 성범죄로 여기지 않아. 왜 그럴까? 불법 촬영 범죄는 성폭행이나 성희롱처럼 상대에게 직접적인 위해(危害)를 가하는 범죄가 아니라고 생각하기 때문이야.

그렇다면 어떻게 해야 할까? 어차피 의식을 개선하는 것이 쉽지 않다면 누구나 쉽게 초소형 카메라를 구입할 수 있는 무분별한 환경부터 정비해 나가는 것이 중요해. 불법 촬영 범죄에 대한 법적 처벌을 강화하는 것은 물론이고 말이야.

다시 말해서 지금처럼 불법 촬영 범죄가 잘못이라는 것을 자각조차 하지 못할 정도로 일상화된 상황에서는 사후 규제보다 사전 예방이 더 시급하다고 할 수 있어. 그에 대한 해답이 바로 '초소형 카메라 판매 금지법'의 제정과 시행이야.

〈자료 3〉 불법 촬영 범죄 피해 현황 및 양형

■ 불법 촬영 범죄 피해자·가해자 비율

■ 카메라 등 이용 촬영 범죄 1심 양형 비율
(2018년 1월~2019년 4월 선고 사건)

*자료: 연합뉴스·MBC(2019년)

반대 2

초소형 카메라의 판매를 금지하면 오히려 범죄율만 높아질 거야. 불법 촬영 범죄를 엄벌에 처하는 사후 규제 강화가 타당해.

불법 촬영 문제를 막겠다고 의료용과 산업용 카메라 판매까지 금지할 수는 없기 때문에, 초소형 카메라의 판매 금지책은 그 내용이 마련된다고 해도 여러 한계를 안고 있을 가능성이 매우 높아.

초소형 카메라의 생산 자체를 중단하거나 유통을 완전히 금지하지 않는 이상, 질적인 예방 효과는 사실 미미해. 예컨대 판매를 허용할 수밖에 없는 의료용과 산업용 초소형 카메라를 구입해 얼마든지 불법 촬영 용도로 활용할 수 있거든. 범죄 용도로 초소형 카메라를 구입하려는 사람을 사전에 규제하는 일이 과연 가능할지 의문이야.

그래서 섣불리 판매 금지를 추진할 게 아니라, 사후 처벌 강화에 더 힘써야 한다고 봐. 억지로 판매를 막으면 오히려 초소형 카메라를 불법적으로 판매하는 시장만 커질 테고, 그로 인한 피해는 더 확산될 거야. 이에 전문가들도 처벌 강도를 높이는 등 현실적으로 시행 가능한 사후 조치를 통해 문제를 해결해야 한다고 주장해.

〈자료 4〉를 살펴보면, 불법 촬영 범죄가 전체 성폭력 범죄에서 차지하는 비율이 2008년 3.6%에서 2017년 19.0%로 급증했을 뿐만 아니라, 재범률이 매우 높다는 사실을 알 수 있어. 다행히 최근 이런 정보들이 널리 공유되면서 불법 촬영 범죄를 엄벌에 처해야 한다는 목소리가 높아지고 있지. 사람들이 솜방망이 처벌로 인해 급증한 불법 촬영 범죄의 심각성을 인식하게 된 거야. 지금부터라도 강력하게 처벌해 나간다면 불법 촬영 범죄는 빠른 속도로 줄어들 거야.

〈자료 4〉 불법 촬영 범죄의 재범률

- 전체 성폭력 범죄 가운데 카메라 등을 이용한 촬영 범죄 비율
  - 2008년 3.6%(585건) → 2011년 7.1%(1,565건)
  → 2013년 16.9%(4,903건) → 2017년 19.0%(6,085건)
- 2011~2016년 서울 관할 법원에서 1심 선고한 불법 촬영 1,540건을 한국여성변호사회에서 분석한 결과
  - 가해자 1인이 2회 이상 촬영한 경우: 53.83%(829건)
  - 가해자 1인이 100회 이상 촬영한 경우: 2.4%(37건)

*자료: 대검찰청 『2019 범죄 분석』(2019년),
한겨레신문(2018년)

토론 갈무리하기

오늘 토론 주제는 '초소형 카메라 판매 금지'에 관한 내용이었는데, 이번에도 찬반 입장이 팽팽히 맞섰어. 그럼 토론 내용을 간단히 정리해 보자.

먼저 찬성 측은 초소형 카메라의 판매 및 유통을 법으로 엄격히 규제해야 한다고 주장했어. 아무런 제약 없이 누구나 쉽게 초소형 카메라를 구입할 수 있어 불법 촬영 범죄가 횡행하고 있으므로, 초소형 카메라의 구입을 차단하면 보다 근본적으로 범죄를 예방할 수 있을 거라 이야기했지.

한편 반대 측은 초소형 카메라 판매 금지를 통한 사전 예방보다 사후 처벌 강화가 이뤄져야 한다고 주장했어. 초소형 카메라가 의료용 및 산업용으로도 쓰이고 있는 상황에서 판매와 유통을 완전히 막기는 어려우므로 판매 금지는 실효성이 없다고 했지.

오늘 토론을 통해 올바른 성 윤리와 인권 의식에 대해 생각해 볼 수 있어 유익했어. 친구들도 의미 있는 시간이었기를 바랄게. 앞으로도 계속해서 이 문제에 함께 대해 고민해 보도록 하자.

GMO 완전 표시제, 시행해야 할까

오늘은 'GMO 완전 표시제 논란'에 대해 토론하려 해. 'GMO(Genetically Modified Organism)'는 유전자 변형 농산물 및 식품으로, 유전자를 인위적으로 변형시켜 만든 거야. 그리고 'GMO 완전 표시제'란, GMO 작물을 원재료로 사용했다면 최종 제품에서 GMO 단백질이나 DNA가 검출되지 않더라도 GMO 여부를 표기하도록 한 제도이지. 사실 우리나라는 이미 2001년부터 GMO 표시제를 시행해 왔어. 그러나 예외 조항이 있다는 점이 한계로 지적되어 왔지.

GMO 완전 표시제는 문재인 대통령이 2017년 대선 당시 내세운

공약으로, 2018년 3월 청와대 게시판에 그 시행을 촉구하는 국민 청원이 올라오면서 사회 이슈로 떠올랐어. 국민 청원이 20만 명을 넘자 5월 8일, 청와대는 물가 상승 등 부작용이 염려되어 당장 시행하기 어렵다는 답변을 내놓았지. 그러자 시민들의 항의와 규탄이 이어졌고, 찬반 논쟁이 더욱 과열됐어. 이후 2018년 12월에 'GMO 표시 제도 개선 사회적 협의회'가 구성되었지만, 시민 단체와 식품 업계의 의견 대립으로 2019년 9월에 중단되고 말았지.

오늘의 토론 주제인 GMO는 우리의 '생명'과 관계되는 중요한 문제야. '유전자 조작'이란 특정 생물체에 다른 생물체의 유전자를 주입하여 원래의 생물체에 존재하지 않는 새로운 유전형질을 갖도록 하는 기술이야. 따라서 유전자 조작 기술은 인간의 생명, 생태계의 안정성과 직결되는 문제로서 몇 가지 윤리적 문제를 안고 있어. 예를 들어 생명체의 유전자를 인위적으로 조작해도 되는 것인지, 만약 이것이 허용될 수 있다면 그 한계가 어디까지인지 등이 문제로 제기되고 있지. 또한 유전자 조작 농산물이 인체에 안전한지 충분히 입증되지 않았다는 문제점도 논란이 되고 있어.

사실 GMO가 세상에 모습을 드러낸 것은 불과 25년 정도밖에 안 돼. 따라서 이것이 인간의 생명과 건강, 그리고 생태계의 안정성에 어떤 영향을 미칠지 아직 명확히 알 수 없는 상황이지. 그래서 GMO에 관한 논쟁에서 어느 한쪽의 주장만 명백히 옳다고 말하기는 어려워. 이를 염두에 두며 본격적으로 토론을 시작해 볼까?

Yes? No?

잠깐!

토론을 하기 전에 생각해 볼까?

1. GMO란 무엇일까?
2. 우리가 흔히 먹는 식품 가운데 GMO 식품은 얼마나 될까?
3. GMO는 인간에게 해로울까, 해롭지 않을까?
4. 3번과 같이 생각한 이유는 무엇인가?
5. GMO 완전 표시제에 대한 '나'의 생각은?

도움이 되는 자료들

불안한 식탁
GMO 식품

GMO 식품
꼭 필요한가?

찬성 1

**소비자는 자신이 먹을 식품의 원재료가
GMO인지 아닌지 알고 선택할 권리가 있어.**

시민들이 정부에 GMO 완전 표시제 시행을 촉
구하는 것은 정당한 요구야. 자신과 가족이 먹을 식품의 원재료가
GMO인지 아닌지를 아는 것은 소비자의 권리이기 때문이지.

현행 GMO 표시제는 한계점을 지니고 있어. 〈자료 1〉에서 볼 수
있듯이, 2017년 우리나라 대형 마트에서 판매량이 많은 제품 438개
를 골라 GMO 표시 실태를 조사했더니 수입 식품 2개를 제외하고
는 GMO 표시가 전혀 없었다고 해. '고도의 정제 과정 등으로 완제
품에 GMO DNA 혹은 단백질이 남아 있지 않을 경우 GMO 표시를
하지 않아도 된다'는 예외 조항 때문이지. 예를 들어, GMO 콩과 옥
수수는 대부분 식용유나 전분, 전분당, 간장 등으로 가공되어 제품

화되거나 식품 첨가물로 쓰이는데, 식용유는 GMO 콩과 옥수수로부터 지방 성분만 뽑아낸 것이고 전분과 전분당은 탄수화물만 뽑아낸 것이기 때문에 GMO 단백질 성분이 없어. 따라서 GMO 표시 대상에서 제외되는 거지.

이 불합리한 예외 조항을 없애기 위해 필요한 것이 바로 GMO 완전 표시제야. 중국, 대만 등 다른 나라에서는 이미 이를 실시하고 있지. 우리나라도 하루빨리 완전 표시제를 시행해야 해. 우리나라는 세계 제1의 GMO 작물 수입국으로, 실제로 우리가 먹고 있는 GMO 식품의 양은 어마어마해. 이러한 상황에서 GMO 식품에 대한 소비자들의 불안은 심화될 수밖에 없어. 소비자의 알 권리를 위해 완전 표시제 시행은 불가피하다고 생각해.

〈자료 1〉 GMO 표시 실태 조사 결과

*자료: 경제정의실천시민연합(2017년)

	세부 품목	조사 수량	GMO 표시
과자류	과자, 팝콘, 시리얼, 빵	168개	1개(시리얼 제품)
두부류	두부	13개	없음
두유류	두유	18개	없음
라면류	라면	36개	없음
식용유	대두유, 옥수수유 등	23개	없음
액상 과당	물엿, 올리고당 등	27개	없음
장류	간장, 된장, 고추장 등	123개	1개(미소 제품)
통조림류	참치, 꽁치, 생선 통조림	30개	없음
총계		438개	2개

반대 1

과학적으로 가공식품은 GMO 제품이 아니야. GMO 완전 표시제는 '낙인찍기'에 불과해.

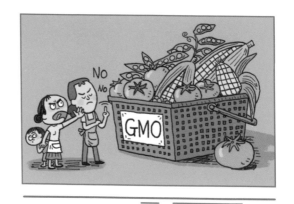

　　GMO 완전 표시제를 시행하자는 주장은 과학적으로 무의미해. 〈자료 2〉에서 볼 수 있듯이, 우리나라에서 취급하는 GMO 식품은 대부분 GMO 콩과 옥수수를 원료로 만들어지는데, 이때 원료에서 주로 유전자 변형이 되지 않는 지방과 탄수화물만 추출해서 사용한다고 해. 참고로 유전자를 변형할 경우 단백질에서만 변화가 일어나고 지방과 탄수화물은 분자식과 기능, 형태 등이 바뀌지 않지. 따라서 전문가들은 GMO 식품의 대부분은 유전자가 변형되는 단백질을 쓰지 않으므로 굳이 GMO 표기를 할 필요가 없다고 이야기해. 결국 GMO 농산물에서 단백질 외에 탄수화물과 지방만 추출해 쓴다면 일반 농산물을 쓴 것과 다를 바 없다는 거야.

즉 음료수에 들어간 GMO 옥수수의 포도당과, 일반 감자에서 추출한 포도당은 분자식과 기능, 형태가 100% 같다는 뜻이지.

현행 GMO 표시제의 예외 조항은 이러한 과학적인 근거를 바탕으로 만들어진 거야. GMO 완전 표시제 시행을 주장하는 것이야말로 엄연한 과학적 사실을 외면하는 억지 주장이야. 'GMO는 무조건 나쁜 것'으로 몰아가는 일종의 '낙인찍기'에 불과하지.

게다가 GMO 완전 표시제는 실효성이 거의 없는 제도야. 이를 시행한다고 해서 제품의 품질이 향상되거나 안전이 보장되진 않기 때문이지. 특히 완제품으로 수입되는 가공식품의 경우 실효성이 아예 없다고 봐야 해. 국내 수입상으로서는 외국에서 어떤 작물로 가공식품을 만들었는지 그 제조 과정을 일일이 확인하기 어렵기 때문에, 수출상이 속이면 알 도리가 없어. 반면에 GMO 표시 의무를 성실히 이행해야 하는 국내 제조사들은 손해를 볼 가능성이 높아.

〈자료 2〉 GMO 작물을 가공식품으로 만드는 과정

*자료: 뉴스타파(2018년)

찬성 2

GMO 완전 표시제는 GMO에 대한 소비자의 부정적인 인식을 줄이는 데 기여해. 또한 이를 시행하면 식품의 안전성도 확보할 수 있어.

GMO 완전 표시제 시행 요구를 억지 주장으로 보는 것은 옳지 않아. 〈자료 3〉에서 볼 수 있듯이, 많은 사람이 GMO 완전 표시제에 찬성하고 있어. 또 2017년 9월 한국법제연구원이 전국의 성인 남녀 1,000명을 대상으로 실시한 설문 조사에서도 무려 84.1%가 찬성했지. 이처럼 대다수 소비자들이 제품에 대한 정보를 제공받길 원하고 있으므로 여론을 따르는 것이 중요하다고 봐.

또한 GMO 완전 표시제는 GMO에 대한 '낙인찍기'가 아니라, 오히려 그 유용성을 알리는 길이야. 2016년 7월 미국 버몬트주에서는 GMO 표시제를 본격 시행한 뒤 오히려 GMO에 대한 소비자의 부정적인 인식이 감소했다고 해. 기업이 GMO 사용을 투명하게 공개하면서 소비자의 불안감을 낮췄기 때문이지.

GMO 완전 표시를 거부할수록 GMO에 대한 소비자의 반감 또한 점점 커지게 될 거야. 이는 GMO의 연구·개발을 늦춰 식량 기술 발전을 제약하는 결과를 가져올 수 있어. GMO의 안전성을 더욱 철저하게 검증한 뒤, GMO 완전 표시제를 통해 소비자들에게 안심하고 먹어도 괜찮다는 인식을 심어 주는 것이 중요해.

게다가 GMO 완전 표시제를 시행하면 GMO뿐만 아니라 친환경 농업에 대한 관심도 높아지면서 관련 산업이 '윈윈(win-win)'할 수 있어. 더불어 식품의 안전성을 확보하고 식량 부족 문제를 해결하기 위한 기업 간 선의의 경쟁도 촉진될 거야. 이처럼 GMO 완전 표시제 시행은 여러 긍정적 효과를 가져올 거야.

〈자료 3〉 GMO에 대한 소비자 의식 조사

*대상: 20대 이상 기혼 여성 500명 *자료: 소비자시민모임(2018년)

반대 2

GMO 완전 표시제가 시행되면 사회적인 혼란이 발생할 거야. 게다가 식품 가격이 상승하면 소비의 빈부 격차가 발생할 수 있어.

　　GMO 문제를 공론의 장으로 가져와 투명하게 드러내자는 제안에는 나 역시 동의해. 하지만 완전 표시제 시행 이전에 GMO의 필요성과 이점에 대해 제대로 알릴 수 있는 기회가 먼저 충분히 주어져야 해. 〈자료 4〉를 통해 추론할 수 있듯이, 현재 우리나라 시민들의 GMO에 대한 인식은 한마디로 '잘 모르지만 해로울 것이다'라고 요약할 수 있어. 이러한 상황에서 GMO 완전 표시제를 바로 시행하면 근거 없는 GMO 괴담만 더 확산될 거야. GMO에 대한 소비자의 부정적인 인식으로 인해 우리나라는 GMO 개발에 도전하지 못해 계속해서 GMO 수입국에 머무르게 되겠지. 그러므로 우리나라는 GMO를 자체 개발하는 데까지 나아갈 필요가 있어. 그 전에 지금은 시민들의 긍정적인 공감대 형성과 사회적 지원이 절실한 시점이야. GMO에 대한 부정적인 인식이 팽배한 현재 상황에서 GMO 완전 표시제는 시기상조라는 의미야.

GMO 완전 표시제가 가져올 사회적 혼란도 우려돼. 앞서 설명했듯이 소비자들은 GMO 식품을 기피하는 경향이 있기 때문에 식품에 미량 사용되는 다양한 원료에 GMO 표시를 하게 되면 식품 회사는 이를 GMO가 아닌 다른 원료로 대체할 거야. 그렇게 되면 식품 가격이 상승할 가능성이 높고, 이로 인해 소비의 빈부 격차가 발생할 가능성도 있어. 따라서 GMO 완전 표시제를 시행하기 전에 이러한 부작용까지도 충분히 고려해야 한다고 생각해.

〈자료 4〉 GMO에 대한 막연한 불안감 해소돼야…

- 우리나라 소비자 67.7%, 'GMO 안전하지 않다'고 응답함.
  - 2017년 여론조사전문기관 엠브레인, 1,000명 대상 설문조사
- 'GMO 안전하다'는 주장 적지 않음.
  - 미국과학한림원, 미국의사협회, 영국왕립협회 등은 GMO의 유해성이 과학적 근거가 없다는 입장을 밝힘.
- 2016년 노벨수상자 108명, GMO의 안전성 지지 공동성명 발표함.
  - 장호민 한국바이오안전성정보센터 전문경영위원, "GMO에 대해 가장 강력한 규제를 갖고 있는 유럽에서도 2010년 대비 2019년 GMO에 대한 우려도가 감소하고 있다"며, "식품안전성에 대해서는 과학자들을 가장 신뢰하고 있기 때문"이라고 말함.

*자료: 세계일보(2019년)

토론 갈무리하기 ─◉───◉

오늘은 'GMO 완전 표시제'에 대해 토론해 봤는데, 첨예하게 대립되어 온 문제라 그런지 찬반 입장이 정말 팽팽했어.

먼저 찬성 측에서는 소비자가 식품의 원재료가 GMO인지 아닌지 알 권리가 있다고 하며, 완전 표시제를 당장 시행해야 한다고 주장했어. 또한 완전 표시제를 시행하면 GMO에 대한 소비자의 부정적인 인식을 줄이고, 식품의 안전성 확보 및 식량 부족 문제 해결에도 기여할 거라고 이야기했지.

반면에 반대 측에서는 GMO 완전 표시제 시행 요구는 과학적으로 무의미한 주장이며 '낙인찍기'에 불과하다고 했어. 그리고 지금 우리나라는 GMO에 대한 부정적인 여론이 우세하기 때문에 당장 완전 표시제를 시행하는 것은 시기상조라고 반박하기도 했어. 또한 식품 가격이 상승해 소비 격차로까지 이어질 수 있다고 이야기했지.

GMO 완전 표시제는 앞으로도 계속해서 논란이 될 거야. 그러니 계속해서 관심을 갖고 자신의 의견을 정리해 나갔으면 해.

3
법

- - - - - - - - - -

국가의 힘과 개인의 권리,
무엇이 먼저일까?

흉악 범죄 피의자 신상, 공개해야 할까

오늘은 흉악 범죄 피의자의 신상을 공개하는 문제에 대해 토론해 보려 해. 범죄자로 지목된 피의자 또는 용의자의 신상 정보를 공개하는 것이 과연 타당한지 살펴보자는 거지. 이 문제는 흉악 범죄가 발생할 때마다 뜨겁게 이슈가 되고 있어. 피의자의 신상 공개가 국민의 알 권리를 충족시키며 공공의 이익에 부합한다는 찬성 측 의견과, 헌법상 '무죄 추정의 원칙'에 어긋나고 인권 침해의 소지가 있다는 반대 측 주장이 팽팽하게 맞서고 있지.

현재 법적으로는 2010년 4월에 신설된 '특정강력범죄 처벌에 관한 특례법'에 따라, 일정 기준을 충족하면 피의자의 얼굴 등 신상을 공개하게 되어 있어. 해당 사건을 맡은 경찰서에서 이를 검토한 뒤, 신상정보공개 심의위원회에서 타당성을 판단해 결정하게 되지.

오늘의 토론 주제인 '흉악 범죄 피의자 신상 공개'와 관련해 반드시 살펴봐야 할 내용으로는 '인권'을 들 수 있어. 인권이란 모든 인간이 누구나 마땅히 보장받아야 할 기본적인 권리를 의미해. '세계 인권선언'에는 "모든 인간은 태어날 때부터 자유롭고, 존엄성과 권리에 있어서 평등하다."라고 나와 있어. 이러한 정신을 반영하여 우리 헌법에는 "모든 국민은 인간으로서의 존엄과 가치를 가지며, 행복을 추구할 권리를 가진다."라고 규정되어 있지. 그러면 모든 인간에게는 인권이 있으므로, 피의자의 인권도 존중해야 하는 걸까? 오늘 토론의 핵심은 바로 여기에 있어.

우리나라의 형사소송법은 기본적으로 확정판결이 난 경우에만 유죄 여부를 판단하도록 하는 무죄 추정의 원칙을 따르고 있어. 따라서 원칙적으로 신상 공개는 이뤄지기 어렵지. 실제로 현행 수사 준칙에 따르면, 피의자 인권 존중 및 무죄 추정의 원칙 등을 적용해 수사 기간 중에는 피의자의 얼굴을 공개하지 않도록 하고 있어. 언론 윤리 강령에서도 인권침해를 우려해 현행범과 공인(公人)이 아닐 경우 당사자의 동의 없이 피의자를 촬영한 사진 및 영상을 언론에 보도하지 못하도록 하고 있지. 반면에 반(反)사회적인 범죄를 저지른 흉악범의 인권까지 존중할 필요는 없으므로, 신상을 반드시 공개해야 한다는 여론도 우세한 상황이야.

잠깐!

토론을 하기 전에 생각해 볼까?

1. 인권이란 무엇인가?
2. 흉악범의 인권도 존중해 줘야 할까?
3. 사람들은 왜 흉악범의 신상을 알고 싶어 하는 걸까?
4. 흉악범 신상 공개에 대한 '나'의 생각은?

도움이 되는 자료들

피의자 신상
공개 정리

흉악범 신상
공개 논란사

피의자 신상
공개 토크쇼

혹시라도 무죄가 될 것을 우려해
범죄 사실이 명백한 흉악범의 신상까지
보호해 줄 필요는 없어.

흉악 범죄 피의자의 신상은 국민의 알 권리를
보장하기 위해 당연히 공개되어야 해. TV 뉴스에서 '살인마의 얼굴
을 공개하라'는 시민들의 요구가 빗발치는 장면을 본 적이 있을 거
야. 흉악 범죄에 대한 시민들의 사회적 분노가 표출된 장면인 동시
에 국민의 알 권리를 주장하는 것이라고 볼 수 있어. 그렇다고 모든
피의자들의 신상을 무조건 공개하라는 의미는 아니야. 〈자료 1〉에
서 볼 수 있듯이, 그 허용 조건이 법에 엄격히 규정되어 있기 때문
이지. 현재 증거가 명백한 흉악 범죄자에 한해서만 공익적 목적에
서 신상을 공개하고 있어. 혹시라도 무죄가 될 것을 우려해 범죄 사

실이 명백한 흉악범의 신상까지 보호해 줄 필요는 없다고 생각해.

다른 사례와 비교해 봐도 흉악범의 신상을 공개하는 것은 지극히 정당해. 이미 경찰이 범죄자의 얼굴 사진을 전국 곳곳에 붙여 놓고 수배하고 있는 상황에서, 흉악범의 신상을 공개하지 않는다는 것은 모순 아닐까? 또한 피의자가 공적인 인물인 경우에는 신상을 공개하고 있는데, 이와 비교해 봐도 공정하지 않지.

외국의 사례를 보면, 영국, 독일, 프랑스 등 대부분의 선진국에서는 흉악범의 신상 공개를 원칙으로 삼고 있어. 미국에서는 자녀 학대 살해 사건의 가해자인 아버지의 얼굴을 공개한 바 있고, 일본 또한 미성년자인 경우를 제외하고 흉악범의 신상을 공개하고 있지. 범죄자의 인권보다 국민의 알 권리와 피해자의 인권이 더 중요하다고 보기 때문이야. 흉악범의 인권보다 억울하게 죽은 피해자의 인권이 더 우선시되어야 하는 것은 당연한 일 아닐까?

〈자료 1〉 범죄자 신상 공개 조건

'특정 강력 범죄의 처벌에 관한 특례법' 제8조의 2에 의해 다음 4가지 조건을 갖추어야 한다.
1. 범행 수단이 잔인하고 중대한 피해가 발생한 특정 강력 범죄 사건일 것.
2. 피의자가 그 죄를 범했다고 믿을 만한 충분한 증거가 있을 것.
3. 국민의 알 권리 보장, 피의자의 재범 방지 및 범죄 예방 등 오로지 공공의 이익을 위해 필요할 것.
4. 피의자가 청소년에 해당하지 아니할 것.

반대 1

반사회적인 흉악 범죄자라도 인권은
존중되어야 하며, 최소한 유죄가 확정되기
전까지는 신상이 노출되어선 안 돼.

　　흉악 범죄 피의자의 신상을 공개하는 것은 무죄
추정의 원칙에 위배되는 일이야. 〈자료 2〉에 제시된 '세계인권선언'
의 정신에도 어긋나고, 또 헌법에 보장된 기본권을 침해하는 행위
라고 할 수 있지.

　　무죄 추정의 원칙에는 우리 모두가 기억해야 할 중요한 정신이
담겨 있어. '설령 백 명의 죄인을 놓치더라도 단 한 명의 무고한 사
람을 처벌해서는 안 된다'는 인권 사상이 바로 그것이야. 이는 우리
가 힘겹게 일궈 온 민주 사회의 기본 이념이라고 할 수 있지. 따라
서 무죄 추정의 원칙을 어기고 피의자의 신상을 공개하는 행위는

곧 민주 사회의 기본을 무너뜨리는 일과 다름없어. 아무리 반사회적인 흉악 범죄자라도 최소한 유죄가 확정되기 전까지는 신상이 노출되어선 안 된다고 생각해.

언론에서 무분별하게 흉악 범죄자의 신상을 공개하는 것은 심각한 문제야. 사실 경찰은 '피의자의 인권도 존중하라'는 국가인권위원회의 권고에 따라 범죄자 신상 공개에 신중한 모습을 보여 왔어. 예컨대 2017년 여중생 딸의 친구를 살해한 뒤 시신을 유기한 혐의 등으로 무기징역을 선고받은 '어금니 아빠' 이영학도 언론에서 먼저 신상 정보를 공개한 뒤, 경찰이 뒤늦게 신상을 공개했지.

흉악범 신상 공개에 찬성하는 사람들은 흔히 국민의 알 권리를 근거로 제시하는데, 설사 범죄자의 신상 공개를 허용하더라도 극히 예외적인 경우에 한정하는 것이 중요해. 가령 범죄자의 은폐된 범죄를 찾아내기 위해 신고나 제보를 받아야 하는 경우가 그렇지.

〈자료 2〉 무죄 추정(無罪推定)의 원칙
- 재판에서 최종적으로 유죄라고 판정된 자만이 범죄인이라 불려야 하며, 단지 피의자나 피고인이 된 것만으로는 범죄자로 단정할 수 없다는 원칙
- 헌법 제27조 제4항: "형사 피고인은 유죄가 확정 때까지는 무죄로 추정된다."
- 세계인권선언 제11조 제1항: "형법상 범죄로 인하여 소추된 자는 누구를 막론하고 변호에 필요한 모든 보장이 확보되어 있는 공개 재판에서 법에 의하여 유죄로 판명될 때까지는 무죄로 추정될 권리를 가진다."

찬성 2

흉악범의 신상을 공개하면 피해자에게는 심리적 보상을 제공하고, 예비 범죄자들을 압박해 유사 범죄를 예방하는 등 공익적인 효과를 거둘 수 있어.

　　흉악범 신상 공개는 무엇보다 공익적 차원에서 접근해야 할 문제야. 흉악범의 신상을 공개하면 공익적 차원에서 여러 긍정적인 효과를 얻을 수 있어.

　　우선 피해자에게 심리적 보상을 제공해 줄 수 있어. 흉악 범죄의 피해자는 인격권이 무참히 짓밟힌 상태야. 흉악범의 신상을 공개함으로써 여론의 심판을 받게 하는 것은 피해자에게 매우 효과적인 심리적 보상이 될 수 있지.

　　다음으로 흉악범의 신상을 공개하면 예비 범죄자들을 압박함으로써 유사 범죄를 예방할 수 있어. 사람들은 '저런 끔찍한 범죄를 저지르면 안 되겠구나' 하며 경각심을 갖게 될 거야. 이렇게 되면 그만큼 모방 범행이나 재범 가능성이 줄어, 그들로 인해 발생할 수 있는 또 다른 피해를 막을 수 있지. 그 밖에 흉악범의 신상을 공개함으로써 추가 범행에 대한 신고나 제보를 기대할 수도 있어.

앞서 잠깐 언급했듯이, 서구의 선진국들에서 적극적으로 흉악범의 신상을 공개하는 이유는 공익적 필요성 때문이야. 실제로 독일에서는 공익상 필요성이 인정되면 언론에서 흉악범의 신상 정보를 모두 공개해도 아무런 책임을 묻지 않는다고 해. 이는 매우 바람직하다고 봐. 우리나라의 경우에도 흉악범 신상 공개에 찬성하는 여론이 우세해. 〈자료 3〉을 보면 흉악범의 신상 공개에 찬성하는 사람이 반대하는 사람보다 10배 정도 많다는 것을 알 수 있지.

다시 한 번 강조하지만, 흉악범의 신상을 공개하는 것은 단지 피해자와 시민들의 분노를 풀어 주기 위한 것이 아니야. 공익적인 차원에서 신상 공개는 꼭 필요한 일이지.

〈자료 3〉 흉악 범죄 피의자 신상 공개 여론 조사

잘 모름
3.7%

찬성
87.4%

반대
8.9%

*대상: 전국 19세 이상 성인 536명
*자료: 리얼미터(2016년)

**무죄로 밝혀진 피의자는 물론, 피의자의 주변
사람들에게 피해를 주는 등 신상 공개로 인한
부작용은 매우 심각해.**

실제로 흉악 범죄 피의자의 신상 공개가 공익적
효과가 있는지 의문이야. 찬성 측에서 강조하는 범죄 예방 효과조
차도 명확히 증명된 바 없지. 성범죄 전과자들의 경우 성범죄자라
는 낙인이 찍히면서 자포자기 상태에 빠지게 되고, 오히려 다시 범
죄를 저지르는 경우가 많다고 해. 또한 신상 공개는 여러 부작용을
낳기도 해. 신상을 공개했다가 나중에 무죄판결을 받는 경우도 있
기 때문이야. 실제로 2006년에 발생한 한 살인·방화 사건에서 실명
이 공개된 용의자가 추후 재판에서 무죄 판결을 받았다고 해. 그리
고 2012년에는 한 언론사가 성폭행 사건을 보도하면서 관련 없는

사람의 사진을 범인이라고 밝혀 논란이 된 적도 있지.

그뿐 아니라 온라인에서 벌어지는 피의자 '신상 털기'도 큰 문제야. 이로 인해 피의자의 주변 사람들이 입는 피해도 막대하지. 2013년에는 신상이 공개된 아동 성범죄자의 아들이 스스로 목숨을 끊는 일까지 발생했어. 〈자료 4〉에서 알 수 있듯이, 신상 공개로 인해 피의자 가족들이 받을 고통도 한 번쯤 생각해 봤으면 좋겠어.

이처럼 피의자 신상 공개는 무죄로 밝혀진 피의자는 물론, 피의자의 주변 사람들에게 피해를 주는 등 많은 한계를 지니고 있어. 2006~2008년 경기도에서 여성 7명을 납치·살해한 혐의로 2009년에 검거된 강호순은 언론에 자신의 얼굴이 공개되었다는 사실을 알게 된 뒤, "내 아들은 어떻게 살라고!"라고 말했다고 해. 피의자의 주변 사람들이 겪을 2차 피해도 충분히 고려하여 피의자의 신상을 공개하는 데 신중을 기해야 하지 않을까 싶어.

〈자료 4〉 피의자 가족들이 겪는 고통

- 수감된 가해자 자녀의 40%가 정신 건강 이상, 외상 후 스트레스나 분노 조절 장애를 겪음.(2016년 국립중앙의료원 검사 결과)
- 가해자 가족의 80%가 인터넷 비방, 왕따 등 인권침해 겪음.(2016년 일본 수감자·가해자 가족 지원 단체 '월드오픈하트' 발표)
- 내 죄가 아닌데, 아직도 벌 받고 있어요.(유럽 19개국 수감자 자녀 네트워크 'COPE'에서 2013년부터 내걸고 있는 캠페인 구호)

*자료: 중앙일보(2017년)

토론 갈무리하기

 오늘은 '흉악 범죄 피의자 신상 공개'를 주제로 토론을 했어.

 첫 번째 찬반 논의는 '인권' 측면에서 이루어졌어. 찬성 측은 국민의 알 권리가 중요하며, 피의자의 인권보다 피해자의 인권이 우선시되어야 한다고 했어. 혹시라도 무죄가 될 것을 우려해 범죄 사실이 명백한 피의자의 신상까지 보호해 줄 필요는 없다고 주장했지. 반면에 반대 측에서는 피의자의 인권도 소중하므로, 최소한 유죄가 확정되기 전까지는 신상이 노출되어서는 안 된다고 했어.

 두 번째 쟁점은 '피의자 신상 공개는 공익적 효과가 있는가'였어. 찬성 측은 피해자에게 심리적 보상을 제공하고, 예비 범죄자들을 압박해 유사 범죄를 예방하는 등 그 공익적 효과가 매우 크다고 했어. 반면에 반대 측은 공익적 효과가 없고, 오히려 심각한 부작용만 낳는다고 주장했지. 피의자 신상 공개에 따른 범죄 예방 효과는 증명되지 않았으며, 피의자의 주변 사람들에게 피해를 준다는 거야.

 오늘 토론 주제 역시 찬반 의견이 첨예하게 대립하고 있는 이슈야. 흉악 범죄가 발생할 때마다 논란이 반복되고 있는 문제인 만큼, 앞으로도 계속해서 이 주제에 관심을 가졌으면 해.

주제 2

동성 결혼, 합법화해야 할까

오늘은 '동성 결혼, 합법화해야 할까'에 대해 토론하려고 해. 매년 서울을 비롯한 7개 도시에서는 '퀴어 문화 축제'라는 명칭의 성 소수자 축제가 열려. 2000년 처음 개최된 이 축제는 50여 명으로 시작해 해마다 그 규모가 확대되고 있지. 그런데 2018년에는 이 축제를 둘러싸고 큰 논란이 일었어. 당시 축제가 열린 서울 시청 광장 근처 대한문 앞에서 '동성애 퀴어 축제 반대 국민 대회'가 동시에 열렸기 때문이지. 이들은 "잘못된 성(性) 문화가 우리 사회를 망친다"며 동성애와 동성 결혼 반대를 외쳤어.

현재 우리나라의 경우 현행법상 동성끼리는 결혼을 할 수 없어.

결혼을 한다고 공표해도 남녀의 결혼처럼 법적으로 인정받을 수 없을 뿐만 아니라 합법적 결혼 가정이 누리는 상속권이나 세금에서의 배우자 공제, 연금 승계 등 결혼 시 주어지는 어떠한 혜택도 받을 수 없지. 이에 동성 결혼을 합법화해야 한다는 요구가 일고 있어.

사실 '동성 결혼'은 오랫동안 우리 사회에서 일종의 금기어였어. 학교 교육에서는 이를 언급하는 것조차 조심스러울 정도지. 일부 교과의 '사랑과 성 윤리', '사회적 소수자 차별' 단원에서 다루고 있긴 하지만 자세히 살펴보진 않아. '성적 소수자'라는 포괄적인 용어를 사용하고, 아직 사회적으로 많은 논의가 필요하다는 선에서 간략히 서술하고 있지. 동성애나 동성 결혼 문제는 계속 논의 중인 민감한 사안이기 때문에 교과서에서 어떤 입장을 갖고 다루기란 쉽지 않아 보여. 그럼에도 불구하고 교과서에서는 성적 소수자에 대한 차별이 옳지 않다는 점은 명확히 밝히고 있어. 그 근거로 두 가지 주요 개념을 제시하는데, 바로 '성적 자기 결정권'과 '인권'이야. 성적 자기 결정권이란 성 문제를 스스로 결정하고 책임지는 권리를 의미해. 모든 국민에게는 성적 자기 결정권이 있으므로, 성적 소수자들에게도 성적 자기 결정권이 보장되어야 마땅하지.

한편 '세계인권선언' 제2조는 성적 소수자를 포함한 모든 사람의 인권을 존중한다는 내용을 담고 있어. '성을 이유로 차별받아서는 안 된다'는 점을 명확히 밝히고 있지. 이는 오늘날 동성 결혼 합법화를 지지하는 주요 근거가 되고 있어.

Yes? No?

잠깐!

토론을 하기 전에 생각해 볼까?

1. 국가가 개인의 자유를 제한할 수 있는 경우는 언제일까?

2. 왜 나라마다 동성 결혼 합법화 여부가 다를까?

3. 우리나라에서도 동성 결혼이 합법화될까?

4. 동성 결혼이 허용되면 성 소수자에 대한 인식이 달라질까?

5. 동성 결혼 합법화에 대한 '나'의 생각은?

도움이 되는 자료들

동성 결혼
국내 현실

마지막 금기,
동성애

찬성1

동성 결혼 금지는 헌법에 보장된 결혼할 자유와 행복추구권을 부정하는 일종의 인권침해야.

결혼은 개인이 자유롭게 선택해야 하는 문제야. 단지 동성이라는 이유로 결혼을 허용하지 않는 것은 엄연한 인권침해야. '세계인권선언' 제2조 차별 금지 조항과 우리 헌법의 행복추구권 등에 따르면, 동성 결혼은 당연히 보장되어야 할 기본권이야. '국가인권위원회법' 2조 3항에도 성적인 지향이 다르다고 차별하는 것은 평등권을 침해하는 행위로 규정되어 있지. 현재 가장 큰 문제는 동성애자를 바라보는 사람들의 편견이야. 동성애자는 남에게 피해를 주는 존재가 아니며, 단지 성적 취향이 보통 사람들과 다를 뿐이야. 편견의 시선을 거두면 동성 결혼을 허용하지 않을 이유가 없어.

우리나라에서는 동성 결혼이 합법화되어 있지 않기 때문에 동성 부부는 상속권이나 세금에서의 배우자 공제, 연금 승계 등 결혼 시 주어지는 어떠한 금전적 혜택도 받을 수 없어. 결국 동성 부부는 경제적으로 불안정한 삶을 살아갈 수밖에 없지. 성적 지향이 다르다고 해서 국민으로서 지녀야 할 당연한 권리를 보장받지 못하는 것은 불공정한 처사야.

동성 결혼을 허용하면 기존 결혼 제도의 의미가 훼손될 것을 걱정하는 사람들이 있는데, 실제로는 그렇지 않아. 동성 부부도 이성 부부와 마찬가지로 결혼에 따르는 권리와 책임을 존중하고, 또 필요로 하는 사람들이야. 다시 한 번 강조하는데 결혼할 자유는 국민의 권리이므로 국가가 이를 적극적으로 보장해 줄 의무가 있어. 〈자료 1〉에서 볼 수 있듯이 많은 나라가 이미 동성 결혼을 합법화했어. 우리나라도 동성 결혼을 합법화해 동성 부부들이 자신의 권리를 충분히 누릴 수 있도록 해야 해.

〈자료 1〉 동성 결혼 합법화 국가

2001 네덜란드, 2003 벨기에, 2005 스페인·캐나다, 2006 남아프리카공화국,
2009 노르웨이·스웨덴, 2010 포르투갈·아이슬란드·아르헨티나,
2012 덴마크, 2013 브라질·프랑스·우루과이·뉴질랜드,
2014 영국(스코틀랜드·웨일스·잉글랜드),
2015 룩셈부르크·미국·아일랜드, 2016 콜롬비아,
2017 핀란드·몰타·독일·오스트레일리아, 2019 오스트리아·대만·에콰도르,
2020 영국(북아일랜드)·코스타리카

동성 결혼을 금지하는 것은 인권침해가 아니라, 자연의 섭리와 사회의 질서를 지키는 일이야.

　　결혼은 일종의 사회적 약속인데, 동성 결혼은 인류가 오랫동안 지켜 온 성에 관한 귀중한 약속을 깨뜨리는 행위와 다를 바 없어. 동성 결혼은 절대 합법화되어선 안 돼.

　　우리나라 헌법 제36조 1항에는 "혼인과 가족생활은 개인의 존엄과 양성의 평등을 기초로 성립되고 유지되어야 한다."라고 명시되어 있어. 또 제37조 2항에는 "국민의 자유와 권리는 국가 안전 보장, 질서 유지 및 공공복리를 위하여 필요한 경우에 한하여 법률로써 제한할 수 있다."라고 적혀 있지. 즉 기존의 질서를 깨뜨리는 동성 결혼으로 인해 사회적 불안이나 위험이 발생할 것으로 예상되는 경우에는 법으로 이를 금지할 수 있어.

2000년대 이후 몇몇 국가에서 동성 결혼을 허용하고 있지만, 대부분의 나라에서는 여전히 법, 종교, 관습 등으로 인해 동성 결혼을 금지하고 있어. 결혼을 남녀의 결합으로 보는 것은 특정한 종교나 문화가 만들어 낸 게 아니라, 인류 전체가 오랫동안 지켜 온 보편적 인식이야. 〈자료 2〉에서처럼 절반에 가까운 국민이 동성애자를 부정적으로 여기는 것만 봐도 알 수 있지. 따라서 동성애나 동성 결혼을 반대하는 것은 인권침해가 아니라, 오히려 사회의 질서를 지키는 일이야. 동성 결혼을 허용하면 우리 사회의 보편적 가치와 질서는 근본부터 흔들리게 될 거야. 동성 부부가 증가함에 따라 가족 붕괴, 인구 감소, 동성 부모를 둔 아이들의 성 정체성 혼란 등 각종 부작용도 발생할 거고. 개인의 선택권도 중요하지만, 이는 인류가 보편적으로 지켜 온 가치를 훼손하지 않는 범위 내에서 행사되어야 해. 다시 말해서 성적 소수자의 자유권을 사회 전체가 합의해 온 가치보다 우선시할 수는 없다는 거지.

〈자료 2〉 동성애자를 집단 구성원으로 받아들일 수 없다고 응답한 비율

2018년	49%
2017년	57.2%
2013년	62.1%

*2013~2018년 국내에 거주하는 19~69세 성인 남녀 8,000명을 대상으로 실시
*자료: 한국행정연구원 〈2018년 사회통합실태조사〉(2018년)

찬성2

사회에서 중요시되는 가치관은 끊임없이
변하게 마련이야. 실제로 여러 국가에서 이미
동성 결혼을 합법화하고 있는 추세야.

동성 결혼을 반대하는 사람들은 동성 결혼을 합
법화하면 당장이라도 큰일이 일어날 것처럼 공포감을 조성하는데,
실제로는 그렇지 않아. 이들은 동성 결혼 허용 시 동성 부부의 비율
이 급증할 것을 우려하지만, 이는 잘못된 주장이야. 실제로 동성 결
혼을 허용하는 나라의 경우 동성애 인구가 보통 5%를 넘지 않는다
고 해. 동성 결혼을 허용하면 인구가 감소할 거라는 의견도 어불성
설이야. 현재 전 세계적으로 동성 결혼을 허용하는 국가가 많지 않
은데도 세계적으로 인구가 매우 빠르게 감소하고 있잖아. 동성 결
혼이 인구 감소의 원인이라는 말은 전혀 설득력이 없어.

시간이 지나면서 사회에서 중요시되는 가치관은 끊임없이 변하게 마련이야. 이전에 없던 새로운 형태의 가족이 등장하면서 가족에 대한 개념이 바뀌기도 하지. 이러한 시대적 흐름에 따라 동성 부부도 가족의 한 형태로 인정할 필요가 있지 않을까? 게다가 전 세계 사람들의 인식도 점차 변하고 있어. 2001년에 네덜란드가 세계 최초로, 2019년에 타이완이 아시아 최초로 동성 결혼을 합법화했지. 그 후 동성 결혼을 허용한 국가는 28개국에 이르렀어.

〈자료 3〉을 살펴보면, 우리나라는 여전히 동성 결혼에 대한 반대 여론이 우세해. 하지만 시간이 지날수록 점차 찬성 비율이 증가하고 있어. 특히 젊은 층의 찬성 비율이 월등히 높다는 점에서 매우 희망적이라고 할 수 있어. 이처럼 동성 결혼에 대한 여론도 조금씩 개선되고 있으므로 동성 결혼을 서서히 허용해 나가도 되지 않을까?

〈자료 3〉 동성 결혼에 대한 여론 조사

"동성 커플에게 합법적으로 결혼할 수 있는 권리를 주는 것에 대해 찬성하십니까, 반대하십니까?"

	찬성	반대	보류
2019년	35%	56%	9%
2017년	34%	58%	8%
2014년	35%	56%	9%
2001년	17%	67%	16%

[참고] 연령별 비교(2019년): 20대에서만 찬성(62%)이 반대(29%)를 앞섰고, 30대는 찬성과 반대가 각각 49%, 45%로 팽팽했으며, 40대는 찬반이 39%, 49%, 50대는 23%, 67%, 60대 이상은 13%, 77%로 세대 간 인식의 격차가 컸다.

*자료: 한국갤럽조사연구소(2019년)

반대 2

동성 결혼 합법화는 서양의 일부 사례일 뿐이야. 동성애에 대한 부정적 인식이 강한 우리나라에서 동성 결혼 허용은 시기상조야.

동성 결혼을 찬성하는 사람들은 동성 결혼 합법화가 거스를 수 없는 세계적 추세라고 하는데, 과연 실제로 그럴까? 동성 결혼 합법화의 역사는 아직 20년 정도밖에 안 된 비교적 최근의 일이야. 그뿐만 아니라 대부분 유럽 국가들을 중심으로 전개되어 온 서양의 문화 현상이라고 할 수 있지.

다른 나라에 비해 우리나라는 동성애에 대한 거부감이 상당히 강해. 우리나라의 문화적 특성을 충분히 고려하지 않은 채 서양의 문화를 따라 무조건 동성 결혼 허용을 주장하는 것은 옳지 않아. 〈자료 4〉를 살펴보면 우리나라의 경우 다른 국가들에 비해 성적 소수자에 대한 거부감이 매우 크다는 것을 알 수 있어. 이러한 상황에서 동성 결혼을 합법화하면 성적 소수자에 대한 편견은 한층 심해지고 사회적 갈등은 더욱 심화될 거야. 이처럼 동성애에 대한 부정적인 인식이 팽배한 상황에서 동성 결혼 합법화는 아직 시기상조라고 생각해.

또한 동성 부부가 아이를 입양해 키울 경우 나중에 아이가 받게 될 편견이나 비난도 충분히 생각해 봐야 해. 동성 부부는 성인이기 때문에 어려움이 닥쳐도 잘 극복해 나가겠지만, 아이가 살아가면서 주위의 시선으로 인해 받는 상처는 매우 깊을 거야. 이로 인해 정체성의 혼란을 느끼게 될 수도 있어. 동성 결혼을 합법화했을 때 주변 사람들이 받을 고통도 고려해야 해. 동성 결혼 합법화는 신중히 결정해야 할 문제야.

〈자료 4〉 제6차 세계 가치 조사(60개국 대상)

"성적 소수자를 이웃으로 받아들이고 싶지 않다."

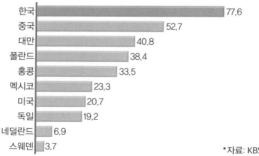

한국	77.6
중국	52.7
대만	40.8
폴란드	38.4
홍콩	33.5
멕시코	23.3
미국	20.7
독일	19.2
네덜란드	6.9
스웨덴	3.7

*자료: KBS 뉴스(2018년)

토론 갈무리하기

오늘 토론의 주제는 '동성 결혼, 합법화해야 할까'였어.

먼저 찬성 측은 동성이라는 이유로 결혼을 허용하지 않는 것은 인권침해라고 주장했어. 헌법에 보장된 개인의 선택권과 행복추구권을 부당하게 침해한다는 것이지. 동성 부부들이 법적인 권리와 혜택을 받지 못하는 현실을 문제로 들었어. 이에 반대 측은 동성 결혼 금지는 인권침해가 아니라, 오히려 자연의 섭리와 사회의 질서를 지키는 일이라며 반박했어. 동성 결혼은 남녀의 결합이라는 전통적 결혼관을 거부하며 기존 질서를 위협하는 행위라고 이야기했지.

한편 찬성 측은 동성 결혼이 시대적 흐름이라고 주장했어. 동성애에 대한 인식이 점차 개선되고, 동성 결혼을 합법화한 나라들이 늘어나는 추세라고 했지. 이에 반대 측은 동성 결혼 합법화는 최근 서양의 문화 현상일 뿐이라며 반박했어. 동성애에 대해 부정적 인식이 팽배한 우리나라에서 동성 결혼 합법화는 시기상조라고 했지.

오늘의 열띤 토론을 지켜보면서 동성 결혼 합법화에 대한 입장 차이가 정말 크다는 생각이 들었어. 계속해서 관심을 갖고 의견을 정리해 나가자.

주제 3

공인 탐정 제도, 합법화해야 할까

오늘은 '공인 탐정 제도, 합법화해야 할까'라는 주제로 토론을 하려고 해. 이 문제가 논란거리로 떠오른 것은 지난 2016년 탐정업을 하려던 A씨가 신용정보법 제40조 등이 위헌이라며 헌법 소원을 신청하면서부터야. 현재 우리나라 법은 타인의 사생활을 조사하여 영리를 취하는 것을 금지하고 있는데, A씨는 이 조항이 개인이 직업을 선택할 자유와 평등권을 침해한다고 주장했지. 이와 관련해 2018년 7월 10일 헌법재판소는 해당 조항이 헌법에 어긋나지 않는다며 합헌 결정을 내렸어. 그럼에도 불구하고 탐정업을 공식적으로 인정하자는 '공인 탐정 제도'의 시행 요구는 줄기차게 제기되고 있어. 게다가 탐정업 금지 합헌 결정을 내린 헌법재판소도 판결에서 "탐정 제도의 도입은 국민의 의견을 수렴하여 궁극적으로 입법을 통해 이루어져야 하는 문제"라고 덧붙여 논쟁의 불씨를 남겼지.

오늘의 토론 주제를 깊이 있게 들여다보려면, '인권' 및 '직업윤리'와의 관련성을 살펴봐야 해. 먼저 공인 탐정 제도의 도입을 반대하는 중요한 근거인 사생활 침해 우려는 '인권'과 관련이 있어. 인권은 인간의 기본적인 권리로 보통 '소극적 권리'와 '적극적 권리'로 나뉘는데, 사생활권은 소극적 권리에 해당해. 소극적 권리는 국가와 타인으로부터 간섭이나 침해를 받지 않을 권리로, 국가는 개인이 가지는 불가침의 기본적 인권을 확인하고 이를 보장할 의무가 있지.

한편 탐정을 공식적인 '직업'으로 인정하느냐 하는 문제는 '직업윤리'와 긴밀하게 연관되어 있어. 공인 탐정 제도는 국가기관의 관리와 규제 아래 탐정을 직업으로 인정하는 제도이기 때문에, 탐정은 면허 취득 및 자격 심사가 필요한 전문직이라고 할 수 있어. 그러나 탐정업이 불법인 우리나라에서는 심부름센터나 흥신소가 그 역할을 대신하기 때문에, 이들이 정보를 수집하는 과정에서 사생활 침해 문제가 발생하곤 하지. 탐정이 공인된 직업으로 인정받기 위해서는 전문직으로서의 체계를 갖추는 일과 함께 직업윤리를 정립해 나가는 일이 중요해. 자, 그럼 본격적으로 토론을 시작해 볼까?

Yes? No?

잠깐!

토론을 하기 전에 생각해 볼까?

1. 탐정은 어떤 일을 할까?

2. 공인 탐정 제도란 무엇인가?

3. 우리나라에서 탐정업을 공식적으로 인정하지 않는 이유는 무엇일까?

4. 공인 탐정 제도 도입에 대한 '나'의 생각은?

도움이 되는 자료들

공인 탐정 제도
A~Z

공인 탐정 제도
찬반

찬성1

탐정업은 국민의 권익 증진에 큰 도움이 될 수 있어. 아예 탐정업이 제도화·양성화되면 불법적인 사생활 침해 문제도 효과적으로 해결할 수 있을 거야.

　　공인 탐정 제도는 국민의 권익 증진을 위해 반드시 필요해. 지금 우리 사회에는 일상생활에서 발생하는 사적인 문제 해결을 돕는 정보 서비스업에 대한 요구가 점점 증가하고 있는 추세인데, 바로 탐정이 그 요구를 해소해 줄 수 있기 때문이지.

　　탐정업이 허용되면 사람들은 소송자료 수집 대행, 보험 사기 판정, 지식재산권 침해 조사 등 여러 분야에서 전문적인 도움을 받을 수 있어. 미아, 가출인, 실종자, 불법행위자, 도난 물품 등에 대한 추적과 소재 확인도 가능하지. 그렇기에 〈자료 1〉에서 볼 수 있듯이 대부분의 국민이 탐정업의 합법화를 원하고 있고, 대통령도 국민 생활의 질적 향상과 치안에 대한 만족도를 높이기 위해 공인 탐정 제도의 도입을 공약했던 거야. 특히 서민들의 입장에서는 공인 탐정 제도가 큰 도움이 될 수 있어. 경제적인 문제로 변호사를 선임하기 어려운 서민들이 저렴한 비용으로 법적인 도움을 받을 수 있기 때문이야. 이처럼 탐정업이 허용되면 빈부 차이로 인한 법적 혜택의 차별이 줄어들 수 있다는 장점이 있어.

현재 우리나라에서는 심부름센터, 흥신소와 같은 업체 등에서 탐정업을 대신하고 있는데, 개인 정보 조사나 미행, 도청 등이 사실상 불법적으로 이루어지고 있어. 따라서 아예 탐정업을 양성화·제도화해 탐정업의 건전한 발전을 도모하고 국민의 권익을 보호하는 것이 필요해 보여.

〈자료 1〉 탐정업 법제화 찬성 여부

반대
27.7%

찬성

72.3%

*대상: 전국 20세 이상 성인 1,000명
*자료: 경찰청(2017년)

반대1

공인 탐정 제도는 국민의 권익을 위협하는
위험한 제도야. 이 제도가 시행되면
사생활 침해가 더욱 심각해질 거야.

공인 탐정 제도는 오히려 국민의 권익을 위협하는 제도라고 생각해. 현재 우리 사회에는 몰래카메라나 차량 위치 추적기 등을 사용해 불법적으로 개인 정보를 수집하는 행위가 만연해 있어. 이러한 상황에 사설탐정 활동까지 법적으로 허용하는 것은 불난 데 기름 붓는 격이야. 사생활 침해가 더 심화될 게 뻔하기 때문이지. 이런 이유에서 헌법재판소도 재판관 전원 일치로 탐정업을 금지하는 것에 합의했던 거야.

헌법재판소에서 합헌 결정을 내린 것은 바로 〈자료 2〉와 같은 법 조항들 때문이었어. 우리나라가 정보 통신 기술 강국인 점을 감안

하면 제4호의 행위를 금지하는 이유에 대해 이해할 수 있을 거야. 요즘은 실제로 문자메시지에 악성 코드를 심어 통화 내용이나 동영상, SNS 대화를 몰래 빼내는 것은 기본이고, 몰래카메라나 차량 위치 추적기 등을 동원한 사생활 추적도 공권력을 능가할 수준이 되었어. 사생활 침해 가능성이 전보다 훨씬 높아진 거지.

제5호의 행위를 금지하는 이유는 탐정 유사 명칭을 수단으로 이용해 개인 정보 등을 취득함으로써 발생하는 사생활 침해를 예방하기 위함이야. 우리나라에서는 사생활 등을 조사하는 일이 법적으로 금지되어 있어. 그런데도 탐정 유사 명칭의 사용을 허용하게 되면, 일반인들은 그 명칭 사용자가 사생활 등 조사업을 할 수 있는 권한을 보유한 사람이라고 오인할 수 있어. 그로 인해 특정인의 사생활 등에 관한 개인 정보 조사를 의뢰하거나 개인 정보를 제공할 수 있지. 이는 개인의 사생활 침해로 이어질 수 있어. 이러한 법 조항들을 고려해 이뤄진 헌법재판소의 합헌 결정은 매우 옳다고 생각해.

〈자료 2〉 신용정보의 이용 및 보호에 관한 법률

- **제40조(신용정보 회사 등의 금지 사항)**
  신용정보 회사 등이 아니면 제4호 본문의 행위를 업으로 하거나 제5호의 행위를 하여서는 아니 된다.
  제4호. 특정인의 소재 및 연락처를 알아내거나 금융거래 등 상거래 관계 외의 사생활 등을 조사하는 일.
  제5호. 정보원, 탐정, 그 밖에 이와 비슷한 명칭을 사용하는 일.

찬성2

탐정은 공권력이 닿지 않는 사적인 분야에서 전문성을 발휘하며 공권력을 돕고 국민의 삶의 질을 높이는 데 기여할 수 있어.

　　탐정업을 반대하는 사람들은 탐정업이 허용되면 우리 사회가 금방 불법 천지로 변할 것처럼 말하지만 실제로는 그렇지 않아. 앞서 말했듯이, 심부름센터나 흥신소 같은 유사 탐정업체에 대한 국가기관의 관리·감독이 가능해져 오히려 불법행위가 줄어들 수 있기 때문이지.

　　그뿐만 아니라, 공인 탐정 제도가 도입되면 탐정과 공권력 간에 효율적인 역할 분담이 자연스럽게 이루어지면서 범죄 예방과 치안 질서 확립에 도움이 될 수 있어. 지금은 범죄 혐의가 없는 단순 가출 사건도 경찰이 담당하고 있다고 해. 만약 탐정이 이런 소소한 사건을 맡아 해결해 준다면, 경찰은 다른 중범죄 수사에 집중할 수 있을 거야. 이처럼 탐정은 공권력의 손이 미처 닿지 않는 분야의 일을 대신해 줄 수 있어. 더욱이 탐정업이 허용되면 '보험 사건 전문 탐정'처럼 사설탐정이 분야별 전문성을 확보하는 데도 유리할 거야. 실제로 OECD 회원국 가운데 우리나라를 제외한 모든 나라에서 사설탐정이 합법적으로 활동하고 있는데, 각 탐정들은 저마다 특화된 분야에서 매우 전문적인 역량을 발휘하고 있다고 해.

탐정이 공권력을 위협할까 염려하는 것은 기우(杞憂)에 불과해. 〈자료 3〉에서 볼 수 있는 것처럼, 탐정은 시민을 직접 조사하거나 무언가를 강제할 아무런 법적 권한을 갖지 못하기 때문이지. 세계 어느 나라에서도 탐정에게 공권력을 부여하진 않아. 탐정은 법이 정한 범위 내에서 사실에 대한 조사만 수행할 뿐 수사는 할 수 없어.

〈자료 3〉 탐정과 수사기관의 업무 비교

탐정 조사	구분	수사기관 수사
의뢰인에게 위임받은 조사 업무 수행	목적	범인 체포, 증거 수집 등 범죄 수사
사회 모든 분야	분야	형사 사법 업무 한정
사인(私人)	신분	검사, 사법 경찰 관리 등 공무원
특별한 권한 없음	권한	형사소송법에 근거한 체포 구속 등 강제수사 권한과 공사 단체 등에 대한 조회 권한
임의 조사 방식	조사 방식	임의 조사 방식, 강제 수사

반대2

이윤을 추구하는 탐정업과 공권력은 공존하기 어려워. 탐정업을 합법화하면 공권력이 약화되고 여러 부작용이 발생할 거야.

탐정이 공권력과 조화롭게 공존할 것이라는 예상은 헛된 희망일 뿐이야. 탐정의 업무와 공권력의 수사 활동은 충돌할 수밖에 없기 때문이지. 경찰과 검찰처럼 긴밀히 협력해야 할 공권력 간에도 역할 다툼이 치열할 수밖에 없는데, 하물며 이윤을 추구하는 탐정업이 공권력과 원만한 관계를 유지하며 공존할 수 있을까? 탐정업이 허용되면 자연스럽게 공권력은 약화될 가능성이 매우 높아.

그 밖의 다른 부작용도 만만치 않아. 전직 검찰 및 경찰 수사관 출신의 탐정들이 현직 공무원과의 유착 관계를 이용해 개인 정보를 수집함으로써 이른바 '전관 비리'(전·현직 간 유착이나 전직에 대한 과도한 예우에서 오는 병폐)가 발생할 가능성이 매우 높아. 이렇게 되면 우리나라의 국가 청렴도 (〈자료 4〉 참고)가 지금보다 더 낮은 수준으로 떨어져 부패 문제가 더 심화될 거야.

또한 탐정이 도청, 비밀 촬영 등으로 개인 정보 수집을 하게 될 가능성이 높아서 '개인정보보호법', '통신비밀보호법' 등을 위반할 위험도 있어. 그 밖에 사람들이 보다 양질의 서비스를 받기 위해 검경 수사관 출신 탐정에게 의뢰하게 되는 경우 훨씬 비싼 비용을 부담해야 하는 문제가 생길 수도 있어. 따라서 탐정업은 절대 합법화되어선 안 돼.

〈자료 4〉 연도별 우리나라 부패 인식 지수(CPI)* 순위

2018년 OECD 36개국 중 30위(최하위권)

	2012 (45위)	2013 (46위)	2014 (43위)	2015 (37위)	2016 (52위)	2017 (51위)	2018년 (45위) – 전체 순위
	56	55	55	54	53	54	57점

*CPI: 국제투명성기구에서 매년 발표하는 국가별 부패 순위로,
순위가 높을수록 부패 정도가 낮은 것을 의미한다.
*자료: 국제투명성기구(TI)「부패인식지수(CPI)」(2019년)

오늘 토론 주제는 '공인 탐정 제도, 합법화해야 할까'였는데, 상당히 흥미로운 내용이었어.

우선 찬성 측은 탐정업이 법적으로 허용되면 사설탐정이 일상생활에서 벌어지는 사적인 문제들을 해결해 줄 수 있을 뿐만 아니라, 현재 유사 탐정업체에 의해 이루어지고 있는 불법적인 행태들이 개선될 수 있을 거라 주장했어. 공권력이 닿지 않는 사적인 분야에서 전문성을 발휘하여, 공권력을 돕고 국민의 삶의 질을 높여 줄 수 있다고 주장했지.

이에 반대 측은 이미 불법적인 사생활 침해가 만연해 있는 상황에서 탐정업까지 허용되면 사생활 침해 문제가 극에 달할 거라고 지적했어. 그리고 탐정은 공권력과 충돌할 가능성이 높고, 검찰과 경찰 수사관 출신의 탐정들이 현직 공무원과의 유착 관계를 이용해 개인 정보를 수집하고 이를 제공하는 과정에서 전관 비리가 발생할 가능성도 있다고 주장했지.

공인 탐정 제도는 대통령의 공약 사항인 데다, 계속해서 논의가 진행 중인 이슈야. 앞으로도 관심을 갖고 계속 지켜보기로 하자.

부모의 자녀 체벌, 금지해야 할까

이번 주제는 '부모의 자녀 체벌, 금지해야 할까' 야. 2019년 5월, 정부는 아동의 삶의 질을 개선하기 위해 국가의 책임을 확대하겠다는 내용의 '포용국가 아동정책'을 발표했어. 그런데 이 가운데 부모의 자녀 체벌을 금지하는 내용이 포함되어 논란을 일으켰지.

현행 민법 915조에 따르면, '친권자는 자녀를 보호·교양하기 위해 필요한 징계를 할 수 있다'고 규정되어 있어. 하지만 그 방식을 구체적으로 명시하지는 않았지. 여기서 '징계'란 친권자가 자녀를 가르치거나 보호하기 위해 야단칠 수 있는 권리를 의미해.

이 조항과 관련해 정부는 '친권자의 징계권'에서 체벌을 제외하는 등 한계를 설정하는 방안을 추진하겠다고 밝혔어. 부모가 자녀를 때려도 된다는 뜻으로 오해하는 것을 막고, 가정 내 체벌에 관대한 사회적 분위기를 바꾸기 위한 의도라고 설명했지. 이번 정책대로라면 부모가 자녀를 혼낼 수는 있어도 체벌, 즉 육체적 고통을 주는 행위는 할 수 없게 돼.

이번 정부의 발표에 대해서는 찬반 입장이 엇갈렸어. 자녀 체벌 금지를 찬성하는 측에서는 부모가 자녀에게 지나친 체벌을 가하는 것은 가정 폭력의 일종이라고 이야기해. 그러므로 자녀 체벌이 금지되면 아동 학대 피해도 자연스레 줄어들 거라 말하지. 어떤 끔찍한 아동 학대나 가정 폭력도 처음에는 가볍게 한 대 때리는 데서 출발하거든. 이러한 폭력은 시간이 지나면서 차츰 강도가 세지고, 드물게는 끔찍한 비극으로 이어지기도 해. 게다가 가정 폭력은 상대방을 억압하고 통제할 뿐 아니라, 가정 내에서 발생해 외부에 알려지기 어려운 게 특징이야. 가정 폭력에 지속적으로 노출되면 불안감이 커지고 부정적인 자아 개념이 형성될 가능성이 있지.

자녀 체벌 금지를 반대하는 측에서는 자녀를 교육할 권리를 국가가 침해하는 것이라고 이야기해. 체벌의 교육 효과를 강조하면서 부모의 가벼운 체벌마저 못 하게 하는 것은 지나친 처사라고 주장하지. 너희는 체벌에 대해 어떻게 생각하는지 궁금해. 자, 그럼 본격적으로 토론을 시작해 볼까?

Yes? No?

잠깐!

토론을 하기 전에 생각해 볼까?

- -

1. 내가 잘못을 저질렀을 때 부모는 어떻게 훈육하는가?

2. 왜 훈육 방법으로 체벌을 택할까?

3. 말로 꾸짖는 것과 체벌 중 어떤 것이 교육 효과가 더 클까?

4. 3번의 이유는 무엇인가?

5. 부모의 자녀 체벌에 대한 '나'의 생각은?

도움이 되는 자료들

- -

자녀 체벌 찬반

미국 아동 학대

찬성1

체벌은 교육이 아니라 폭력이야. 부모가 감정을 다스리지 못하고 아이에게 무분별한 체벌을 가하는 경우도 많아.

체벌은 교육이 아니라 폭력이고, 폭력은 어떠한 상황에서도 정당화될 수 없어. 흔히 체벌을 '사랑의 매, 훈육'이라는 이름으로 포장하지만, 결국 이것은 아동 학대의 한 종류일 뿐이야.

특히 최근 들어 가정 폭력이 늘고 있는 상황을 감안하면 자녀 체벌은 더욱 금지되어야 해. 〈자료 1〉에 따르면 해마다 아동 학대 사례 건수가 크게 증가하고 있고, 2017년 아동 학대 가해자의 76.8%가 부모인 것으로 나타났어. 그동안 부모의 체벌, 가정 폭력에 지나치게 관대했던 문화로 인해 이 같은 결과가 생겨난 거야. 비극적인 가정 폭력 사건은 어느 날 갑자기 발생하지 않아. 대부분 가볍게 한

대 때리는 것과 같은 사소한 폭력에서 시작해 끔찍한 폭력으로 이어지는 경우가 많지. 이러한 상황에서 부모는 자녀가 잘못된 행동을 했을 때 짜증과 울분의 감정을 제어하지 못하고 충동적으로 체벌하는 일이 적지 않아. 자녀 체벌을 법적으로 금지한다면 감정적으로 행해지는 체벌을 막을 수 있을 거야.

지금까지 가정에서 행해지는 훈육과 학대의 경계는 매우 모호했어. 그래서 아동 학대 혐의로 법정에 선 부모들은 민법상 징계권 조항을 들며 아이를 훈육하기 위해서였다고 둘러대기 일쑤였지. 하지만 이번에 법 개정이 이루어지면 이 같은 변명은 더 이상 통하지 않게 될 것이고, 그에 합당한 처벌을 내릴 수 있게 될 거야.

〈자료 1〉 아동 학대 사례 건수

*자료: 보건복지부(2017년)

반대1

국가는 부모의 교육권을 침해해서는 안 돼.
자녀를 훈육하다 보면 체벌이 필요한 상황이
생길 수도 있는데, 이에 대한 대안 없이 체벌을
금지한다면 혼란이 일어날 거야.

정부가 법으로 부모의 체벌을 금지하는 것은 훈
육 방법을 규제하겠다는 의미이기도 해. 훈육은 부모의 가치관에
따라 결정되는 교육권 가운데 하나인데, 국가가 이를 침해해도 되
는 걸까? 부모가 자녀에게 폭력을 가하는 것은 분명 문제야. 하지만
정당한 훈육 목적으로 이뤄지는 체벌마저 법으로 금지한다면, 반드
시 필요한 훈육조차 하지 못하는 문제가 발생할 수 있어. 많은 부모
가 자녀를 사랑하는 마음을 갖고 훈육을 하는데, 이 자체를 금지하
면 가정 내에서 교육이 제대로 이뤄지지 않아 오히려 일탈하는 자

녀들이 늘어날 가능성이 있어.

그리고 체벌의 범위를 어디까지로 봐야 하는지도 의문이야. 이를 테면 등을 한 대 찰싹 때리는 것, 꿀밤을 주는 것, 무릎을 꿇리는 것, 손을 들게 하는 것 등도 모두 체벌로 분류되어야 할까? 이 경우 어디까지가 체벌이고, 어디까지가 폭력인지 분간하기가 매우 어려워. 정부는 섣불리 체벌을 금지하기보다는 우선 그 기준을 구체적으로 분류하고 국민에게 이에 대한 안내와 교육을 충분히 할 필요가 있어.

〈자료 2〉의 '체벌에 대한 국민 인식 조사'를 살펴보면, 국민의 약 77%가 체벌의 필요성에 대해 긍정했어. 이 같은 여론이 지배적인 상황에서 부모의 자녀 체벌을 금지하면 오히려 혼란만 가중될 거야. 따라서 부모의 자녀 체벌은 금지되어선 안 돼.

〈자료 2〉 체벌에 대한 국민 인식 조사

전혀 필요 없다 5% ─── 매우 필요하다 2%
필요하다 6.5%
필요 없다 18.2%
상황에 따라 필요하다 68.3%
체벌 필요성 긍정 76.8%

*대상: 전국 성인 남녀 1,000명
*자료: 보건복지부(2017년)

부모가 드는 '사랑의 매'가 자녀에겐 '평생의 상처'가 될 수도 있어. 어렸을 때 체벌을 받은 아이들에게서 공격적인 성향, 인지 장애 등이 나타났다는 연구 결과도 있어.

　　부모는 '사랑의 매'라고 생각할지 몰라도 체벌에 시달린 자녀들은 이를 폭력으로 받아들일 수 있어. 어린 시절, 폭력으로 입은 정신적 상처는 성인이 되어서도 쉽게 지워지지 않아. 어렸을 때 부모로부터 폭행을 당한 피해자가 훗날 부모가 되어 자녀를 학대하는 일도 적지 않고 말이야.

　　1961년부터 2013년까지, 미국의 발달심리학자 '엘리자베스 거쇼프'는 약 16만 명의 아이들을 대상으로 연구를 진행했는데, 이 중 체벌을 받은 경험이 있는 아이들에게서 공격적인 성향, 인지 장애 등 문제 행동 발생 빈도가 높게 나타났다고 해. 여기서 정의한 체벌은 '손바닥으로 엉덩이나 팔다리를 때리는 정도'였어. 이를 통해 가벼운 체벌도 아이들의 정서에 부정적인 영향을 미친다는 것을 알 수 있지. 아동심리학자들은 체벌의 교육적 효과는 미미하다고 이야기해. 아이가 잘못된 행동을 했을 때 체벌을 하면 그 행동을 바로 멈추게 할 수 있지만, 근본적으로 개선할 수는 없다는 것이지. 아이가 자신의 행동이 잘못되었다는 것을 스스로 깨닫게 하고, 이를 고쳤을 때 칭찬해 주는 것이 오히려 더 효과적이라고 해.

〈자료 3〉을 보면, 1979년 스웨덴을 시작으로 현재 54개 국가에서 부모의 자녀 체벌을 금지하고 있어. 우리나라도 이 같은 세계적인 추세에 따를 필요가 있어. 참고로 유엔 아동권리위원회는 지난 2011년, 우리나라 국가인권위원회에 가정과 학교 등에서 아동 체벌을 금지하도록 관련 법률을 개정하라고 촉구하기도 했어.

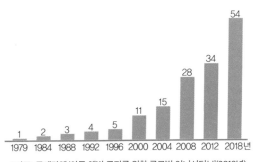

〈자료 3〉 자녀 체벌 금지법을 도입한 국가 수

*자료: 국제단체 '아동 체벌 금지를 위한 글로벌 이니셔티브'(2019년)

자녀 체벌 금지법을 도입한다고 해서
체벌이 완전히 사라질지 의문이야. 체벌을
금지하기보다는 부모 교육을 확대 실시하는
것이 더 중요해.

정부가 자녀 체벌을 금지한다고 해서, 체벌이
완전히 사라진다는 보장은 없어. 부모는 더욱 은밀하게 체벌을 가
할 것이고, 체벌받은 사실을 외부에 말하지 말라며 자녀를 억압할
수도 있지.

체벌을 금지하기보다는 부모들을 계도하는 것이 더 중요하다고
생각해. 보건복지부의 '2017 전국 아동 학대 현황 보고서'에 따르면,
아동 신체 학대를 가한 부모 가운데 자녀 훈육 방법을 잘 모르는 경
우가 23.7%나 된다고 해. 올바른 훈육 방법을 몰라서 체벌이나 학

대를 가하는 부모들이 꽤 있는 거지. 따라서 자녀 체벌을 금지하기 보다는 올바른 훈육 방법을 안내하는 부모 교육과 부모 면담 등의 제도를 마련하는 것이 우선시되어야 해.

앞서 찬성 측이 언급했듯이, 해마다 아동 학대 건수가 증가하고 있는 건 사실이지만, 우리나라 전체 아동 수와 비교하면 많다고 보기 어려워. 보건복지부는 '2017 전국 아동 학대 현황 보고서'에서 전체 아동 인구의 2.6%가 부모로부터 학대를 당하고 있다고 밝혔어. 2.6%의 자격 없는 부모 때문에 97.4%의 부모가 잠재적 아동 학대의 가해자로 간주되어 자녀 교육권을 침해받아선 안 된다고 생각해.

또한 〈자료 4〉를 살펴보면 부모의 자녀 체벌 금지에 대한 반대 여론이 우세하다는 사실을 알 수 있어. 자녀 훈육을 위해 현실적으로 체벌이 불가피하다는 의견이 많았지. 정부는 이 같은 여론을 고려해 충분한 사회적 논의를 거친 뒤 법 개정을 추진해 나갈 필요가 있어.

〈자료 4〉 **부모의 자녀 체벌 금지에 대한 여론 조사**

모름/무응답
8.7%

반대
자녀 훈육 위해
현실적으로 체벌
불가피
47.0%

찬성
심각해지고 있는
부모의 아동 학대
근절
44.3%

*대상: 전국 19세 이상 성인 남녀 505명
*자료: 리얼미터(2019년)

토론 갈무리하기

이번 토론 주제는 '부모의 자녀 체벌, 금지해야 할까'였어. 어떤 의견들이 나왔는지 정리해 보자.

우선 찬성 측은 체벌은 교육이 아니라 폭력이며, 아동 학대 가운데 하나라고 주장했어. 해마다 아동 학대 사례 건수가 크게 늘고 있고, 아동 학대 가해자 가운데 부모가 차지하는 비율이 높다고 하면서, 부모의 자녀 체벌을 금지해야 한다고 했지. 또한 부모는 '사랑의 매'라고 생각할지 몰라도 체벌을 받은 자녀는 이를 폭력으로 받아들여 심각한 정신적 상처를 입을 수 있다고 했어.

반대 측은 훈육은 부모의 가치관에 따라 결정되는 교육권 가운데 하나로, 국가가 이를 침해해서는 안 된다고 주장했어. 또한 자녀 체벌을 금지하면 부모가 더욱 은밀하게 체벌을 가할 수 있음을 우려하기도 했어. 체벌을 금지하기보다는 올바른 훈육 방법을 가르쳐 주는 부모 교육이 더 중요하다고 봤지.

부모의 자녀 체벌에 관한 문제는 우리의 삶과 밀접하게 연관되어 있어 의견이 분분한 것 같아. 앞으로 정부가 어떤 결정을 내릴지 관심을 갖고 지켜보기로 하자.

주제 5

사형 집행,
부활해야 할까

오늘은 사형 제도에 대해서 토론해 보려고 해. 2019년은 사형제 논란으로 시끄러운 한 해였어. 2019년 5월, 전 남편을 잔인하게 살해한 고유정이 사형제 논란에 불을 붙였지. 반면에 10월에는 화성 연쇄살인범 이춘재가 1988년 8차 살인 사건도 자신의 짓이라고 자백하면서, 사형제를 폐지하자는 목소리가 높아졌어. 당시 이 사건의 범인으로 잡혀 20년 동안 옥살이를 한 사람이 있었거든. 그가 사형선고를 받고 형장의 이슬로 사라졌다면, 돌이킬 수 없는 결과를 초래했을 것이라는 게 그 이유야. 현재 우리나라는 국제기구인 국제앰네스티(Amnesty International)에서 분류한 '실질적 사형제 폐지 국가'에 속해. 이는 법적으로 사형제는 있지만 10년 이상 사형을 집행하지 않은 국가를 의미하지. 1997년 12월 30일을 끝으로 우리나라에서는 20년 이상 사형 집행이 이뤄지지 않았어.

오늘의 토론 주제인 사형 제도의 정당성 여부는 흔히 '사회정의' 와 관련해 논의되어 왔어. 우선 형벌의 목적 및 효과 측면에서 이견이 있어. 응보주의는 '사형제의 정의로움'을 말하는 대표적인 입장이야. 형벌의 목적은 범죄 행위의 심각성에 비례하는 응분의 처벌을 하는 것이라며, 스스로 저지른 살인 행위에 대해서는 죽음으로써 책임을 지는 것이 마땅하다고 주장하지. 이에 반해 공리주의에서는 형벌의 목적이 응보가 아닌 사회 전체의 이익을 증진하는 데 있다고 말해. 즉 사형제가 흉악 범죄는 어느 정도 예방할 수 있을지 몰라도, 범죄자를 교화시켜 사회 전체의 행복을 증진시키고자 하는 형벌의 본래 목적에는 어긋난다는 거지.

다음으로 생명권의 측면에서 사형제가 옳은지 생각해 볼 수 있어. 사형제 반대 측은 아무리 흉악한 살인범이라 해도 한 인간의 생명을 함부로 박탈할 수 없다는 주장과 함께, 오판으로 무고한 생명이 침해될 수 있다고 지적하고 있어. 이에 대해 찬성 측은 가해자의 생명권을 피해자의 생명권보다 우선시하는 것이 부적절하다고 보지.

현재 형벌 목적 및 효과의 측면에서는 사형제 찬성 입장, 생명권의 측면에서는 반대 입장이 우세하다고 볼 수 있어. 사형제의 찬반 입장에 대한 이론적인 근거까지 살펴보았으니, 토론을 시작해 보자.

Yes? No?

잠깐!

토론을 하기 전에 생각해 볼까?

1. 사회에서 일어나는 범죄는 개인의 잘못으로 일어나는 것과
   사회구조적인 문제에서 비롯된 것 가운데 어떤 쪽이 더 많을까?
2. 살인범의 생명권도 존중해 줘야 할까?
3. 사형제는 정의로운 제도일까?
4. 3번과 같이 생각한 이유는 무엇인가?
5. 사형 집행에 대한 '나'의 생각은?

도움이 되는 자료들

고유정 사형
청와대 청원

화성 살인
누명 관련

사형제 찬반

찬성 1

**짐승만도 못한 흉악범에게는
생명을 박탈하는 최고 형벌을 가해
법적 정의를 바로 세워야 해.**

사형 집행은 부활되어야 해. 그것이 법이 정당하고 공정하게 판결되고 집행되기를 바라는 우리의 법 감정에 부합하기 때문이야. 〈자료 1〉에서 볼 수 있듯이, 대다수 국민은 사형제 유지와 사형 집행의 부활을 원하고 있어. 고유정이 저지른 것과 같은 흉악 범죄에 대한 정당한 대가는 오직 사형밖에 없다고 생각하기 때문이지.

이게 바로 '응보의 정의감'에서 비롯되는 법 감정이야. 피해자가 받은 만큼의 고통을 가해자에게도 되돌려 주어야 진정한 의미의 정의가 실현된다는 거지. 즉 생명권을 침해한 살인죄에 대한 공정한

대가는 사형 외에는 없다는 의미야. 한마디로 사형제는 "생명에는 생명"이라는 응보의 정의감에 근거하고 있어. 이는 동서고금을 막론하고 형벌의 가장 기본적인 원칙이지. 가장 오래된 법전으로 알려져 있는 우르남무 법전의 제1조는 "사람을 죽인 자는 죽음에 처한다."야. 그리고 현재 우리나라 헌법재판소 역시 응보가 형벌의 목적에 부합된다는 이유를 들어 사형제를 인정하고 있어.

결국 사형제는 정의를 실현하기 위해 공권력을 공정하게 행사하려는 제도야. 만약 가해자에게 피해자가 당한 만큼의 벌을 주지 않으면 피해자와 그 가족들의 억울함은 달랠 방법이 없어. 따라서 사형제는 반드시 유지되어야 하며 사형 집행 또한 당연히 부활해야 해. 지난 20년 동안 사형제가 유지되고 사형선고도 계속되고 있는데, 유독 사형 집행만 하지 않는 것은 이해하기 어려워. "법과 정의의 이름으로 영원히 사회에서 격리"할 목적으로 사형을 선고해 놓고 막상 집행은 하지 않는다면 정의는 결코 실현될 수 없을 거야.

〈자료 1〉 사형제에 대한 여론

*대상: 전국 19세 이상 성인 남녀 1,020명
*자료: 리얼미터(2019년)

66.8% 사형제 유지 찬성 중 집행 부활 찬성
30.2% 사형제 유지 찬성 중 집행 부활 반대
57.1% 사형제 유지
24.1% 사형제 폐지

반대1

사형제는 인간의 존엄성을 침해하는 또 다른
살인일 뿐이야. 또한 국제사회도 사실상
사형제를 폐지하는 방향으로 가고 있어.

사형제가 실제로 정의로운 제도일까? 프랑스의
대문호 빅토르 위고가 사형제를 가리켜 '야만의 상징'이라고 질타한
시기는 19세기야. 지금은 국제연합(UN)이 모든 국가에 사형제 폐
지를 촉구하고 있는 21세기이고. 사형제 폐지를 거부할 수도, 거스
를 수도 없는 시대적 흐름에 반해 사형 집행의 부활을 주장하는 것
은 시대착오가 아닐까 싶어. 〈자료 2〉에서 볼 수 있듯이, 국제사회는
사실상 사형제를 폐지하는 방향으로 가고 있어. 우리나라도 마찬가
지야. 헌법재판소는 여전히 사형제를 인정하고 있지만, 사형제 찬반
비율은 1996년 7 : 2에서 2010년 5 : 4로 그 격차가 많이 줄어들었

지. 점차 폐지 쪽으로 여론이 움직이고 있다는 의미야.

그런데 왜 사형제 폐지가 시대의 흐름이 되었을까? 무엇보다 사형제는 생명권을 침해하는 제도이기 때문이야. 이것이 바로 1977년에 국제앰네스티가 무조건적인 사형 폐지 운동을 시작한 이유이기도 해. 생명권은 인간의 존엄성을 지키기 위해 헌법에 보장된 최고 기본권이야. 따라서 사형제 폐지는 곧 생명권을 지키는 일이기도 하지. 사형제는 생명을 최고 가치로 여겨야 할 국가가 앞장서서 생명을 박탈하는 지극히 반문명적인 제도에 불과해. 사형제를 폐지하는 것 외에는 이 모순을 해결할 길이 없다고 생각해.

인간의 응보 심리를 내세워 사형제의 필요성을 주장하는 건 그럴듯하지만 옳지 않아. 가해자를 죽인들 피해자가 진정으로 정신적 위안을 얻을 수 있을까? 순간적인 감정의 해소에 불과하지 않을까 싶어. 따라서 사형제는 누구에게도 도움이 되지 않는 제도이므로, 당장 폐지되어야 해.

〈자료 2〉 사형제 폐지 현황

사형제 폐지 국가	사형제 없음	106개국
	10년 이상 사형 집행 없음	36개국
사형제 유지 국가	사형제와 사형 집행 있음	56개국

*1977년 국제앰네스티가 사형제 폐지 운동을 시작할 당시, 사형제가 없는 국가는 16개국에 불과했음.
*자료: 국제앰네스티(2018년)

찬성 2

사형제는 범죄 예방의 필수 요소야. 국민의 안전을 최우선으로 여긴다면 당장 사형 집행을 부활해야 해.

흉악범의 인권도 똑같이 중요하다며 사형제 폐지를 주장하는 것은 어불성설이라고 생각해. 타인의 생명을 해친 살인범의 생명권까지 무조건 보호하는 것이 과연 옳은 일일까? 사형제 존폐를 논할 때 가장 중요한 기준이 되어야 하는 것은 가해자의 인권이 아니라 모든 국민의 안전이라고 생각해.

우선 사형제는 흉악범을 사회로부터 영구히 격리해 재범 가능성을 원천적으로 봉쇄하는 제도야. 이로써 사회의 안녕과 질서를 확실히 보장한다고 할 수 있지. 그리고 이것이 바로 사형제의 가장 중요한 역할이야. 즉 잔인무도한 범죄를 예방하기 위해서는 사형을

3장 ◆ 법 이슈

실제로 집행하는 것이 중요하다는 거지. 사형제가 없거나, 사형제가 존재해도 실제로 사형이 집행되지 않으면 앞으로 계속해서 잔혹한 범죄가 이어질 가능성이 높아. 국민의 안전이 위협받을 수 있고 불안감을 조성할 수 있지. 목숨을 전혀 보장할 수 없는 상황이 유지되어야 극악무도한 범죄에 대한 사회적 경각심을 일깨울 수 있지 않을까?

한마디로 사형 집행은 범죄를 예방하기 위한 필수 요소야. 종신형은 결코 그 대안이 될 수 없지. 〈자료 3〉을 보면, 종신형은 경제적인 측면에서도 많은 문제점을 안고 있어. 사실상 종신형을 살고 있는 사형수들을 위해 막대한 돈이 낭비되고 있는 거야. 국민의 피와 땀이 배어 있는 세금이 범죄자들의 생명을 연장하는 데 쓰이고 있는 셈이지. 국민의 세금은 범죄자가 아니라 피해자와 그 가족, 그리고 국민을 위해 쓰여야 한다고 생각해. 사형 집행은 반드시 부활해야 해.

〈자료 3〉 사형수 관리에 드는 비용
- 2019년 9월 현재 사형수 총 56명
- 2019년 기준, 사형수 1인당 연간 예산 약 241만 원
- 사형수들은 독방을 쓰고 다른 노역도 하지 않아 일반 수감자들보다 비용이 더 많이 듦. 단, 본인이 원하면 노역을 할 수 있음.
- 연간 약 1억 3,500만 원의 예산이 사형수에게 쓰임.

*자료: 법무부(2019년)

반대 2

사형을 집행한다고 해서 범죄율이 줄어들지는 않아. 사형제는 한계를 안고 있는 제도야.

　　사형 집행이 흉악 범죄를 줄여 준다는 생각은 사형제와 관련된 가장 큰 오해야. 우리나라에서 마지막으로 사형 집행이 이뤄졌을 때를 생각해 봐. 1997년에 살인 사건이 789건이나 발생하자 23명의 사형수를 한꺼번에 처형했어. 하지만 1998년에 일어난 살인 범죄는 966건으로, 오히려 177건이나 늘었지. 즉 사형을 집행한다고 해서 반드시 범죄율이 줄어든다고 볼 수 없는 거야.

　　사실 범죄는 빈부 격차의 심화 등 사회구조에서 비롯되는 경우가 많아. 우리나라에서는 1997년부터 2007년까지 10년 동안 흉악 범죄가 두 배가량 급증했어(〈자료 4〉 참고). IMF 외환 위기 이후 살기가 매우 힘들어지면서 자살률도 세계 1위에 올랐지. 막막한 사회 현실에서 많은 사회적 약자들이 범죄와 자살을 선택했던 거야.

모든 비난의 화살을 개인에게만 돌리고 사회적 책임을 외면한다면, 흉악 범죄의 재발은 막을 수 없어. 사형수 대부분은 소외와 억압 심리가 누적된 사람들이라 진심으로 대해 주면 점점 인간다움을 되찾는다고 해. 물론 그들의 범죄행위를 무조건 용서하자는 게 아니야. 그들이 인간다움을 회복할 수 있도록 국가와 사회가 나서야만, 흉악 범죄의 근본적인 원인을 밝히고 범죄를 줄여 나갈 수 있어.

한편 사형제의 문제점은 여기서 그치지 않아. 무엇보다 안타까운 일은 오판으로 인해 억울한 죽음을 낳을 수 있다는 거야. 알려진 오판 사례도 꽤 많거든. 단 한 명의 생명이라도 억울한 죽음을 당해선 안 돼. 이러한 한계를 지닌 사형제는 폐지되는 게 옳다고 생각해.

〈자료 4〉 흉악 범죄 발생 건수

(단위: 건)

*자료: 한국통계연감
(1967~2019년)

토론 갈무리하기

　오늘은 '사형 집행, 부활해야 할까'라는 주제로 토론을 했어. 한마디로 말하면, 지난 20여 년 동안 이뤄지지 않은 사형 집행을 다시 해야 할 것인가에 대한 논쟁이라고 할 수 있지.

　우선 사형 집행 부활을 찬성하는 측에서는 이것이 정의를 바로 세우는 일이라고 주장했어. 즉 가해자의 생명을 박탈함으로써 법적 정의를 실현할 수 있다는 거야. 또한 현실적으로 사형은 흉악 범죄를 막는 가장 강력한 대안이라고도 이야기했지.

　반대 측에서는 사형제가 인간의 존엄성을 침해하는 또 다른 살인 행위일 뿐이라고 주장했어. 생명권 존중을 최우선으로 해야 하는 국가가 오히려 생명을 박탈하는 행위를 해선 안 된다는 거지. 특히 인권의 관점에서 흉악범의 생명권도 다른 이들과 똑같이 소중하다고 강조했어. 또한 사형을 집행한다고 해서 범죄가 줄어들지 않을뿐더러, 오판으로 억울한 죽음이 생길 수도 있음을 우려했지.

　사형 집행에 관한 논쟁은 양쪽 주장 나름대로 충분히 일리가 있어서 어느 한 입장만 옳다고 볼 수 없어. 매우 어려운 문제지. 앞으로도 계속해서 논쟁이 될 이슈이니 늘 관심을 가졌으면 해.

4
사회

평행선을 달리는 사회문제,
해결할 수 있을까?

주제 1

일본 제품 불매운동, 참여해야 할까

오늘은 '일본 제품 불매운동'을 주제로 토론할 예정이야. 일본 제품 불매운동은 2019년 여름에 시작되어 2020년 까지도 계속되었지. 우선 불매운동이 일어나게 된 원인과 과정을 정리할게. 2019년 7월, 일본 정부는 우리나라에 판매하는 반도체와 디스플레이의 생산 부품 3가지에 대해 수출을 규제했어. 이로써 우리나라 제조업이 피해를 입을 것으로 예상됐지.

일방적인 일본의 수출 규제는 2018년 10월 우리나라 대법원이 '강제징용 배상 판결'을 내린 것에 대한 보복이라는 의견이 지배적 이야. 이에 우리나라 국민은 크게 분노했고, 자발적으로 일본 제품

199

불매운동을 하기 시작했어. 이러한 상황에서 2019년 8월 일본이 '백색 국가'에서 우리나라를 제외하면서 국내의 반일(反日) 감정은 더욱 고조됐어. 여기서 '백색 국가'란 '안전보장 우호국'을 뜻하는 말로, 일본이 수출한 제품이 무기로 돌아올 염려가 없는, 신뢰가 보장된 국가를 의미해. 당시 대다수 국민이 일본의 부당한 행동에 대응하는 수단으로 일본 제품 불매운동을 지지했지만, 이로 인해 한일 양국의 무역 질서가 무너질 것을 우려하는 의견도 있었어.

이번 토론 주제를 이해하려면 '윤리적 소비'에 대해 알아야 해. 생산자인 기업은 최대의 이윤을 남기기 위해, 최소한의 비용으로 제품을 생산하려 노력해. 그런데 그 과정에서 기업이 환경·인권·정의 등 윤리적 가치를 훼손하는 일이 발생하자, 제품 가격이 조금 비싸거나 품질이 덜 만족스러워도 윤리적 가치를 염두에 두고 소비해야 한다는 주장이 제기됐지. 그 실천 방법 중 하나가 불매운동이야.

'불매운동'이란 윤리적 문제를 일으킨 기업의 제품 구매를 거부하는 것을 말해. 영어로는 '보이콧(boycott)'이라 하는데, '찰스 보이콧'의 이름에서 유래했지. 1800년대 아일랜드 귀족의 토지 관리인이던 그는 노동자들을 난폭하게 대하고 쫓아내는 것으로 악명 높았어. 그러자 노동자들은 그의 농장에서 일하기를 거부했고, 지역 상인들은 그에게 물건을 팔지 않았지. 그 후 보이콧은 '부당한 행위에 대항하기 위해 정치·경제·사회·노동 분야에서 조직적·집단적으로 벌이는 거부 운동'을 뜻하게 되었어. 그럼 토론을 시작해 볼까?

Yes? No?

잠깐!

토론을 하기 전에 생각해 볼까?

1. 일본 제품 불매운동이나 다른 불매운동에 동참한 적이 있는가? 있다면 또는 없다면 그 이유는?
2. 국가 간 갈등이 발생할 때 우리가 할 수 있는 일은 무엇일까?
3. 불매운동의 참여를 독려하는 이유는 무엇일까?
4. 한국과 일본은 어떤 관계를 지향해야 할까?
5. 일본 제품 불매운동에 대한 '나'의 생각은?

도움이 되는 자료들

일본 불매운동
역사

강제징용
배상 판결

'노 재팬' 운동 여파

찬성1

자발적인 불매운동은 소비자의 자유이자
권리야. 일본 제품 불매운동은
우리나라 경제와 산업을 지키기 위한 행위야.

       이번에 불매운동이 시작된 것은 일본 정부가 갑작스럽게 반도체·디스플레이 생산 부품 3가지에 대한 수출을 규제했기 때문이야. 이를 두고 2018년 우리 법원이 강제징용 배상 판결[1]을 내린 것에 따른 경제 보복이라는 의견이 많아. 실제로 '아베 신조' 일본 총리는 일본이 취한 부당한 경제 조치가 수출 통제의 문제가 아니라, 과거사 문제에 기인한 경제 보복이라는 것을 시사한 바

---

1 2018년 10월 우리 대법원은 일제강점기 일본에 끌려가 강제 노역에 시달린 피해자들이 일본 기업을 상대로 낸 손해배상 청구 소송에서, '일본 기업이 피해자들에게 1억 원씩 배상하라'고 판결했다.

있지. 한편에서는 아베 총리가 선거에서 자신이 이끄는 당의 지지율을 높이기 위해 한일 관계를 이용했다고 분석하기도 해.

이 같은 소식이 전해지자 국내에서는 일본에 대한 비난 여론이 거세졌고 자발적 불매운동이 시작됐어. 과거사 문제에 제대로 사과하지 않은 일본에 대한 불편한 감정과, 우리 경제와 산업을 지켜야 한다는 생각이 불매운동으로 표출된 거야.

〈자료 1〉에서 알 수 있듯이 일본 제품 불매운동은 우리 국민이 자발적으로 나서 주도하고 있다는 점에서 의의가 있어. 일본 정부의 경제 보복과 잘못된 역사 인식에 대한 대응으로, 불매운동을 하는 것은 소비자의 자유이자 권리야. 일본이 우리나라의 대표 수출품인 반도체·디스플레이 분야를 겨냥했다는 것은 우리 경제에 확실히 타격을 주겠다는 의도로 해석해 볼 수 있어. 따라서 일본 제품 불매운동은 단순히 반일 감정에 의한 것이 아니라, 우리나라 대표 산업과 미래의 생존권을 지키기 위한 노력이기도 해.

〈자료 1〉 자발적인 일본 제품 불매운동 사례

- SNS·인터넷 카페 내 일본 기업 리스트 공유, 일본 제품 및 대체품 정보를 제공하는 '노노재팬' 사이트 개설.
- 편의점·슈퍼마켓 등에서 일본 맥주와 담배 판매 중지.
- 일본 항공권 및 여행 상품 취소 증가 및 SNS에 취소 인증샷 게시 유행.
- 국내 최대 일본 여행 카페 운영자는 일본 제품 불매를 지지하며 카페 운영 잠정 중단.

반대 1

불매운동에 참여하지 않는 것도 개인의 자유이자 권리야. 일본 제품 불매운동 참여만이 정의인 듯 강조하는 것은 바람직하지 않아.

2019년 11월, 일본 의류 브랜드 '유니클로'가 불매운동으로 인한 매출 감소를 개선하기 위해, 오프라인 매장을 찾는 고객 선착순 10만 명에게 공짜 내복을 제공하는 이벤트를 진행한 바 있어. 당시 사람들이 공짜 내복을 받기 위해 길게 줄을 선 모습에 국내 여론이 크게 술렁였지. '공짜 내복에 자존심을 버렸다'는 비난 여론이 확산된 거야. 그렇지만 일각에서는 '불매운동을 강요해서는 안 되며, 불매운동 참여 여부는 개인의 자유이자 권리'라는 의견이 제기되기도 했어. 일본 제품이 본인에게 잘 맞고 대체품을 찾

4장 ◆ 사회 이슈

기 힘들다면 자유롭게 소비할 수 있어야 한다는 거지. 불매운동을 통해 경제와 산업을 지키겠다는 신념 못지않게 존중받아야 할 가치가 바로 개인의 자유로운 의사 선택이야.

그런데 〈자료 2〉를 살펴보면 많은 사람이 일본 제품 불매운동을 권유하고 있어. 그로 인해 불매운동에 참여하지 않는 사람들이 매국노로 매도되는 분위기가 형성되면서 한 연예인은 자신의 일본 여행 모습을 촬영한 관광객과 실랑이를 벌여 구설에 오르기도 했지. 실제로 SNS와 인터넷 커뮤니티 등에 게시된 각종 일본 여행 및 일본 제품 구입 후기 글에는 비난 댓글이 달려서 그만큼 악화된 여론의 힘을 보여 주었어.

그렇지만 반일 감정은 신중한 접근이 필요한 문제야. 그로 인한 역효과가 더 큰 피해를 불러올 수도 있기 때문이지. 특히 정부나 정부 기관이 국민들에게 불매운동을 독려하거나 부추겨선 안 된다는 게 전문가들의 조언이야. 마찬가지로 일반인들도 이를 남에게 강요해선 안 된다고 생각해.

〈자료 2〉 일본 제품 불매운동을 권유한 경험이 있는가?

있다 70.5%

없다 29.5%

*대상: 성인 남녀 314명
*자료: 이지경제(2019년)

찬성2
**불매운동은 일본 경제를 효과적으로 압박하고
있어. 일본 정부의 태도를 바꾸기 위해서는
불매운동을 계속해야 해.**

2019년 여름 우리나라에서 일본 제품 불매운동이 시작됐을 때, 처음에 일본은 대수롭지 않게 반응했어. 일본 의류 회사 '유니클로'의 본사인 '패스트리테일링' 대표는 "한국의 불매운동은 오래가지 않을 것"이라고 말했고, 일본 화장품 회사 DHC가 운영하는 방송국의 관계자는 "한국의 불매운동은 어린아이 같은 행동"이라 조롱하기도 했지.

하지만 시간이 지나면서 일본 제품 불매운동이 자동차, 맥주, 담배, 의류, 의약품, 식품, 관광 등 다양한 분야로 확산되자, 그로 인한 손실이 일본 경제에 먹구름을 드리우게 됐어. 한국수입자동차협회

4장 ◆ 사회 이슈

는 렉서스·혼다 등 5개 브랜드 일본 자동차의 2019년 9월 판매량이 1년 전보다 59.8% 줄었다고 발표했어. 또한 일본 재무성이 조사한 통계에 따르면, 2019년 10월 일본 맥주의 한국 수출 실적은 수량과 금액 모두 '0'이었다고 해. 2018년 같은 기간 일본 맥주 수출액이 8억 34만 엔(약 86억 원)에 달했던 것과 비교하면 매우 큰 변화지.

특히 관광산업에서 불매운동의 효과가 가장 잘 나타나고 있어. 일본정부관광국(JNTO)의 집계에 따르면, 2019년 10월에 일본을 방문한 한국인은 약 20만 명으로, 2018년보다 65.5% 줄었다고 해. 관광객 감소로 인해 일본 소상공인들도 큰 위기를 맞았지.

〈자료 3〉에 따르면 대다수 국민이 일본 제품 불매운동을 계속해야 한다고 주장하고 있어. 이러한 국민의 여론에 따라 일본 정부의 태도가 변할 때까지 불매운동을 계속해야 한다고 생각해.

〈자료 3〉 일본 제품 불매운동을 지지하는가?

*대상: 19세 이상 성인 남녀 1,000명 *자료: 포스트데이터(2019년)

반대 2

**일본 제품 불매운동으로 한일 양국의 무역
질서가 무너질 수도 있어. 또 일본과 관련된
일을 하는 우리나라 기업이 피해를 입는 것도
문제야.**

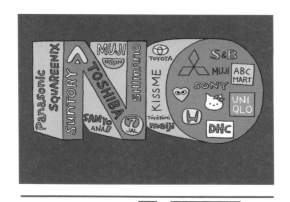

일본 제품 불매운동이 일어나게 된 취지는 인정
하고 공감해. 그러나 불매운동으로 인해 한일 관계가 악화되고, 무
역 분쟁이 심화되어선 안 된다고 생각해. 한국과 일본은 오랜 기간
정치적 갈등을 겪어 왔어. 하지만 그렇다고 해도 경제 분야에서만
큼은 서로의 손을 놓지 않았어. 지리적으로 거리가 가까운 만큼 경
제적으로도 큰 영향을 주고받고 있기에 가급적 무역 분쟁을 피해
왔지. 이번에 일본 경제 보복에 맞서 우리가 일본 제품 불매운동을
지속한다면 두 나라 모두 큰 타격을 입을 것이 분명해.

앞서 말했듯이 불매운동으로 인해 일본 기업이 적지 않은 피해를 입고 있어. 하지만 그와 동시에 일본과 관련된 일을 하는 우리나라 기업도 피해를 받고 있다는 것을 기억해야 해. 대표적으로 일본 제품을 수입해 판매하는 도·소매 업체, 일본 음식점과 주점 등이 매출에 큰 타격을 입고 있지. 국내 일본계 기업 종사자들도 매출 부진으로 인해 고용 불안을 느끼고 있다고 해. 이뿐만 아니라 일본 여행객이 대폭 줄어들면서 국내 항공사와 여행사의 매출도 크게 감소하고 있지. 실제로 〈자료 4〉를 살펴보면 불매운동으로 인해 국내 항공사 및 여행사 등의 매출이 감소했다는 것을 알 수 있어.

일본 제품 불매운동을 하면서 통쾌함을 느낀다는 사람이 많아. 하지만 불매운동을 통해 일본 정부의 사과를 이끌어 낼 수 있을지는 의문이야. 무조건적인 불매운동을 계속하기보다는 정부 차원의 공식적인 대응이 필요하다고 생각해.

〈자료 4〉 불매운동 이후 국내 업체의 매출이 감소했는가?

불매운동으로
회사 매출 줄었다
yes 15%

🧳 여행업계 77%
✈ 항공업계 53%
🛒 커머스　25%

*대상: 우리나라 직장인 1만 5,147명
*자료: 직장인 앱 블라인드(2019년)

오늘 토론 주제는 '일본 제품 불매운동, 참여해야 할까'였어.

우선 찬성 측은 일본 제품 불매운동은 '국민의 자유이자 권리'라고 했어. 또 우리나라의 제조업과 미래의 생존권을 지키기 위해 꼭 필요하다고 봤지. 실제로 불매운동은 일본 제품 매출 감소와 일본 여행객 감소로 이어져 일본 경제를 효과적으로 압박하고 있는 만큼, 성과를 낼 때까지 계속 진행되어야 한다고 했어.

반대 측은 불매운동에 반대하는 것도 개인의 자유이자 권리이므로, 불매운동을 지나치게 권유하거나 강요해선 안 된다고 밝혔어. 그리고 불매운동으로 인해 한일 관계가 악화되고 무역 분쟁이 심화되는 것을 경계해야 한다고 주장했지. 불매운동이 지속되면 양국 모두 큰 타격을 입을 거라고 했어. 그 예로 불매운동으로 일본 기업뿐만 아니라 일본과 관련된 일을 하는 우리나라 기업도 경제적 피해를 입고 있다는 점을 지적했지.

일본 제품 불매운동 여부는 개인이 선택해야 하는 문제야. 개인이 어떤 결정을 하든, 그 결정을 존중해 주는 자세가 필요해 보여. 그럼 오늘 토론은 여기서 마칠게.

반려동물 등록제, 강화해야 할까

　오늘은 '반려동물 등록제, 강화해야 할까'라는 주제로 토론해 보려 해. 우리나라에서는 반려동물의 유실·유기를 막기 위해 2014년 반려동물 등록제를 처음 시행했어.

　'반려동물 등록제'란 반려동물과 반려인에 대한 정보를 행정기관에 등록하는 제도를 의미해. 먼저 관련 기관이나 업체에 신청한 뒤, 등록 신청이 완료되면 동물 병원에서 내장형 마이크로칩 시술을 받거나 외장형 무선 식별 장치 또는 등록 인식표를 부착하면 되지. 하지만 등록 대상이 반려견으로 한정되고, 등록률이 약 30%에 그치는 등 실효성이 떨어진다는 비판을 받아 왔어. 이에 정부는 반려동물 등록 단속을 강화하기로 하고 2019년 7~8월을 자신 신고 기간으로 운영했어. 그리고 9월 16일부터 한 달간 단속에 나서서 반려견을 미등록한 사실이 발각되거나, 소유자 정보를 제대로 신고하지 않으면 최대 100만 원 이하의 과태료를 부과했지.

이러한 반려동물 등록제 강화를 두고 현재 찬반 의견이 분분해. 유기견 감소에 기여할 거라는 의견과, 정부의 동물 전담 인력이 부족한 상황에서 단속이 제대로 이뤄지지 않아 실효성이 여전히 낮을 거라는 의견이 대립하고 있지.

반려동물의 사전적 의미는 '사람이 정서적으로 의지하고자 가까이 두고 기르는 동물'이야. 이 용어는 1983년 오스트리아 빈에서 열린 '인간과 애완동물의 관계'를 주제로 한 국제 심포지엄에서 처음 등장했어. 사람과 더불어 사는 동물은 인간에게 여러 혜택을 주며, 인간의 장난감이 아니라 함께하는 존재라는 의미를 담고 있지.

따라서 최근에는 많은 이들이 반려동물을 가족의 일원으로 생각하고 있어. 가족이란 한 사회를 구성하는 가장 기본적인 집단이야. 사회가 변화함에 따라 가족의 형태·의미·역할 등도 함께 변화하고 있지. 전통적인 가족은 결혼과 혈연 중심의 집단이었지만, 오늘날에는 다양한 사회 구성원을 넘어 반려동물까지 포함된, 서로 유대감을 가지고 함께 생활하는 공동체로 확대되고 있어. 이처럼 반려동물을 가족처럼 여기는 사람들을 '펫팸족'(pet과 family의 합성어)이라 부르기도 해. 자, 그럼 본격적으로 토론을 시작해 볼까?

Yes? No?

잠깐!

토론을 하기 전에 생각해 볼까?
- -

1. '나'는 반려동물을 기르고 있는가?
2. 반려동물을 기르는 사람들이 왜 늘어나고 있을까?
3. 사람들은 왜 반려동물을 버릴까?
4. 반려동물을 등록하지 않았은 사람을 어떻게 적발할 수 있을까?
5. 반려동물 등록제에 대한 '나'의 생각은?

도움이 되는 자료들
- - - - - - - - - - - - - - - - - - - -

수의사의
생각은?

반려동물
등록제란?

찬성1

반려동물 등록제를 강화하면 반려동물에 대한 반려인의 책임감이 더 커지고, 반려동물 유실·유기를 막을 수 있을 거야.

우리나라에서 반려동물을 키우는 반려인은 1,000만 명을 넘어섰다고 해. 하지만 그와 동시에 버려지는 반려동물도 증가해 문제가 되고 있어. 농림축산검역본부의 자료에 따르면, 2018년 12만 마리가 넘는 반려동물이 집을 잃거나 버려졌다고 해. 〈자료 1〉을 보면 이 중 반려인에게 돌아가는 수는 13% 정도이고, 동물 보호 시설에서 안락사되는 경우는 약 20%임을 알 수 있지.

반려인이 반려동물을 버리는 이유에는 여러 가지가 있어. 이사·결혼·임신·유학 등으로 반려동물을 키우기 곤란해진 경우, 병에 걸린 반려동물에 대한 부담 등 다양하지. 이처럼 이유는 다르지만 공통적인 원인은 '반려인의 책임감 부족'이라고 볼 수 있어. 반려동물을 가족으로 맞이할 때는 생명을 끝까지 책임지겠다는 마음을 가져야 하는데 그렇지 못한 경우가 많아. 반려동물 등록제가 강화되면 사람들이 반려동물을 분양받고 기르는 데 더 신중하고 책임감 있는 선택을 하게 될 거야. 또한 반려동물 등록제가 강화되면 잃어버린 반려동물을 쉽게 찾을 수도 있어. 등록 장치로 이용되는 내장형·외장형 식별 장치나 인식표에 반려인의 정보가 들어 있기 때문이지.

몇몇 사람은 반려동물 등록이 번거로운 일이라고 말해. 하지만 반려동물을 위한 안전장치로 생각한다면, 마땅히 해야 하지 않을까?

〈자료 1〉 연도별 동물 보호 센터 유실·유기 동물 주요 보호 형태 현황

*자료: 농림축산식품부(2019년)

반대1

반려동물 등록제가 도입됐음에도 유기견 수는 매해 증가하고 있어. 또 현재 이용되고 있는 등록 장치의 안전성과 효율성이 의심스러워.

2014년 반려동물 등록이 의무화됐어. 그런데 매해 유기견 수는 증가하고 반려인의 품으로 돌아오는 반려견 수는 줄어들고 있어. 〈자료 2〉에 따르면, 실제로 2018년 전국 유기견 수는 반려동물 등록제가 도입된 2014년보다 오히려 1.5배가량 증가했음을 알 수 있어. 단순히 반려동물 등록 여부를 단속하고 과태료를 부과하는 것이 실질적인 효과를 가져올지 의문이야.

현재 이용되고 있는 반려동물 등록 장치에 대한 부정적인 시각도 존재해. 반려동물 등록 방식에는 내장형·외장형 무선 식별 장치, 인식표가 있어. 내장형 무선 식별 장치는 주사기를 통해 반려동물과 반려인의 정보(반려동물 이름·품종·출생 연도와 반려인의 인적 사항)가 담긴 전자 칩을 반려견 체내에 주입하는 방식이고, 외장형 무선 식별 장치는 전자 칩을 넣은 펜던트를 목걸이에 부착시키는 방식이야. 인식표는 기본 정보(반려인의 성명·전화번호, 동물 등록 번호)가 담긴 펜던트를 반려견 목에 걸어 주는 방식이지. 이 중 외장형과 인식표는 비용이 저렴하고 안전하다는 장점이 있긴 하지만, 목걸이 형태이기 때문에 잃어버리기 쉽고 반려동물을 유기할 때 빼 버리면 그만이라는 한계가 있어.

한편 내장형의 경우 살아 있는 동물의 몸에 이물질을 넣는다는 점에서 안전성이 우려되기도 해. 마이크로 칩을 체내 이물 반응이 없는 재질로 코팅한 뒤 반려동물의 지방층에 심어 안전하다고는 하지만, 시술 시 감염되거나 체내에 상처를 입힐 수도 있어.

〈자료 2〉 국내 유기견 수의 변화

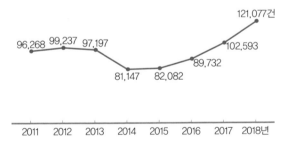

*농림축산검역본부 산하 동물보호관리시스템에 등록된 유기견 데이터 분석(2009~2018년)
*자료: 한동대학교 빅데이터 분석팀(2019년)

찬성2

내장형 무선 식별 장치는 국제적으로 안전성이 검증됐어. 그리고 반려동물 등록제가 자리 잡으면 차츰 다른 동물로 확대될 거야.

안전하니 걱정 마!

끼잉!

내장형 무선 식별 장치는 국제적으로 안전성이 검증됐으며, 외장형 무선 식별 장치와 비교했을 때 훼손이나 분실의 우려가 없어. 영국에서 1996~2009년까지 370만여 건의 내장형 시술 사례를 분석한 결과, 체내 이동이나 감염 등 부작용이 보고된 사례는 391건(0.01%)에 그쳤다고 해. 마찬가지로 우리나라에서도 2008년 반려동물 등록제를 시범 시행한 이후 실시된 18만여 건의 내장형 시술 사례를 분석한 결과, 부작용이 보고된 사례는 14건(0.008%)에 불과했지. 이로 미루어 봤을 때 내장형 무선 식별 장치의 안전성은 크게 걱정하지 않아도 돼.

현재 반려동물 등록률은 30% 정도인 것으로 파악되고 있어. 이처럼 등록률이 저조한 이유는 홍보가 부족하고 단속이 제대로 이루어지지 않아, 반려인들이 사실상 반려동물 등록을 의무 사항으로 여기지 않기 때문이야. 따라서 단속을 더욱 철저히 하고 제도를 강화할 필요가 있어. 〈자료 3〉을 살펴보면 실제로 많은 사람이 반려동물 등록의 필요성을 느끼지 못하고 있어. 이 같은 상황에서 국가 차원의 강력한 규제가 시행되면 제도를 정착시키는 데 기여할 수 있지 않을까? 반려인들은 단속을 피하고, 과태료를 내지 않기 위해서라도 반려동물을 등록할 테니 말이야.

한편 반려동물 등록제가 고양이가 아닌 개에만 적용되는 것을 비판하는 의견도 있는데, 실제로 우리나라 반려동물 가운데 개가 차지하는 비율이 월등히 높아. 농림축산식품부 자료에 따르면, 2017년 기준 반려견은 약 631만 마리이고 반려묘는 약 242만 마리라고 해. 우선 반려견을 대상으로 한 제도가 자리 잡으면, 그 대상이 점차 다른 동물로 확대될 거야.

〈자료 3〉 반려동물 등록을 하지 않은 이유
- 필요성을 느끼지 못해서: 36.8%
- 내장형 무선 식별 장치 부작용이 우려되어서: 20.3%
- 등록할 시간이 없어서: 14.3%
- 절차가 번거로워서: 11.7%

*자료: 농림축산식품부(2018년)

반대 2

반려동물 등록 장치에 담긴 반려인의 개인 정보 유출 위험성과 더불어 반려동물 등록 장비나 단속 인력이 부족한 것도 문제야.

앞서 살펴본 반려동물 등록 장치에는 해당 반려동물은 물론 반려인의 소중한 개인 정보가 담겨 있어. 여기에 저장된 개인 정보가 유출되어 삭제·변경·복제될 수 있다는 점도 문제로 지적되고 있어.

이 외에도 반려동물 등록제가 반려견에만 치우쳐 있는 것도 한계야. 앞서 찬성 측에서는 제도가 자리 잡으면 점차 다른 동물로 범위가 확대될 거라 이야기했지만, 그 시점이 언제가 될지 명확히 알 수 없어.

반려동물 등록제가 강화되면 반려인들은 반려동물에 대한 더 큰 부담을 느끼게 되고, 이는 오히려 유기 동물의 수가 증가하게 되는 결과를 낳을 수도 있어. 반려동물 유기를 막기 위해 마련된 정책이 역효과를 일으킬 수도 있는 거지.

반려동물 등록 단속 인력이나 등록 장비가 부족하다는 점도 큰 문제야. 2019년 9월부터 미등록 반려동물에 대한 집중 단속이 시작됐다고 했지? 그런데 이때 지방자치단체당 동물 복지 업무 전담 인력이 평균 0.7명으로 매우 부족해 단속이 제대로 이뤄지기 어려울 거라는 우려가 많았어.

〈자료 4〉를 보면 반려동물 미등록에 따른 단속이나 행정처분이 거의 이뤄지지 않고 있음을 확인할 수 있어. 게다가 2019년 7~8월 자진 신고 기간에는 반려동물 등록 신청이 몰려 내장형 무선 식별 장치가 모자란 경우도 있었다고 해. 이런 상황에서 무작정 반려동물 등록제를 강화하는 것은 옳지 않다고 생각해.

〈자료 4〉 반려동물 미등록으로 인한 행정처분 건수

- 2017년: 190건(모두 1차 적발 경고 처분되어, 과태료 부과하지 않음)
- 2016년: 249건
- 2015년: 204건
- 2014년: 42건

*자료: 농림축산식품부(2018년)

토론 갈무리하기 ──●──

오늘은 '반려동물 등록제, 강화해야 할까'를 주제로 토론했어. 찬반 의견을 정리해 볼까?

찬성 측은 반려동물 등록제 강화로 반려동물을 쉽게 분양받고 버리는 일이 줄어들 거라 주장했어. 또 30% 정도에 불과한 반려동물 등록률을 높이기 위해 제도를 강화해야 한다고 이야기했지. 안전성 문제를 지적받는 내장형 무선 식별 장치의 경우 국제적으로 안전성이 입증되었고, 실제로 부작용 사례는 거의 없다고 했어.

반대 측은 2014년 반려동물 등록제가 시행됐지만, 매해 유기견 수가 증가하고 있다는 점을 지적했어. 즉 반려동물 등록제는 실질적인 효과가 없다고 했지. 또 외장형 무선 식별 장치나 인식표는 쉽게 제거할 수 있고, 내장형 무선 식별 장치는 시술 시 감염 우려가 있다고 주장했어. 그 밖에 반려동물 등록 단속을 하는 인력이 부족해 단속이 제대로 이뤄지기 어려울 거라고 봤지.

이렇게 찬반 의견이 맞서는 가운데 정부는 본격적으로 반려동물 등록을 단속하고 있어. 이번 정책이 어떤 결과를 가져올지 궁금해. 앞으로도 관심을 갖고 지켜봐 줬으면 해.

주제 3

학생부 종합 전형, 폐지해야 할까

이번 토론 주제는 '학생부 종합 전형, 폐지해야 할까'야. 2018년 큰 논란이 됐던 '서울 숙명여고 성적 조작 사건' 기억나니? 숙명여고 교무부장의 쌍둥이 딸(당시 숙명여고 재학)이 나란히 문·이과 전교 1등을 차지하자 해당 학교 학부모들 사이에서 시험지 유출 의혹이 일었어. 쌍둥이의 성적은 1년 전만 해도 중·하위권이었는데, 갑자기 성적이 올라 모두들 의아해했지. 경찰 조사 결과 교무부장이 쌍둥이에게 시험문제를 5차례 유출했다는 사실이 밝혀졌어. 그 결과 교무부장은 구속됐고, 쌍둥이는 퇴학 처리됐지.

숙명여고 사건 이후 교육부 감사가 이뤄졌는데, 지난 5년간 이번

사태와 같은 시험지 유출 사건이 13건 발생한 것으로 드러났어. 이로 인해 내신에 대한 불신이 커졌고, 학생부 종합 전형을 폐지해야 한다는 여론이 확산됐지. 학교생활 기록부(이하 학생부)를 신뢰할 수 없으니, 이를 바탕으로 한 입시 전형도 사라져야 한다는 거야.

우리나라의 대학 입시는 크게 '수시 모집'과 '정시 모집'으로 구분되어 있어. 수시 모집은 학생부·논술·실기 위주 전형으로 나뉘고, 정시 모집은 대학수학능력시험(이하 수능)·실기 위주 전형으로 나뉘지.

입시 전형 가운데 가장 논란이 되는 것이 바로 학생부 종합 전형이야. 학생부 종합 전형의 뿌리는 2008년에 시행된 '입학사정관제'야. 입학사정관제는 대학의 입학 업무를 전담하는 '입학사정관'이 신입생을 선발하는 제도를 말해. 이는 수능이나 내신 같은 시험 점수로 학생을 줄 세우는 것이 아니라, 학생부와 자기소개서, 면접 등을 바탕으로 학생이 지닌 성장 가능성과 잠재력을 평가해. 하지만 이러한 방식이 과도한 스펙 경쟁을 일으킬 수 있다는 비판을 받기도 했지.

이후 2015년부터 학생부 종합 전형이 시행됐어. 학생부 종합 전형에서는 교외 활동을 배제하고 학교 내 비교과 활동을 중심으로 학생의 잠재력을 평가해. 3년 동안 교내에서 쌓은 다양한 학업 성과를 종합해 학생의 역량을 평가하겠다는 취지이지. 자, 그럼 토론을 시작해 볼까?

Yes? No?

잠깐!

토론을 하기 전에 생각해 볼까?

1. '나'에게 대학은 어떤 의미인가?

2. 누구나 노력하면 원하는 대학에 합격할 수 있을까?

3. 대학에선 왜 학생부 종합 전형으로 학생을 선발할까?

4. 학생부 종합 전형과 수능 중 무엇이 더 공정한 제도일까?

5. 학생부 종합 전형 폐지에 대한 '나'의 생각은?

도움이 되는 자료들

학종 찬반

대입 공정성
강화 방안

찬성 1

학생부 종합 전형은 비교과 활동으로까지
사교육의 범위를 확대시켰어. 게다가 학생부가
공정하게 기록되고 있는지도 의문이야.

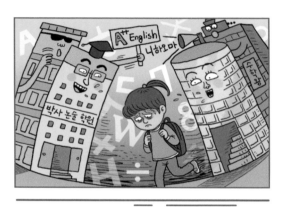

학생부 종합 전형은 객관적인 평가 기준이 없어. 대학에서 학생
이 제출한 학생부와 자기소개서, 면접 등을 자체적인 기준에 따라
평가해 합격자를 결정하기 때문이야. 평가 과정이 정성적·종합적인
만큼 학생들은 최대한 많은 것을 준비하려 하고, 그 과정에서 사교
육의 도움을 받는 경우가 많아. 그러다 보니 학생부 종합 전형은 내
신은 물론 비교과 활동으로까지 사교육의 범위를 확대시켰다는 비
판을 받지. 우수한 내신을 바탕으로 다양한 비교과 활동 스펙까지
갖춰야 비로소 원하는 대학에 입학할 수 있거든. 비교과 활동에는
교내 대회·동아리·봉사·진로·독서 활동 등이 있어. 사교육 업체들

은 고액의 비용을 받고 실험 보고서·동영상 제작을 대행하거나 컨설팅하는 방식으로 비교과 활동을 관리해 준다고 해. 그러다 보니 부모의 경제력이 뒷받침되지 않는 학생들은 자연스럽게 경쟁에서 밀려나는 것이 현실이지.

학생부 종합 전형에서 학생부는 가장 중요한 평가 항목이야. 그런데 과연 학생부가 공정하게 기록되고 있는지 의문이 들어. 〈자료 1〉과 같이 내신 시험지가 유출되는가 하면, 학생부를 무단으로 정정하거나 조작하는 일이 끊임없이 발생하고 있거든. 2016년에는 광주의 한 사립 여고 교장이 주도적으로 학생부를 조작한 사실이 밝혀졌고, 2017년에는 학생부 조작으로 상위권 대학에 합격한 학생의 입학이 취소되기도 했어. 또 교사가 학부모·학생의 요청에 따라 비교과 활동 내용을 부풀리거나, 심지어 학생이 작성한 내용을 그대로 학생부에 기록해 충격을 준 사례도 있었지. 이처럼 사교육을 심화시키는 데다 공정성까지 결여된 입시 제도는 폐지되어야 마땅해.

〈자료 1〉 고등학교 시험지 유출 현황   *자료: 교육부(2018년)

※설립 유형에 따른 사용자 유출은 공립이 4건, 사립이 9건
※총 13건, 2014~2018년 기준, 단위: %

특목고 / 특성화고 7.7
15.4
15.4 자율고 / **학교 유형** / 61.5 일반고

인쇄 단계 7.6
46.2 출제 단계 / **유출 시점** / 46.2 보관 단계

행정 직원 / 배움터 지킴이 7.7
7.7
38.5 교사 / **유출자 유형** / 46.1 학생

학생부 종합 전형은 공교육을 정상화하는 데 기여했어. 사교육을 심화시키는 주범으로만 단정 짓긴 어려워.

학생부 종합 전형은 공교육을 정상화하는 데 기여했어. 이전 수능 위주의 대학 입시 제도하에서는 공교육의 권위가 땅에 떨어져 있었어. 수능이 EBS 강의와 연계되어 출제되면서 학교 수업에 소홀해지는 학생들이 늘어 갔지. 학원과 EBS 강의로 수능 공부를 하면서 정작 학교 수업 시간에는 모자란 잠을 자는 학생도 많았어. 그런데 학생부 종합 전형이 시행되니 참여형·토론형 수업이 크게 늘고, 학생들의 수업 참여도가 눈에 띄게 높아졌어.

학생부 종합 전형이 확대되면서 학생들은 수능 점수에 맞춰 대학과 전공을 결정하는 게 아니라, 학교 내에서 이루어지는 다양한 비교과 활동을 통해 적성을 발견하고 진로를 설정할 수 있게 되었어. 먼저 본인의 적성에 맞는 전공을 찾고, 그와 관련된 활동을 하며 대학 진학을 준비할 수 있게 된 거지. 따라서 〈자료 2〉에서 볼 수 있듯이 많은 학생이 학생부 종합 전형을 확대하는 것에 긍정적인 입장을 취하고 있어.

찬성 측에서는 학생부 종합 전형이 사교육을 심화시켰다고 주장하는데, 이는 근거가 매우 빈약해. 한 교육기관의 조사에 따르면, 학생부 종합 전형의 확대로 사교육 풍선 효과가 나타나고 있다는 우려와 달리 실제 학생들의 사교육 의존도는 높아지지 않았다고 해. 학생 스스로 전형을 준비하거나 학교에서 준비하는 비율이 높은 것으로 나타났지. 즉 학생부 종합 전형을 사교육을 심화시키는 주범으로 단정 짓긴 어렵다고 생각해.

〈자료 2〉 학생부 종합 전형 확대, 학생 '긍정적'

교육평가 전문 기관 유웨이중앙교육은 학생부 종합 전형 확대 추세에 수험생 71%가 긍정적인 견해를 보였다고 밝혔다. 2016년 5월 16일부터 6월 6일까지 대입 수험생 262명을 대상으로 설문 조사를 실시한 결과다. 이처럼 수험생들이 학생부 종합 전형에 긍정적으로 답변한 이유로는 '내신이나 수능 성적만으로 뽑는 대입이 불합리한 것 같아서'라는 응답이 62.9%로 과반수를 차지했다. '동아리 활동·독서 활동 등 학교 내 다양한 활동을 할 수 있어서(27.4%), 학과 및 진로 설정을 조기에 할 수 있어서(8.1%), 학생에 대한 학교와 교사의 관심이 높아져서(1.6%)' 등의 이유가 그 뒤를 이었다.

찬성2

내신, 비교과 활동, 수능을 동시에 준비해야 하므로 학생들의 부담이 가중되고 있어.

대학 입시에서는 학생부 종합 전형의 비중이 점점 높아지고 있어. 2020학년도에는 전체 모집 인원의 24.6%를 학생부 종합 전형으로 선발했지. 서울의 주요 대학들은 40% 이상을 학생부 종합 전형으로 선발했어. 교육부 발표에 따르면, 2022학년도부터는 수능 위주 정시 전형 비율이 확대될 전망이지만, 여전히 많은 학생이 고등학교 3년 내내 학생부 종합 전형과 수능을 동시에 준비하고 있어. 여기에 각종 교내 대회·독서·동아리·봉사 등 비교과 활동을 하느라 잠잘 시간마저 부족한 형편이지. 이처럼 학생부 종합 전형은 학생들의 부담을 가중시키는 제도라고 생각해.

학생부 종합 전형이 지닌 또 하나의 문제점은 뒤늦게 공부를 시작하거나 성적이 올라간 학생들에게 불리하다는 점이야. 이들은 1학년 때부터 내신과 비교과 활동을 관리한 학생들과의 경쟁에서 자연스럽게 밀리게 되지. 따라서 내신 성적이 안 좋거나 비교과 활동을 많이 하지 못한 학생들은 정시 모집에 지원할 수밖에 없어. 그런데 정시는 선발 비율이 낮아 더욱 치열하게 경쟁해야 해.

그런가 하면 학생부 기재 내용의 학교별 편차가 크다는 점도 문제로 지적되고 있어. 특히 교내 대회 수상 실적은 학교별 편차가 매우 심해. 특목고·자사고의 경우 교육 과정이나 프로그램이 일반 학교보다 자유롭고 다양해서 수십 개의 교내 대회를 주최해 수상 실적을 높이고 있지. 반면에 일반 학교는 안 그래도 교내 대회 수가 적은데, 성적이 우수한 학생에게 상을 몰아 줘 문제가 되고 있어.

〈자료 3〉 해마다 늘어나는 학생부 종합 전형

(단위: %)

	2016	2017	2018	2019	2020학년도
학생부 교과	38.5	39.5	40.1	41.5	42.5
학생부 종합	18.9	20.5	23.7	24.4	24.6
논술 위주	4.2	4.2	3.7	3.8	3.5
실기 위주	8.6	8.5	8.5	8.4	8.2
수능 위주	28.8	26.3	22.8	20.7	19.9
기타	1	0.7	1.1	1.2	1.4

*자료: 한국대학교육협의회(2019년)

반대 2

**학생부 종합 전형이 무조건 특목고나
자사고에 유리한 게 아니야. 우려와는 달리
일반고에서도 합격 비율이 높게 나타나지.**

　　학생부 종합 전형은 대학이 학생을 선발할 때
한 번의 수능이 아닌, 3년의 고교 생활을 종합적으로 평가하도록 한
다는 점에서 학생들의 부담을 덜어 줄 수 있어. 또한 학생부 종합
전형은 단순히 성적이 높은 학생보다는 창의력과 잠재력을 갖춘 인
재를 선발하는 데 유용하다는 장점이 있지.

　　〈자료 4〉를 살펴보면 교육 여건이 상대적으로 불리한 중소 도
시 학생들의 경우 학생부 종합 전형 합격률이 높다는 것을 알 수 있
어. 학생부 종합 전형 입학생 가운데 35.7%가 중소 도시 출신 학
생이었지. 한국대학교육협의회에 따르면, 서울대에 입학한 학생

중 특목고·자사고 출신의 학생부 종합 전형 합격생은 2016학년도 44.5%(1,442명)에서 2020학년도 42.3%(1,089명, 최초 합격자 기준)로 줄었어.

반면에 일반고에서 학생부 종합 전형으로 입학한 학생은 2016학년도 49.4%(1,593명)에서 2020학년도 50.0%(1,288명)로 증가세를 보였지. 이처럼 학생부 종합 전형이 무조건 특목고나 자사고에 유리한 게 아니야. 우려와 달리 일반고에서도 합격 비율이 높게 나타나고 있어.

학생부 종합 전형은 긍정적인 측면이 많지만 찬성 측에서 제시한 부작용을 안고 있는 것도 사실이야. 그렇다고 해서 아예 전형을 폐지하기보다는 부작용을 점차 수정·보완해 나가는 것이 더 바람직하다고 생각해.

〈자료 4〉 13개 대학 학생부 종합 전형 입학생의 출신 고교 지역 4개년 평균

*자료: 교육부 학생부 종합 전형 조사단 『2016~2019학년도 13개 대학 학생부 종합 전형 실태 조사 결과』(2019년)

35.7% 중소 도시
27.4% 특별시
22.0% 광역시
15.0% 읍면 기타

토론 갈무리하기

오늘의 토론 주제는 '학생부 종합 전형, 폐지해야 할까'였어. 토론 내용을 간략하게 정리해 볼게.

학생부 종합 전형 폐지를 찬성하는 측에서는 이 전형으로 인해 내신은 물론 비교과 활동으로까지 사교육의 범위가 확대되었고, 학생들의 부담도 가중되었다고 이야기했어. 또 학생부 종합 전형의 주요 평가 기준인 학생부의 공정성이 의심되고, 학생부 기재 내용의 학교별 편차가 크다는 점을 지적하기도 했지.

반대 측에서는 이 전형으로 공교육이 정상화되었고, 학생들의 수업 태도도 향상되었으므로 이를 폐지해선 안 된다고 주장했어. 또한 학생부 종합 전형은 무조건 특목고·자사고에 유리한 게 아니며, 오히려 일반고에서 합격률이 높게 나타난다고 이야기하기도 했지.

대학 입시 제도는 청소년인 우리와도 밀접한 관련이 있어서 오늘 토론이 훨씬 흥미진진했던 것 같아. 더욱 공정한 대학 입시 제도가 마련되길 바라며, 오늘 토론을 마칠게.

노인 기준 연령, 상향해야 할까

오늘은 '노인 기준 연령, 상향해야 할까'라는 주제로 의견을 나눠 보려고 해. 2018년 10월, 정부는 노인 기준 연령을 기존의 '만 65세'로 당분간 유지하겠다고 발표했어. 2017년 '저출산·고령사회위원회'를 출범시키면서 노인 기준 연령을 만 70세로 올리는 방안을 검토했지만, 결론을 내지 못한 거야. 정부는 노인 기준 연령 상향은 연금 지급 등 다양한 복지 정책과 연결되어 있어 신중해야 하고, 사회적 공감대가 형성될 시간이 필요하다는 것을 근거로 제시했어.

노인 기준 연령을 올리자는 제안은 2012년 처음 등장했어. 그 당시 이명박 정부는 노인 기준 연령을 70~75세로 높이겠다고 했고, 2016년 박근혜 정부는 노인 기준 연령 상향과 관련된 사회적 논의를 시작하겠다고 발표했지만 결국 흐지부지됐지. 하지만 고령화 속도가 빨라지고, 기대 수명이 늘어나면서 노인복지 정책의 대상 연령인 만 65세를 상향 조정해야 한다는 목소리가 커지고 있어.

우리나라는 세계에서 유례를 찾기 어려울 정도로 빠르게 고령화가 진행되고 있어. 2000년 '고령화 사회'에 들어섰고, 2017년 '고령 사회'에 진입했지. 이런 속도라면 2026년에는 '초고령 사회'에 접어들 예정이라고 해. 우리나라의 고령화 원인은 크게 두 가지로 볼 수 있어. 첫 번째 원인은 인간의 '기대 수명 연장'이야. 의학이 발달하고 생활수준이 향상되면서 사망률이 감소하고 고령 인구가 늘었지. 두 번째 원인은 '저출산'이야. 여성의 사회 진출이 늘어나고, 자녀 양육에 대한 부담이 커지면서 출산율이 크게 떨어졌어. 태어나는 아기의 숫자는 줄어드는데, 고령 인구가 늘어나니 자연스럽게 고령화 속도가 빨라졌지.

고령화가 심화되면 국가와 젊은 세대의 '노인 부양'에 대한 부담이 커져. 국가가 제공하는 복지 혜택을 받는 노년층은 증가하는데, 국가에 세금을 낼 청장년층은 줄어들기 때문이야. 이런 이유에서 노인 기준 연령을 올리자는 의견이 나오고 있지. 하지만 노인 기준 연령을 올리면 복지 혜택의 사각지대가 넓어지고, 노인 빈곤 문제가 확대될 것이라는 우려도 있어. 자, 그럼 토론을 시작해 볼까?

잠깐!

토론을 하기 전에 생각해 볼까?

1. 몇 살부터 노인이라고 생각하는가?
2. 노인 기준 연령은 누가 정한 걸까?
3. 국가와 가족 중 노인 부양의 책임이 더 큰 곳은 어딜까?
4. 3번과 같이 생각한 이유는 무엇인가?
5. 노인 기준 연령 상향에 대한 '나'의 생각은?

도움이 되는 자료들

노인 기준 연령

노동 가동연한
대법원 판결

기대 수명이 늘어나면서 노인에 대한 사회적 인식도 변했어. 이제 많은 사람이 만 65세는 노인이 아니라고 생각하지.

노인 기준 연령을 상향 조정해야 한다고 생각해. 의학 기술이 발달하고 생활수준이 향상되면서 기대 수명(〈자료 1〉 참고)이 높아졌어. 기대 수명이 높아지면서 노인에 대한 사회적 인식도 변화했지. 이제 많은 사람이 만 65세를 노인의 기준으로 인식하지 않아. 보건복지부가 발표한 '2017년 노인 실태 조사'에 따르면 '노인 연령 기준은 70세 이상'이라는 응답이 86.3%에 달했어.

우리나라 현행법에 노인 기준 연령을 정의한 내용은 없지만, 보통 만 65세 이상을 노인으로 규정해. 1981년 노인복지법을 제정하면서 65세 이상을 경로 우대 대상자로 지정했기 때문이야. 또 기초

연금·국민연금·지하철 무임승차 등 복지 혜택도 대부분 만 65세를 기준으로 제공하고 있지.

만 65세라는 기준은 국제연합(UN)의 기준을 따라 정해졌어. 1889년 독일이 사회보장제도를 도입하면서 노령연금 지급 대상을 65세 이상으로 정했고, 국제연합이 이 기준을 받아들이면서 국제적으로 통용됐지.

하지만 이 기준을 오늘날까지 적용하는 건 합리적이지 않다고 생각해. 과거에 비해 고령 인구의 건강 상태가 크게 좋아졌고, 생산 활동에 참여할 능력도 충분하기 때문이야. 이러한 생각은 세계적인 흐름이기도 해. 2015년 국제연합도 인류의 체질과 기대 수명 등을 고려해 새로운 연령 기준을 제안했어. 0~17세는 '미성년자', 18~65세는 '청년', 66~79세는 '중년', 80~99세는 '노년', 100세 이상은 '장수 노인'으로 구분했지. 이 기준대로라면 우리나라의 노인 기준인 만 65세는 청년으로 분류돼.

〈자료 1〉 우리나라 국민의 기대 수명

여자	85.7세
평균	82.7세
남자	79.7세

*'기대 수명'이란 출생자가 출생 직후부터 생존할 것으로 기대되는 평균 생존 연수를 의미한다. '평균수명'이라는 용어를 사용하기도 했으나 사망자의 평균연령으로 혼동하는 경우가 많아, 더욱 정확한 용어인 기대 수명을 사용한다.

*자료: 통계청(2018년)

반대 1

우리나라는 OECD 국가 중 '노인 빈곤율' 1위야. 노인 기준 연령이 상향 조정되면 노인 복지 사각지대가 넓어지고, 노인 빈곤 문제가 더 심화될 거야.

노인 기준 연령이 상향 조정되면 노인복지 제도 수급 자격도 상향될 가능성이 높아. 노인복지 제도 수급 자격이 상향된다는 것은 노인복지 혜택을 받는 대상이 줄어든다는 의미이기도 하지. 이처럼 노인복지 혜택이 줄면 노인복지 사각지대가 넓어지고, 노인 빈곤 문제가 심화될 우려가 있어.

우리나라에는 힘겹게 생활을 이어 가는 노인들이 많아. 〈자료 2〉와 같이 우리나라의 노인 빈곤율은 경제협력개발기구(OECD) 국가 중 1위야. OECD 평균에 비해 압도적으로 높지. 이렇게 상황이 심각

4장 ◆ 사회 이슈

한데도, 우리나라의 노인복지 수준은 매우 낮은 편이야. 만 65세 이상, 소득 하위 70% 노인에게 정부가 지급하는 기초 연금은 10~30만 원이야. 현재의 물가를 생각하면, 이 돈으로 생계를 유지하는 건 상당히 어려워. 또 만 65세 이상 노인 가운데 국민연금 수급자의 비율도 약 35%로 매우 낮아.

우리나라는 은퇴 연령과 연금 수령 연령 사이의 공백도 큰 편이야. 법적 정년은 60세이지만 평균 은퇴 연령은 53세야. 그런데 기초 연금은 만 65세부터 받을 수 있고, 국민연금은 출생 연도에 따라 만 60~65세부터 받을 수 있지. 이러한 상황에서 연금 수령의 기준이 되는 노인 기준 연령을 상향한다면, 노인들의 삶은 더욱 힘들어질 거야. 따라서 노인 연령 기준을 상향 조정해선 안 된다고 생각해.

〈자료 2〉 노인 빈곤율

*자료: 경제협력개발기구(2016년)

찬성 2

**우리나라는 고령화 진행 속도가 매우 빨라.
이 상태가 유지된다면 젊은 세대의 노인 부양
부담이 점점 커질 거야.**

우리나라는 고령화 진행 속도가 세계에서 가장 빠른 나라야. 2000년 고령화 사회에 진입한 지 17년 만에 고령 사회에 진입한 것만 봐도, 그 속도가 얼마나 빠른지 알 수 있지. 다른 나라와 비교해 보면 고령화 사회에서 고령 사회로 바뀌는 데 프랑스는 115년, 미국은 73년, 일본은 24년이 걸렸다고 해.

이처럼 인구 형태가 고령 인구만 늘어나는 구조로 바뀌면 경제 활동을 하는 젊은 세대의 부담이 커질 수밖에 없어. 국가에서 제공하는 노인복지 제도(〈자료 3〉 참고) 혜택을 받는 사람은 증가하는데, 국가 재정을 책임져야 하는 젊은 세대는 줄어들기 때문이지.

노인 기준 연령을 현행대로 유지한다면, 2020년부터 우리나라 노인 인구는 급격히 증가하게 될 거야. 2020년부터 베이비 붐 세대가 노인 세대로 진입하기 때문이지. 그렇게 되면 노인복지 비용이 급격히 늘어나고, 이로 인한 사회 혼란은 더욱 확산될 거야. 그래서 하루빨리 노인 기준 연령 상향 조정 등 대책이 마련되어야 한다고 생각해.

2015년 대한노인회에서는 노인 연령 기준을 4년마다 1세씩 늘려 20년에 걸쳐 단계적으로 만 70세로 높이자는 의견을 내놓은 적이 있어. 노인이 받는 복지 혜택을 줄여 젊은 세대의 부담을 덜어주겠다는 취지였지. 이해 당사자인 대한노인회도 찬성하는 입장을 보인 만큼 노인 기준 연령을 올리는 일이 빠르게 추진되어야 하지 않을까 싶어.

〈자료 3〉 우리나라의 노인복지 제도 항목

기초 연금	만 65세 이상(소득 하위 70%) 수급
국민연금	출생 연도에 따라 만 60~65세 이상. 2033년부터 만 65세 이상 수급(가입자만 해당)
노인 장기 요양 보험	만 65세 이상이거나 65세 미만 중 치매 등 노인성 질병을 앓는 사람에게 신체, 가사 활동 지원 등 장기 요양 급여 지급 (전국 가구 평균 소득의 150% 이하 소득수준)
기타	경로 우대(지하철, 공공시설 무료 및 할인 이용), 노인 일자리 사업 제공, 노인 돌봄 종합 서비스 제공 등

반대 2
**우리나라는 가족의 부양 책임이 높아. 노인
복지 축소는 궁극적으로 빈부 격차, 양극화,
저출산 문제를 심화시킬 거야.**

우리나라는 가족의 부양 책임이 높은 편이야.
따라서 노후 준비가 되어 있지 않은 부모의 생계를 자녀가 책임지는 경우가 많지. 노인 기준 연령이 상향 조정되고 노인복지가 축소되면, 부모 부양으로 인한 자녀들의 경제적 부담이 더욱 커질 거야. 그러면 자녀 또한 부모의 노후를 책임지느라 자신의 노후를 준비하지 못하게 되고, 결국 빈부 격차와 양극화가 더욱 심화되는 결과를 낳을 수 있어.

또 부모에 대한 부양 부담으로 청년층이 결혼이나 출산을 포기하는 비율이 높아질 가능성도 있어. 이럴 경우 안 그래도 심각한 저출산 문제가 더욱 악화될 것으로 보여. 저출산 문제가 악화되면 고령화 속도는 더욱 빨라질 테고, 결국 악순환이 반복될 거라고 생각해.

지금 당장 노인 기준 연령을 올리는 것이 중요한 게 아니야. 그러기 위해서는 이에 앞서 〈자료 4〉의 외국 사례처럼 정년을 연장하거나 노인 일자리를 늘리는 방안부터 충분히 고려할 필요가 있는데, 정년 연장은 현실적으로 실현되기 어렵다는 것이 큰 문제야. 사람들의 기대 수명은 늘었지만 건강 수명[2]은 오히려 감소해 나이 들어 일하는 게 쉽지 않기 때문이지. 실제로 건강 수명은 2012년 65.7세에서 2018년 64.4세로 줄어들었다고 해. 또한 정년을 연장하면 청년 실업 문제가 더 악화될 거고, 기업의 부담이 커질 우려도 있어. 이러한 현실에 대한 충분한 고려 없이 노인 기준 연령을 높이는 것은 시기상조야.

〈자료 4〉 세계 각국의 정년 폐지·연장 사례

- 미국: 1978년 정년을 65세에서 70세로 확대했다가 1986년 폐지.
- 영국: 2011년 기존 65세였던 정년 폐지.
- 일본: 1998년 55세에서 60세로 정년 연장, 2013년 다시 65세로 연장.
- 프랑스: 2013년 60세에서 62세로 정년 연장.
- 독일: 2029년까지 단계적으로 정년을 67세로 늘리는 중.

---

2   평균수명에서 질병이나 부상으로 인해 활동하지 못한 기간을 뺀 기간.

토론 갈무리하기 ━●

오늘의 토론 주제는 '노인 기준 연령, 상향해야 할까'였어. 흥미진진했던 토론 내용을 간략하게 정리해 볼게.

찬성 측에서는 현재의 노인 기준 연령인 만 65세는 합리적인 기준이 아니라고 주장했어. 의학 기술이 발달하고 생활수준이 향상되면서 기대 수명이 높아졌는데, 노인에 대한 기준이 변화하지 않는 것은 문제라는 거야. 또 노인 기준 연령이 상향되지 않으면 젊은 세대의 노인복지 비용 부담이 너무 커질 거라고 우려하기도 했지.

반대 측에서는 노인 기준 연령이 상향되면 노인복지 제도 수급자격도 함께 상향되고, 결국 노인복지 축소로 이어질 거라고 주장했어. 이는 노인 빈곤 문제를 심화시키고, 부모 부양의 책임이 있는 자녀의 부담을 가중시켜 빈부 격차·양극화·저출산을 확대시킬 우려가 있다고 이야기했지.

2017년에 우리 사회가 고령 사회에 진입한 만큼, 노인 기준 연령과 관련된 논란은 앞으로도 사그라들지 않을 것으로 보여. 정부가 이 문제를 어떻게 해결할지 함께 지켜보자.

주제 5

남북통일, 반드시 해야 할까

오늘은 '남북통일'에 대해 토론하려고 해. 남북통일은 매우 오랫동안 지속적으로 이슈가 되어 온 문제야. 특히 2018년 남북 관계에 엄청난 변화가 있었기 때문에, 더 많은 사람들의 입에 오르내렸지. 2018년에는 남북 정상회담이 세 차례나 열렸어. 이로 인해 남북은 자연스럽게 급속도로 가까워졌고, 통일에 대한 논의 역시 매우 활발하게 이루어졌거든. 그 덕분일까? 2019년 하반기에 남북 관계가 다시 멀어졌는데도 통일에 대한 기대는 여전했어. 2019년 12월 25일 서울시가 공개한 '서울 시민 남북 교류 협력 의식조사' 결과에 따르면, 통일이 필요하다는 응답이 전체 응답의 74.2%에 이르렀지.

그렇다고 모든 국민이 한마음으로 통일을 지지하고 있는 것은 아니야. 남북이 서로 다른 환경에서 오랫동안 살아왔고 경제적 격차도 크게 벌어져 있는 상황이기 때문에, 자칫 사회적 혼란과 갈등만 더 커질 수 있다며 통일을 반대하는 사람들도 적지 않지. 통일은 긍정적인 결과만 가져오는 것인지, 그리고 통일은 꼭 해야 하는 것인지에 대한 논란은 계속해서 일고 있어.

오늘의 토론 주제와 관련된 기존의 주요 흐름은 '우리의 소원은 통일'이라는 거야. 즉 통일은 반드시 이뤄져야 한다는 거지. 그 이유는 무엇보다 분단이 한반도에 사는 우리 민족 모두에게 너무 큰 고통과 손실을 주기 때문이라고 말하고 있어. 또한 통일은 남북 모두에게 수많은 혜택과 이익을 가져다줄 거라며, 경제적으로 보다 풍요로운 삶을 살아가기 위해서는 통일이 되어야 한다는 점을 강조하지. 이처럼 그동안 우리 사회의 주요 흐름은 '통일은 좋은 일이고 꼭 필요하다'는 거야. 그러나 동시에 통일의 과정에서 피할 수 없는 문제점들에 대해서도 지적하고 있어. 남북 이질화 및 경제적 격차로 인한 갈등과 통일 비용 문제 등이 바로 그것이야. 하지만 이것들은 해결될 수 있고, 또 해결되어야만 한다고 이야기하지.

요약하면 통일이 현실적으로 그리 간단하지 않은 문제임을 인정하면서도, 국민의 협력과 지혜로 이를 충분히 극복해 나갈 수 있다고 주장하고 있어. 이에 대해 어떻게 생각해?

Yes? No?

잠깐!

토론을 하기 전에 생각해 볼까?

1. '북한' 하면 무엇이 떠오르는가?
2. 통일이 되면 우리의 생활 모습은 어떻게 달라질까?
3. 분단했을 때보다 통일했을 때 이익이 더 클까?
4. 만약 통일 비용이 더 크더라도 통일을 해야 할까?
5. 남북통일에 대한 '나'의 생각은?

도움이 되는 자료들

독일 통일 과정

통일 후 독일

찬성1
남과 북을 막론하고 분단으로 인한 고통과
손실이 매우 커. 분단으로 인해 발생하는
문제가 심각하지.

남북이 통일되어야 하는 이유는 아주 명백해. 남북 모두가 분단으로 인해 겪는 고통과 손실이 너무 크기 때문이야. 우선 전쟁에 대한 공포로부터 벗어날 수 없어. 서로에게 총을 겨누며 6·25 전쟁을 치른 후, 한반도에는 아직도 종전이 아닌 휴전 상태가 지속되고 있어. 즉 남북은 언제든 군사적 충돌로 이어질 수 있지.

이러한 상황에서 아픔을 겪고 있는 사람들이 있는데, 바로 '이산가족'이야. 이산가족 상봉은 6·25 전쟁이 끝난 지 30여 년이 지나서야 처음 이뤄졌을 뿐만 아니라, 이후 30년이 넘는 세월 동안 공식적으로 21회밖에 이뤄지지 않았어. 남북 정세에 따라 중단과 재개를 반복해 왔기 때문이야.

남북이 분단되어 있기 때문에 지출되는 유·무형의 비용을 '분단 비용'이라고 해. 국방비, 외교적 경쟁 비용, 이산가족·국군 포로 등으로 인한 비용이 대표적인 예지. 특히 우리나라의 군사비 지출액은 2018년 기준 431억 달러(약 50조 원)로, 세계 10위를 기록할 만큼 어마어마하다고 해. 북한이 분단 비용으로 연간 10조 원을 쓴다고 하니, 남북이 합쳐서 50조 원이 넘는 군사비를 지출하는 셈이지.

분단이 지속되는 한 막대한 비용이 소요될 것이고, 이는 국민의 인간다운 삶까지 제약할 수 있어. 결국 근본적인 해결책은 남북통일뿐이야. 〈자료 1〉을 살펴보면 통일의 필요성을 느끼는 사람들이 이전에 비해 크게 증가했음을 알 수 있어. 통일에 대한 인식이 바뀌고 있는 만큼 통일을 위해 모두가 노력해야 해.

〈자료 1〉 남북통일 및 북한 변화에 대한 인식 설문

남북통일 필요하다

54.1% → 59.8%
5.7% 증가

2017년   2018년

북한 변화에 대한 인식

변하고 있다   77.3%
변하고 있지 않다   22.7%

*자료: 서울대학교 통일평화연구원
『2018 통일 의식조사』(2019년)

반대 1

**막대한 통일 비용 등 통일이 가져올 부작용도
고려해야 해. 충분한 대비 없이 남북통일을
주장하는 것은 시기상조야.**

통일이 가져오는 이점만 생각해선 안 돼. 무엇보다도 남북의 이질화로 인해 통합은 생각보다 쉽지 않아. 남북은 70여 년 동안 서로 다른 환경에서 살아왔어. 언어, 사고방식, 생활양식, 정치·경제 이념 및 제도 등에서 상당한 차이가 있지. 이러한 상황에서 아무런 준비 없이 갑작스럽게 통일이 되면 갈등과 혼란만 심화될 거야. 통일로 인해 부담해야 하는 모든 비용을 '통일 비용'이라고 해. 이 역시 분단 비용 못지않게 많이 소요되는데, 남한이 북한에 지출해야 하는 경제적 비용이 대표적인 예야. 〈자료 2〉에서 볼 수 있듯이, 북한은 남한에 비해 경제적으로 뒤처져 있어. 북한에 사회간접자본을 확충하고 공장 등의 생산 시설을 늘리려면 많은 비용이 소요되는데, 상대적으로 경제력이 있는 남한이 더 많은 비용을 부담할 수밖에 없지.

참고로 1990년에 통일을 이룩한 독일의 경우, 1991~2005년 통일 비용이 2조 7,020억 마르크(유로화 통합 전 옛 독일 화폐, 약 1,780조 원)에 달했다고 해. 그 당시 서독과 동독의 GDP(국민총생산) 차이는 약 6.3배, 분단 기간은 45년에 불과했지. 반면에 현재 남북한의 GDP 차이는 약 53배, 분단 기간은 무려 70년이 넘어. 이러한 차이만 봐도 남북이 통일하면 상상하기조차 어려운 막대한 통일 비용이 투입될 거라 예상할 수 있어. 결국 이 비용을 세금으로 충당해야 할 텐데, 남한 사람들에게 큰 부담이 아닐까?

〈자료 2〉 남북한 주요 통계 지표

*자료: 통계청 『통계로 보는 북한』(2018년)

	남한	북한	남/북(배)
인구(만 명)	5,161	2,513	2.1
국내총생산(조 원)	1,893	36	53.1
1인당 국민 총소득(만 원)	3,679	143	25.7
무역 총액(억 달러)	11,401	28	401.0
수출(백만 달러)	604,860	243	2,489.1
수입(백만 달러)	535,202	2,601	205.8
조강* 생산량(천 t)	72,464	810	89.5
석탄(만 t)	120	1,808	0.1
발전설비 용량(만 KW)	11,909	815	14.6

* 강재(공업, 건설 따위의 재료로 쓰기 위해 압연 따위의 방법으로 가공을 한 강철)의 한 분류.

찬성2
통일로 얻는 이익뿐 아니라,
통일이 가져오는 편익이 매우 크므로
단계적으로 통일을 추진해 나갈 필요가 있어.

통일 비용을 이유로 통일을 반대하는 것은 옳지 않아. 일단 통일에 대한 생각 자체에 문제가 있어. 통일을 반대하는 사람들은 흔히 독일의 통일을 예로 들며 막대한 통일 비용이 들 것을 우려하는데, 독일의 경우는 서독이 동독을 흡수통일했기 때문에 그랬던 거야. 즉 동독의 낙후된 경제를 재건하기 위한 비용에, 흡수통일이 가져온 사회적 갈등을 해소하기 위한 비용까지 추가되는 바람에 엄청난 비용이 소요될 수밖에 없었던 거지.

독일의 통일이 우리에게 주는 교훈은 흡수통일이 이뤄져선 안 되며, 충분한 준비 없이 급작스럽게 통일이 되어선 안 된다는 거야.

따라서 남북은 천천히 통일의 단계를 밟아 나갈 필요가 있어. 우선 서로 간에 다방면의 교류와 경제협력이 이뤄져야 해. 그 후 서로의 문화를 충분히 이해하고 삶의 양식을 공유하는 단계에 이르렀을 때 통일을 추진해야 하지.

통일했을 때 기대되는 편리함과 이익, 즉 '통일 편익'이 훨씬 크다는 점도 기억해야 해. 〈자료 3〉은 통일 시 북한의 지하자원을 통해 얻을 수 있는 경제 효과를 예측한 자료야. 이처럼 남북이 경제협력을 통해 얻을 수 있는 이익은 굉장해. 미국의 한 투자회사는 북한을 통일 한국의 자산이라고 말하기도 했지. 북한의 노동력과 풍부한 지하자원, 그리고 높은 성장 잠재력을 그 근거로 들었어. 남한은 경제 및 민주정치 분야의 선진국이고, 북한은 자체 개발한 핵무기와 미사일을 보유한 기초과학 및 군사 분야 강국이야. 통일이 되면 남북이 각자의 강점을 발휘해 나라 경제가 크게 발전할 거야.

〈자료 3〉 남북 '지하자원' 경제협력 전망

이름	내용	효과
단천 지역 지하자원 개발 사업	마그네사이트(탄산마그네슘으로 이루어진 탄산염 광물)·납·아연 등이 매장된 검덕·룡양·대흥 등의 광산을 개발하는 사업	30년 동안 총 38.5조 원
제철 산업, C1 화학 공업, 미래 첨단산업 등	납·흑연·텅스텐·무연탄 등 매장량 세계 10위권의 지하자원을 활용하는 사업	지하자원의 가치 7,000조 원+α

*자료: 대외경제정책연구원 '남북한 경제 통합 분석 모형 구축과 성장 효과 분석'
재단법인 여시재 '북한의 지하자원과 남북 자원 협력'(2017년)

반대 2

남한과 북한을 하나로 만드는 것은 쉽지 않아.
게다가 남북이 통일의 움직임을 보이면 주변
강대국들은 각자의 이익을 내세우며 이에
개입하려 들 거야.

통일이 가져올 장밋빛 전망에 대해서만 생각해
선 안 돼. 그것은 점진적이고 순조롭게 통일이 될 거라는 가정하에
만 가능한 일이기 때문이지. 실제로 통일이 되면 한반도에는 언제
든 돌발 상황이 발생할 가능성이 있고, 그렇게 되면 통일 비용이 급
격히 증가하거나 상당한 통합 후유증이 나타날 수도 있어.

그리고 이미 남북은 국제 무대에서 공식적으로 서로를 별도의
국가로 인정했어. 1991년 9월 17일, 국제연합총회에서 동시 가입을
승인받으면서, 가입 신청 순서에 따라 북한은 160번째, 남한은 161

번째 국제연합 회원국이 되었거든. 한마디로 각각 독립된 주권국가라는 뜻이지. 통일은 엄연히 실재하는 두 국가를 하나의 국가로 만드는 거야. 이는 결코 쉬운 일이 아니지.

무엇보다 남과 북은 정반대에 가까운 이념과 체제를 갖추고 있어. 두 나라를 모두 만족시키면서 이념이나 체제를 하나로 통합시키기란 거의 불가능에 가까워. 한때 우리 사회에 유행했던 '통일 대박'이라는 말을 생각해 봐. 여기에서 통일에 대한 남한 사람들의 속마음을 엿볼 수 있어. 우선 통일을 남한의 경제적 부흥을 위한 수단으로 보고 있어. 또한 남한 중심의 통일을 당연시하고 있지. 북한 사람들이 과연 이것을 순순히 받아들일 수 있을지 의문이야.

남북문제는 오로지 두 국가만의 문제가 아니라는 점을 반드시 명심해야 해. 한반도의 분단이 주변 강대국들 간의 다툼에서 비롯되었듯이, 남북이 통일의 움직임을 보이면 주변 강대국들은 각자의 이익을 내세우며 이에 적극 개입하려 들 거야. 통일을 추진하다가 자칫 우리 민족의 상처만 더 깊어질 수도 있지.

이처럼 안팎에 도사리고 있는 위험까지 무릅쓰며 굳이 통일을 추진할 필요는 없지 않을까?

토론 갈무리하기

오늘 토론의 주제는 '남북통일 반드시 해야 할까'였는데, 오랫동안 이슈가 되어 온 만큼 열띤 토론이 이뤄진 것 같아.

우선 찬성 측은 남과 북을 막론하고 분단으로 인한 고통과 손실이 너무 크다며, 통일만이 근본적인 해결책이라고 주장했어. 전쟁에 대한 공포, 이산가족의 고통, 막대한 군사비 지출, 북한의 후진적인 복지와 인권 등을 엄청난 분단 비용의 근거로 제시했지. 그러면서 통일 비용보다 통일 편익이 더 크다는 점을 내세우며 통일의 필요성을 주장했어.

이에 반대 측은 통일에는 분단 비용 못지않게 많은 통일 비용이 든다고 하며 통일만이 답은 아니라고 반박했어. 오랜 분단으로 인해 남북 문화의 차이가 심화되었고 경제적 격차도 워낙 크기 때문에 통일 시 큰 혼란과 갈등이 일어날 것을 우려했지. 그리고 남한과 북한은 각각 독립된 주권국가인 데다 주변 강대국들의 이해관계도 얽혀 있어 모두를 만족시키는 통합은 사실상 불가능하다고 봤어.

지금도 한반도 정세는 한 치 앞을 내다보기 힘들 정도로 급변하고 있어. 앞으로도 남북통일에 관심을 갖고 지켜보기로 하자.

도판 출처

문화_ '너'와 '나'의 입장 차이, 극복할 수 있을까?

한국식 나이, 유지해야 할까

중학교 『사회 ①』 9. 문화의 이해와 창조 01. 문화의 의미와 특징

고등학교 『사회·문화』 III. 문화와 일상생활 4. 문화 변동

카페의 '카공족', 이대로 괜찮을까

중학교 『도덕 ①』 II. 타인과의 관계 4. 이웃 생활

신조어, 사용해도 될까

고등학교 『언어와 매체』 IV. 국어의 역사와 문화

개고기 식용, 합법화해야 할까

중학교 『도덕 ①』 III. 사회·공동체와의 관계 2. 문화 다양성

고등학교 『생활과 윤리』 V. 문화와 윤리 03. 다문화 사회의 윤리

과학_ 자율과 규제, 힘겨루기의 승자는?

드론, 상용화해야 할까

중학교 『기술·가정 ②』 IV. 수송 기술과 에너지 1. 빠르고 편리하게, 수송 기술

고등학교 『기술·가정』 V. 첨단 기술의 세계 4. 꿈을 실현하는 첨단 수송 기술

반려동물 등록제, 강화해야 할까

중학교 『기술·가정 ②』 I. 건강한 가족 1. 변화하는 사회 속 건강한 가족

고등학교 『생활과 윤리』 II. 생명과 윤리 02. 생명 윤리

학생부 종합 전형, 폐지해야 할까

중학교 『기술·가정 ②』 III. 진로와 생애 설계 2. 진로 탐색과 설계하기

고등학교 『진로와 직업』 IV. 진로 디자인과 준비 2. 진로 설계와 준비

노인 기준 연령, 상향해야 할까

중학교 『기술·가정 ②』 III. 진로와 생애 설계 3. 저출산·고령사회, 우리가
　　마주하는 세상

고등학교 『기술·가정』 III. 자원 관리와 자립 2. 내가 만들어 가는 행복한 노후

고등학교 『통합 사회』 IX. 미래와 지속 가능한 삶 1. 세계의 인구문제와 해결 방안

남북통일, 반드시 해야 할까

중학교 『도덕 ②』 II. 사회·공동체와의 관계 4. 통일 윤리 의식

중학교 『사회 ②』 7. 통일 한국과 세계시민의 역할 02. 우리나라의 위치와
　　통일 한국의 미래

중학교 『역사 ②』 III. 대한민국의 발전 04. 통일을 위한 노력

고등학교 『한국사』 VI. 대한민국의 발전과 현대 세계의 변화 05. 북한 사회의
　　변화와 통일을 위한 노력

고등학교 『통합 사회』 VIII. 세계화와 평화 3. 남북 분단 및 동아시아의 역사
　　갈등과 국제 평화 기여 방안

거침없이, 토론!

이슈와 친해지는 20가지 찬반 논쟁

1판 1쇄 발행일 2020년 2월 25일
1판 3쇄 발행일 2022년 8월 10일

지은이 김범묵 박정란
펴낸이 권준구 | 펴낸곳 (주)지학사
본부장 황홍규 | 편집장 윤소현 | 팀장 김지영 | 편집 양선화 박보영 김승주
책임편집 윤소현 | 일러스트 윤유리 | 그래프 일러스트 김상준 | 디자인 정은경디자인
마케팅 송성만 손정빈 윤술옥 이혜인 | 제작 김현정 이진형 강석준
등록 2017년 2월 9일(제2017-000034호) | 주소 서울시 마포구 신촌로6길 5
전화 02.330.5265 | 팩스 02.3141.4488 | 이메일 booktrigger@naver.com
홈페이지 www.jihak.co.kr | 포스트 http://post.naver.com/booktrigger
페이스북 www.facebook.com/booktrigger | 인스타그램 @booktrigger

ISBN 979-11-89799-20-5 43300

북트리거

트리거(trigger)는 '방아쇠, 계기, 유인, 자극'을 뜻합니다.
북트리거는 나와 사물, 이웃과 세상을 바라보는 시선에 신선한 자극을 주는 책을 펴냅니다.

피부 나이를 거꾸로 돌리는
바이오 화장품

피부 나이를 거꾸로 돌리는

바이오 화장품

김은기 지음

전파과학사

〈Cosmetics&Toiletries〉는 100년 전통 세계적 화장품 잡지다. 전 세계의 새로 나온 화장품과 최신 연구들을 소개하는 잡지로, 97개국에서 구독하고 있으며 필자 또한 정기구독하고 있다. 금년 1월호 표지 제목이 눈에 띈다. '피부미생물과 바이오필름', 즉 여드름과 피부아토피의 직접적 원인인 피부에 살고 있는 미생물이 표지 제목이 된 것이다. 첫 장을 열면 '핫뉴스'로 '피부 유전자를 변화시켜 젊게 만드는 화장품'이 소개되어 있다. 피부세포 DNA를 조절하는 물질로 화장품을 만들었더니 피부장벽 손상이 40%나 빨리 회복되었다는 기사였다. 그 아래에는 이스라엘 화장품 회사에서 피부세포 노화를 방지하는 원료를 수선화에서 찾아 그 원료로 만든 기능성 화장품에 대한 기사가 있다. 세포 유통기한에 해당하는 '텔로미어' 길이를 원상회복시키는 원료다. 이 잡지 제목들만 보아도 현재 세계의 화장품 연구 동향을 한눈에 알 수 있다. 화장품은 바이오 기술로 점프하고 있다. 피부세포를 분자 수준에서 조절하는 화장품이 속속 개발되고 있다. 이러한 경향은 사실 필연적이기도 하다. 우리 피부는 살아 있는 세포들이기 때문이다.

고대 이집트에서부터 화장품은 있었지만 주로 메이크업용에 가까웠다. 물론 지금도 메이크업 제품은 화장품 기본 제품이지만 맑고 깨끗한 피부를 갖고 싶은 것이 여성들의 근본적인 바람일 것이다. 화장품은 급속히 진화하고 있으며 초특급의 속도로 피부세포 연구가 진행 중이다. 4차 산업 기술과 맞물린 바이오 기술이 화장품에도 적용되기 시작했기 때문이다. 건성피부에는 어떤 미생물들이 살고 미생물들이 면역세포와는 무슨 꿍꿍이를 꾸미고 있는지를 바이오 빅데이터로 알아낸다. 화장품이 바이오 기술을 적극 도입하는 것 역시 당연한 결과일 것이다. 피부색, 주름, 노화, 모두 세포 속 DNA가 하는 일이기 때문이다.

하지만 바이오 기술의 원리는 일반인에게는 어렵기만 하다. DNA나 줄기세포에 관한 내용도 과학적인 지식 없이 이해하기 어렵다. 이 책은 바이오가 어떻게 화장품에 적용되는가를 쉽게 설명하려고 한다. 피부가 햇빛을 받으면 왜 검어지는지, 보톡스 주사는 무슨 원리로 주름을 없애는지를 마치 이야기를 들려주듯 일상적인 언어로 설명했다. 딱딱한 과학적 지식을 나열하지 않았다. 한정식 주인이 건네준 삭힌 홍어를 입에 물고 절절맨 개인적인 경험을 통해 발효화장품을 설명했다. 중국 샹그릴라 지역 약초로는 왜 화장품을 만들기 어려웠는지를 식물세포배양 기술을 통해 이야기했다.

이 책은 크게 네 부분으로 구성되어 있다. 첫째는 미래 화장품은 어떻게 변할까에 대한 전망을 말한다. 호르몬을 조절하는 화장품, 피부미생물을 조절하는 화장품, 방부제가 없는 화장품은 가능한가를 이야기한다. 둘째는 몸 전체와 연결된 피부를 이야기한다. 장내세균, 운동, 비만, 스트레스, 땀과 피부는 무슨 연관이 있는가를 알 수 있다. 셋째는 최신 바이오 기술이 어떻게 피부에 적용되는가를 설명했다. 줄기세포 화장품, 바이오 계면활성제, 히알루론산이 만들어지는 원리를 설명한다. 넷째는 피부가 몸의 보호막이라는 이야기다. 자외선, 피부장벽, 주름생성, 보습에 대한 원리를 설명했다.

이 책은 화장품에 적용되는 최신 기술들, 특히 바이오를 중심으로 설명한다. 화장품은 성별이나 연령에 상관없이 누구나 관심 있는 분야다. 단순한 관심에 그치지 않고 어떤 기술과 원료로 화장품을 만드는지를 아는 것이 중요하다. 화장품에는 왜 방부제가 들어가는지, 방부제 없는 화장품은 왜 불가능한지를 알아야 한다. 그래야 화장품에 대한 오해와 불신이 사라질 것이다.

K-Pop과 함께 K-beauty가 한국의 효자 산업으로 떠오르고 있다. 둘 다 기초가 튼튼해야 장수할 수 있다는 공통점이 있다. 어떤 상품, 기술이 성공하려면 제품의 기술은 기본이며 그 후는 대중이 그 기술에 대해 얼마큼 지지를 보내는가에 달려 있다. 대중의 지지를 받을 수 있는 가장 빠른 길은 대중과의 소통을 통해서일 것이다. 이 책을 통해 피부에 대한 과학적인 이해와 바이오 기술과 화장품을 이해하는 데 도움이 되기를 바란다.

어려운 출판 환경에서도 책을 만들어 준 전파과학사 손동민 대표에게 감사의 인사를 전한다.

2020년 다사다난한 한해를 지내며
김은기

차례

PART

I

피부, 미래를 꿈꾸다

카멜레온처럼
피부색을 바꾸자

: 피부색 결정요인

'카멜레온 같은 사람이 되자'

마음에 드는 짝을 구하기 위해 나온 TV 속 남녀 출연진들의 수다에서 나오는 이야기다. 부스스한 얼굴에 늘 같은 색, 비슷한 느낌의 옷을 입는 이성에게는 눈길이 머물지 않는다. 반면 사람을 살짝 놀라게 하는 반전 매력이 있는 톡톡 튀는 이성은 언제나 사람 마음을 뒤흔든다. 그렇다고 천방지축, 예측불허, 한 치 앞도 알 수 없는

사진 1-1 **다양한 색깔의 카멜레온**

독특한 사람을 찾겠다는 것은 아니다. '나는 내가 바꿀 수 있다'는 자신감을 가진 당당한 사람이 짝으로 1순위라는 이야기이다.

그렇다고 조용한 사람이 불리하다는 이야기는 아니다. 변화의 천재인 카멜레온은 원래 조용한 동물이다. 슬금슬금 걸어 다니는 카멜레온은 피부색이 노란색부터 검정색까지 시시각각 주변 색에 따라 변한다. 색을 바꾸는 것이 살아남기 위한 변신과정이다. 그런데 보통 생각하는 것처럼 주위 나무색에 따라 카멜레온의 피부색이 변하는 것이 아니다. 자신의 감정에 따라 변한다. 즉, 열 받을 일이 생기면 '붉으락푸르락', 피부색이 검정에서 노란색으로 변한다.

어찌 보면 자기 자신의 감정에 충실한 셈이다. 또한 이 녀석은 너무 더워도 색을 바꾼다. 햇볕에 따라 색을 미리 바꾸어서 열 받

사진 1-2 다양한 공작 꼬리색

공작의 꼬리색이 다양한 이유는 색소 때문이 아니
다. 꼬리 내부 격자구조에 따라 반사되는 빛이 다르
기 때문이다

지 않도록 한다. 게다가 짝을 만날 때도 색을 바꾼다. 왜 바꿀까?
쿵쿵 가슴이 뛰어서일까, 아니면 깜짝깜짝 놀라게 해서 짝을 긴
장하게 하려는 걸까.

한 남자 개그맨이 말했다. 내 이상형은 '처음 본 여자'라고. 이
농담에 '수컷들은 다 똑같은 속물이다'라며 여성 게스트들이 분
노했다. 하지만 이 개그맨은 '짝의 매력은 상대방을 가끔 긴장시
키는 능력'이라는 뜻으로 돌직구를 날린 것뿐이라 한다. 긴장하
지 않는 물고기는 어항에서 키운 금붕어뿐이다. 반면 투명한 계

곡물 속 톡톡 튀는 산천어는 늘 긴장한다. 그것이 살아 있다는 증거이다. 현명한 짝은 산천어처럼 톡톡 튀면서 자신의 짝을 들었다 놨다 한다. 이건 연애 단계의 짝만이 아니라 몇십 년을 같이 산 '오래 된 짝'도 마찬가지이다. 카멜레온의 자유분방함이 짝 사이에는 언제나 필요하다는 이야기다.

카멜레온은 피부를 당겨서 피부색을 변화시킨다

카멜레온처럼 피부색을 마음대로 변화시키는 화장품은 없을까? 경극배우처럼 정성스레 시간을 들여 분장을 할 수도 있지만 카멜레온은 뇌로 피부색을 바꾼다. 즉, 뇌 신호를 받은 카멜레온은 3개 피부 층에 분산되어 있는 노랑, 파랑, 검정 색소를 당겼다 늘렸다 하면서 색을 변화시킨다. 색소가 모이면 짙어지고 퍼지면 밝아진다. 인간 피부에 있는 멜라닌색소보다 다양한 색소를 갖고 있어 별별 색을 다 만드는 셈이다. 또한 5~10초 만에 빠르게 바꾼다. 이에 반해 사람이 화장으로 얼굴색을 바꾸는 데는 적어도 반 시간, 아니 한 시간은 족히 넘게 걸린다. 게다가 메이크업 과정은

사진 1-3 구조색:피부 아래 다양한 나노격자 구조 때문에 반사되는
빛 파장이 달라지고 겹치면서 다양한 색이 나타난다

그리 간단하지 않다. 합판에 칠을 곱게 하려면 바탕칠을 하듯이
얼굴에도 베이스 메이크업을 해야 한다.

그리고 그 위에 다시 색조 화장을 해서 색을 얹어야 한다. 피부
에 이중 삼중 밀폐막이 생긴 셈이다. 더구나 밤에는 다시 그 칠을
클렌징 폼을 써서 없앤다. 피부로서는 꽤나 고생하는 셈이다. 이
런 메이크업과 클렌징이 매일 반복된다면 피부는 매일 자극을 받
게 돼 예민해질 수 있다.

고대부터 전해 내려온 이런 전통적인 페인팅 방법 대신 카멜레
온 지혜를 빌릴 방법은 없을까? 얼마 전 러시아에서 아이디어 제
품이 나왔다. 피부 위에 아주 얇은 투명 막을 씌워서 황사, 미세

물고기, 개구리 피부색 세포 변하는 원리

검게 보인다   밝게 보인다

멜라노솜이 퍼진다   멜라노솜이 가운데로 뭉친다

사진 1-4 개구리 피부색이 변하는 이유

개구리, 물고기 피부색이 변하는 이유는 세포 속 색
소물질Melanophore이 뭉치거나 퍼지면서 변한다

카멜레온 색이 변하는 원리

동물의 피부색이 변하는 방법은 크게 두 가지다. 하나는 피부색소가 모이거
나 퍼지거나 할 경우다. 물에 잉크방울이 그대로 있으면 투명하지만 퍼지면
검게 보이는 원리다(사진 1-4). 카멜레온은 이 방식이 아니다. 피부구조를 당
겨서 색을 변화시킨다. 카멜레온 피부는 빛을 반사하는 2개 층이 있다. 피부
를 당기거나 느슨하게 하는 방식으로 바깥층에 있는 나노격자 구조를 바꿔
피부색을 변화시킨다. 격자구조가 변하면 특정파장 빛만 선택적으로 반사된
다. 다양한 격자 구조가 동시에 변하니 다양한 색으로 순간순간 변하는 것이
다(사진 1-3). CD 표면은 미세한 골이 파여 있다. 이 구조변화를 레이저가 읽
는 것이다. 이 격자 구조도 각도에 따라 다양한 빛이 선택적으로 반사된다.
CD 표면이 여러 가지 영롱한 색으로 보이는 이유다. 즉 CD 표면에 색소가
있는 게 아니라 격자 구조 변화에 따른 광간섭 현상 때문이다. 이런 색을 '구
조색Structural Color'이라 부른다.

먼지로부터 피부를 보호하자는 것이었다. 일회용이고 다공성이면서 피부에 달라붙어 편리하다고 한다. 문제는 여기에 색을 칠할 수 없다는 것이다. 그 뒤로 국내에서 별 이야기가 없는 걸 보니 그 상품이 인기를 얻지는 못했던 것 같다. 요즘 새로운 고분자 중에는 산성도나 온도 변화가 있으면 고분자 성질이 바뀌는 것이 있다. 여기에 카멜레온처럼 여러 색소를 섞어서 상태에 따라 색이 변할 수 있지 않을까?

그래서 뇌 신호를 받는 카멜레온처럼 마음먹은 대로 얼굴색을 바꾸는 것이다. 맘에 드는 짝 앞에서는 자신의 매력이 물씬 풍기는 색으로, 그리고 심부름을 자주 시키는 비호감형 상사에게는 칙칙한 색으로.

Chapter 2

피부 나이를 거꾸로 먹으려면?

: 노화와 텔로미어

　노래 〈일곱 송이 수선화〉(양희은)는 이렇게 시작된다. '눈부신 아침 햇살에 산과 들 눈 뜰 때 그 맑은 시냇물 따라 내 맘도 흐르네…' 그리스 신화 속 미소년 나르시스가 물에 비친 제 모습에 반하여 물에 빠져 죽어 수선화라는 꽃이 되었다고 한다. 그래서 꽃 학명도 나르시스Nacissus다. 이름만큼이나 고운 이 꽃은 여러 해를 산다. 봄이 되면 노란색 봉우리를 활짝 피우고 여름, 가을은 뿌리를 내리고 겨울을 난다. 꽃으로서의 임무를 다하고 나면 동면에 들어가는 것이다. 신호물질(도르민)을 보내 둥근 뿌리 속에 양분을 저장한다. 긴 겨울을 나야 하는 뿌리 속에는 다양한 유용물질이 들어있다. 덕분에 수선화 뿌리는 약재로 쓰이기도 하며 항염, 항균, 항암 효과가 있다. 캐나다 연구진들은 수선화 뿌리에서 피부 세포노화를 근본적으로 막는 물질을 찾아냈다. 연구진은 수선화가 동면에 들어가는 과정에 필이 꽂혔다. 어떻게 힘차게 성장하던 세포를 천천히 자라게 하고 동면 상태로 만들까. 그 과정을 사람에게 적용하면 어떻게 될까. 세포 성장을 촉진해야 피부가 좋아진다고 생각하는 것과는 반대의 경우다. 연구진은 왜 그런 생

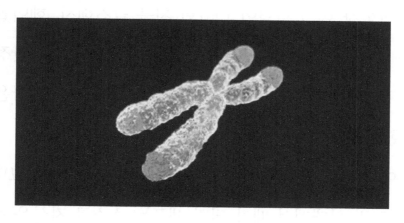

사진 1-5 **텔로미어 모습**

세포 DNA가 뭉쳐 있는 염색체(청색) 양 말단에는 텔로미어(적색)가 있다. 이 텔로미어는 몸의 세포 종류에 따라 다를 수 있다. 즉, 각 장기의 생물학적 나이를 텔로미어 길이로 판단할 수 있다

각을 했을까. 답은 세포는 정해진 기간만큼만 살기 때문이다. 천천히 살게 해야 늙지 않는다는 이야기다.

세포는 유통기한이 있다

사람 피부세포를 떼어내 실험실에서 키우면 얼마나 살까. 영양분을 충분히 공급하면 계속 살 것 같은데 아닐까? 아니다. 유통기한이 정해져 있다. 성인의 경우 20~30회 분열하면 더 이상 분열하지 않는다. 반면 어린아이 세포는 50회 정도 분열하면 멈춘다. 미국의 과학자 헤이 플릭이 1961년 처음 발견해서 '헤이플릭 한계Hay Flick Limit'라고 부른다. 대장균, 효모, 곰팡이가 무한정 계속 자라는 것과는 대조적이다. 사람이 늙어 죽는 것도 결국은 세포 유통기한이 있기 때문이다.

즉 주어진 횟수만큼 분열하면 더 이상 분열하지 않고 그대로 늙어간다. 그런 상태에서 때가 되면 세포는 스스로 자살을 택한다. 조용히 내부 살림을 녹여버린다. 세월 앞에 장사 없는 이유는 세포가 이렇게 스스로 늙어가기 때문이다. 세포가 분열할 때마다 세포

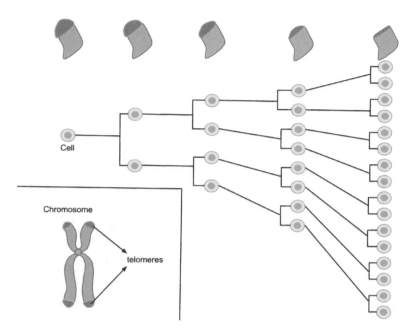

사진 1-6 텔로미어 길이와 나이

어린아이가 태어나면 세포가 분열을 거듭해서 몸이 성장한다. 하지만 20~30대에 들어서면서 몸이 완성되면 세포는 더 이상 자라지 않는 상태가 된다. 물론 몸의 일부(생식세포, 피부세포)는 계속 자란다. 세포가 분열을 거듭할수록 염색체(청색) 끝에 붙어 있는 텔로미어(적색)는 점점 길이가 짧아진다. 어느 정도가 되면 세포는 더 이상 분열을 하지 않는 상태가 된다

속 '텔로미어Telomere' 길이가 짧아진다. 텔로미어는 운동화 끈 끝에 달려있는 플라스틱 캡 같은 존재이다. 캡은 끈을 보호한다. 텔로미어는 염색체 양 끝에서 염색체를 보호한다. 염색체가 분열, 즉 세포가 분열할 때마다 짧아지고 어느 길이에 도달하면 더 이상 분열하지 못하고 그 상태로 늙다가 죽는다. 결국 세포의 나이가 텔로

미어 길이와 반비례하는 셈이다. 캐나다 연구진이 아이디어를 하나 냈다. 텔로미어를 천천히 줄게 하면 세포는 오래 살 것 아닌가? 텔로미어를 짧게 만드는 부분(효소)을 방해하는 물질을 찾다가 눈을 돌린 곳이 수선화다. 수선화는 봄에 꽃을 화려하게 피우고 나면 겨울을 날 셈으로 신호물질을 보내 세포가 자라는 것을 늦춘다. 연구진은 수선화 뿌리 추출액이 주름방지 효과가 있는지 조사했다. 실험실 세포에서는 콜라겐이 늘어나고 대사 속도도 원하는 대로 낮춰졌다. 세포분열 속도도 낮아졌다. 무엇보다 대조군에 비해 무려 2배 가까이 텔로미어 길이가 늘어났다. 그만큼 더 젊어진 것이다. 실제 사람에게 적용한 결과도 놀랍다. 하루 두 번 수선화 추출물을 2주간 발랐더니 피부 탄력도가 8% 증가하고 피부 잡티가 10% 줄었다. 모두 피부 나이가 어려졌다는 사인이다.

사람이 늙는 이유는 두 가지다. 나이와 환경 탓이다. 피부도 마찬가지다. 자외선을 최대한 막고 보습제를 매일 바르는 것이 환경에 대응하는 방법이다. 그동안 모든 화장품은 여기에만 초점을 맞추었지만 이제 나이도 거꾸로 돌릴 수 있는 방안을 찾은 셈이다. 피부 나이 자체를 줄일 수 있는 과학적 연구가 빛을 보기 시작했다. 화장품이 진화하고 있다.

Chapter 3

피 한 방울로 만든 3D 얼굴

: 바이오 빅데이터

김동인 단편소설 「발가락이 닮았다」는 인간의 욕망과 갈등을 생생히 그려냈다. 자신이 생식 능력이 '거의' 없다는 것을 잘 아는 노총각이 결혼했다. 그런데 아이가 생겼다. 아내의 불륜이 의심된다. 힘들게 한 결혼을 파기할 수도 없고, 그렇다고 자신의 신체적 결함을 공개할 수도 없는 상황이다. 남자는 절실히 해답을 찾았고 드디어 묘안을 얻어 의사인 친구를 만난다. 남자는 '아이 가운데 발가락이 조금 긴 것이 자기를 닮았다'고 친구에게 이야기한다. 그러자 그의 몸 상태를 이미 알고 있는 의사 친구가 말을 거든다. '발가락뿐만 아니라 얼굴도 닮은 데가 있네'. 자기 씨앗임을 확인하고픈 아버지의 안타까운 모습이 두고두고 기억에 남는 소설이다. 현실에서도 아이는 아버지의 거울이다. 아버지와 아들을 서로 닮은 '찐빵'이라고 이야기해 주면 대부분의 아버지는 입이 함박만 해진다. 아들이 '찐빵'인가를 판단하는 기준은 얼굴 모습, 특히 상하 좌우 비율, 미간 길이, 광대뼈, 코 돌출 여부 등 신체적 특징과 피부색이다. 이런 얼굴 모습은 유전자에 의해 결정된다. 유전자가 외모를 결정한다는 결정적인 증거는 일란성 쌍둥이이다. 일란성 쌍둥이는 자라면서 환경에 따라 성격이 달라지기도 하지만 외모는 크게 변하지 않는다. 그렇다면 피 한 방울 내 DNA로 이 사람이 어떤 얼굴인지 미리 예측이 가능하지 않을까?

DNA 빅데이터로 신체 특징을 예측한다

파리에서는 다양한 인종의 사람을 만날 수 있다. 백인과 흑인은 확연히 피부색이 다르다. 현재 인류 조상인 호모사피엔스는 25만

년 전 아프리카를 떠나 유럽, 아시아로 이주를 한다. 유럽은 일 년 내내 태양을 보기가 쉽지 않아 자외선을 걱정할 필요가 없었다. 당연히 유럽인 얼굴은 자외선 방어물질(멜라닌색소)을 만들지 않아 현재의 백색 피부가 되었다. 이처럼 흑인과 백인의 첫 번째 차이는 피부색이지만 외모도 다르다. 아프리카 흑인은 백인보다 광대뼈가 많이 튀어나오고 눈도 부리부리하다. 이것 또한 진화의 흔적이다. 얼굴 외형은 턱뼈와 관련 있다. 평생 무엇을 먹었는가에 따라 달라진다. 이처럼 인간은 사는 곳에 따라 종족이 다르고 외모도 다르다. 따라서 어떤 사람의 유전자를 조사하면 이 사람이 어디에 사는 사람인가도 알 수 있다. 외모도 예상할 수 있다. 펜실베이니아 대학에서는 3D 촬영을 통해 얼굴 모습을 데이터로 만들기 시작했다. 사람 얼굴 모습이 피부색과 함께 데이터로 저장된다. 여기에 유전자 정보를 매치시키면 어떤 유전자를 가진 사람의 외모를 컴퓨터로 그릴 수 있게 된다. 즉 목격자가 없어도 피 한 방울이면 범인 몽타주를 그릴 수 있게 되었다. 물론 지금도 피 한 방울이면 유전자 검사를 통해 범인이 누구인지 알 수 있다. 하지만 이것은 유전자 정보가 공개된 범법자나 가능하지 일반인은 알 수가 없다. 얼굴 3D 데이터와 유전자 정보로 인류 조상이 어떻게 생겼는지도 정확하게 그릴 수 있으며 미래의 아이가 어떤 얼굴인지까지도 정확하게 알 수 있다.

인간유전자 정보: (1)DNA (2) 꼬리표

사진 1-7 **유전자의 두 가지 정보(DNA와 꼬리표)**

1) (상) 인체 염색체는 DNA가 뭉쳐 있고 단백질(히스톤)이 둘러싸고 있다. 꼬리표 달라붙는 여부에 따라 DNA가 노출되는 정도가 달라지고 이것이 DNA 작동 여부를 결정한다
2) (하) 일란성 쌍둥이는 DNA가 똑같다. 하지만 꼬리표(삼각표시)가 달라붙은 여부에 따라 그 DNA가 일을 하는가가 결정된다. 따라서 같은 일란성 쌍둥이라도 유전자DNA가 하는 일의 종류가 달라진다. 결국 쌍둥이도 외형, 몸 상태도 달라지게 된다.

요즘 양악수술이 인기이다. 선천적으로 얼굴이 기형인 경우만 시행하던 이 수술이 이제는 미용의 한 수단으로 바뀌었다. 튀어나온 광대뼈와 주걱턱이 맘에 안 드는 사람들, 특히 젊은 여성들은 2천만 원에 가까운 수술 비용과 부작용 우려에도 불구하고 수술을 감행한다. 하지만 단순히 미를 위해서만 뼈를 깎아야 하나? 미인의 기준은 무엇인가? 미인은 얼굴 상하좌우 비율에서 나오지 않고 개성에서 나온다. 성형으로 비슷한 외모를 가진 사람들이 많아지면 누구의 얼굴도 기억에 남지 않는다. 기억에 남지 않는 얼굴은 더 이상 얼굴로서 자격이 없는 것이 아닐까? 유명한 배우들의 얼굴을 보면 꼭 잘생겨서 유명해졌다기보다는 강한 인상을 남겨서인 경우가 많다. 링컨은 나이 마흔이면 얼굴에 책임을 지라고 했다. 수술에 의해서 얼굴이 만들어지는 것이 아니라 인생의 깊은 맛을 알아야 비로소 '제대로 된' 얼굴이 되는 것이 아닐까.

후성유전학: 제2 바이오 정보

영국에서 살인사건이 일어났다. 현장에 달려간 경찰은 범인 것으로 추정되는 혈흔을 확보했다. 혈흔 속 DNA 정보와 일치하는 사람이 있어 즉각 집을 급습했다. 그런데 황당한 일이 생겼다. 범인은 일란성 쌍둥이였다. 일란성 쌍둥이는 DNA 순서가 완벽히 똑같다. 당황한 경찰이 지문을 조사했지만 흔치 않게 지문마저 일치했다. 두 사람을 모두 기소할 수는 없는 상황이 되었다. 구세주가 나타났다. 한 대학교수가 두 사람의 DNA가 다르다고 증거를 내밀었다. DNA 순서는 같아도 DNA 뼈대에 달라붙은 '꼬리표(메틸기)'가 다름을 밝혔다. 꼬리표는 살아온 환경에 따라 달리 붙는다. 꼬리표가 달리 붙으면 DNA 3차 구조가 변한다. 즉 DNA 패킹이 달라져서 같은 유전자라도 작동 여부가 달라진다. 유전자 작동이 되는가 안 되는가에 따라 그 사람 인체를 움직이는 단백질(호르몬, 효소 등)이 달리 만들어진다. 결국 같은 유전자라도 사람이 달라진다. 같은 일란성 쌍둥이라도 각자 다른 암에 걸리는 이유다. 이게 후성유전학Epigenetics이며 제2 DNA 정보다.

DNA, 게놈, 단백질 용어 설명

DNA(알갱이 : 염기 : ATGC)가 모여서 유전자(Gene: 일을 하는 한 세트)가 된다. 유전자가 모여 있는 전체를 게놈Genome이라 부른다. 인간의 게놈은 약 24,000개 유전자로 이루어져 있고 DNA 염기는 30억 개다. 유전자가 커지면서 일을 하면 단백질(효소, 호르몬)이 만들어진다. 이 단백질은 세포를 일하게 만든다. 결국 사람 간의 차이를 만드는 건 단백질이고 유전자가 켜져서 단백질을 만드는가의 여부라고 할 수 있다.

Chapter 4

적인가 아군인가

: 피부미생물

외출 후에는 손을 잘 씻어야 한다고 매번 이야기해도 한 귀로 흘려버리는 아이들 때문에 엄마들은 걱정이 많다. 이런 아이들에게 직통인 방법이 있다. 비누로 씻을 때와 아닐 때를 달리해서 세균 배양접시에 손도장을 찍게 하면 된다. 안 씻은 손을 찍은 배양접시에서 균들이 가득 자라는 걸 보고 아이들은 기겁을 한다. 반면 비누로 씻기만 해도 세균이 거의 없어지는 것을 보고는 두말 않고 비누로 손을 씻기 시작한다. 아이들에게는 이놈들은 없어져야 할 적들이다. 하지만 피부에는 외부에서 묻어온 병원균도 있지만 늘 살고 있는 '피부 상재균'이 있다. 문제는 피부에 살고 있는 이놈들이 적인가 아군인가에 대해 정보가 없었다는 점이다. 이게 구분이 되어야 여기에 대한 대책이 선다. 최근 연구 정보에 의하면 이놈들이 대단히 중요한 놈들이어서 잘 구슬려서 데리고 살아야 한다고 한다. 놈들의 정체가 궁금하다.

우리 피부에는 150종 이상의 수많은 미생물들이 살고 있다. 작다는 의미의 '미微생물'은 3천 마리를 한 줄로 세워도 머리카락 굵기가 안 된다. 이것을 배양접시에서 키워 모양을 보면 어떤 놈들이 사는지 알 수 있다. 최근에는 균을 키우는 대신 DNA를 추출하면 훨씬 더 정확하게 종류를 알 수 있다. 이놈들은 피부가 건성인지 지성인지에 따라 사는 놈들도 다르다. 이렇게 피부에 붙어 사는 놈들보다 인체에 더 깊숙하게 들어와 있는 놈들이 있다. 바로 장내세균이다. 사람에게 오장육부의 장기가 있다고 하지만 아니다. 1㎏ 장기가 하나 더 있다고들 한다. 다름 아닌 인체에 살고 있는 장내미생물들이다. 대변의 60%가 장내미생물이다. '제6 장기'라고 할 만큼 이들 역할이 중요하다. 장내세균은 사람마다 종류가 다르다. 일종의 개인 지문인 셈이다. 이들은 건강 상태에 따라서 균 종류가 변한다. 아니 거꾸로다. 즉, 균 종류에 따라서 건강이 변한다. 설사를 일으키는 균이 득세해서 장내세균들을 휘어잡으면 그 사람은 화장실을 온종일 들락날락해야 한다.

장내세균은 면역력과 직결된다

장내세균들은 우리 몸에 여러 가지 유익한 일을 한다. 우선 음식을 통해 들어온 외부 병원균들이 득세하지 못하게 좋은 균들이 억누른다. 음식 영양분들은 더 소화시켜서 공급한다. 무엇보다 장내세균들은 인체 면역과 밀접한 관계를 맺고 있다. 장에 붙어서 슬슬 '잽'을 날리면서 인체 면역세포들을 훈련시킨다. 인체 면역세포 70%가 장에 몰려 있다. 이렇게 어릴 때부터 잔매를 맞고 큰 아이들 면역세포는 웬만한 공격에는 끄떡도 하지 않는다. 반면 이런 경험이 없는 아이들은 꽃가루 같은 간단한 공격에도 기절초풍하듯이 놀라서 온몸에 전투태세 명령을 내린다. 이것이 알레르기가 생기는 원인이며 피부 아토피도 알레르기의 한 종류다. 피부에 있는 균들도 슬슬 피부면역세포를 건드리면서 '이건 잽이야, 놀라지 마'라

사진 1-8 **인체 공생 세균**

(1) **무좀균 현미경 모습:** 곰팡이도 인체에 공생하고 있다

(2) **대표적인 피부 상재균S.epidermis:** 피부에 상처 나면 감염시키는 균이다. 평상시에는 다른 외부 균이 피부에 자리 잡는 것을 막는다

(3) **장내미생물 역할**

　　1. 외부 병원균 차단 2. 비타민 합성 3. 면역세포 훈련 4. 장내혈관 생성 5. 섬유소 축적
　　6. 식이섬유 발효 7. 장-두뇌 신경 조절

고 훈련시킨다. 또한 어떤 놈은 젖산을 만들어서 피부박피를 촉진시켜서 피부세포를 계속 만들게 하고 보습 역할도 한다.

유아 피부는 백지상태 캔버스다. 출생 후 24시간 후에 유아 피부 균을 조사해 보면 엄마 균이 대부분이다. 자연분만 유아는 엄마 장내 균이 유아 피부 균이 된다. 수술 분만인 경우는 엄마 피부 균이 유아 것이 된다. 피부에 자리를 잡은 균들은 서로 경쟁과 협력을 한다. 같은 균이라도 적이 되었다 아군이 되었다 한다. 피지가 많이 분비되는 피지샘에서 포식을 많이 해서 피부에 염증이 발생하면 적이 된다. 반면 젖산을 생산해서 보습도 하고 피부박리를 도와 피부가 잘 자라나도록 하면 아군이다. 항생제를 많이 먹은 사람은 장내세균 종류나 수가 적다. 장이 건강하게 활동하지 못하며 피부도 마찬가지이다. 무조건 비누로, 손 소독제로 피부 상재균을 박멸해서는 안 된다. 그들이 거기 있는 것은 나름대로 이유가 있다. 화장품 업계에서는 피부에 살고 있는 놈들이 화장품 내에서 자라서 화장품을 망치지 않는 방향으로만 신경을 써 왔다. 이제는 이놈들이 하는 일을 잘 알고 건강한 피부를 만드는 데 이놈들 힘을 빌려야 한다. 이들은 셋방 사는 사람들과 같다. 잘 지내면 내 식구처럼 도움이 되지만, 틀어지면 불구대천 원수가 된다. 결국 주인 하기 나름인 것이다.

췌장암을 혀 속 미생물로 진단하기

피부 상재균을 비롯한 인체 미생물을 총칭하여 'Human Microbiome(마이크로비옴)'이라 부른다. '—ome'은 어떤 것의 모음을 말한다. 유전자Gene를 다 모아 놓은 것을 게놈Genome이라 부르는 것과 같다. 지금 세계는 유전자 정보 시대를 지나 이제 microbiome 시대로 가고 있다. 궁금한 게 있다. 인체는 이 미생물들이 필요한 것일까. 만약에 이것들이 없다면 무슨 일이 생길까. 쥐에게서 장내미생물을 없애면 이 쥐는 제대로 살지 못한다. 먹는 것에서 에너지를 제대로 뽑아내지 못하고 면역도 정상이 안 된다. 모든 생물체에는 붙어사는 미생물들이 있다. 인간의 경우 외부에 노출된 모든 곳, 즉 소화기와 피부, 구강에는 미생물이 공생하고 있다. 이놈들이 무슨 역할을 하는지가 microbiome 연구 대상이다.

재미있는 연구가 있다. 췌장암은 암 중에서 가장 사망률이 높다. 5년 내 생존율이 10% 미만이며 조기 진단이 어렵다. 중국 연구진이 췌장암에 걸린 사람들 혀 미생물이 정상인과 다름을 밝혀냈다. 왜 혀 미생물이 달라질까. 연구진은 아마도 면역체계가 변하면서 혀 조직에 다른 물질이 생기고 여기에 붙어사는 미생물이 달라진 것이라 추측한다. 이제는 혀 미생물 종류만 확인해도 췌장암인지를 조기 진단할 수 있을 것이다. 미생물이 어떤 종류인가를 아는 방법 중에 많이 쓰는 방법은 균 특정부분 DNA(16RNA)를 읽는 것이다.

Chapter 5

방부제 없는 화장품을 꿈꾸다

: 항균과학

아침에 세수를 하는데 세면대 한쪽 벽에 검은 점들이 보인다. 곰팡이다. 벽들 사이에 바른 흰색 실리콘이 검게 변했다. 얼마 전에 깨끗이 닦아내고 그것도 모자라 락스로 씻어낸 곳이다. 그새 또 자라는 것을 보니 부아도 나지만 그 질긴 생명력에 감탄한다. 말랑말랑한 실리콘 접착제에 아예 뿌리를 내리고 살림을 차린 모양이다. 이쯤이면 접착제를 모두 떼어낸다고 해도 곰팡이와의 전쟁에서 이길 수는 없는 듯하다. 곰팡이는 인류보다도 훨씬 오래

전부터 지구상에 살고 있는 대단한 생존의 고수이기 때문이다. 그 증거는 세면대가 아니라 발가락에 있다. 아무리 좋다는 무좀약이 나와도, 그래서 맘먹고 모두 없앴다고 해도 매년 다시 생기는 무좀이 인류보다 고수라는 증거다. 무좀인 곰팡이뿐만이 아니라 같은 동료인 세균도 끈질기기는 마찬가지다. 세상은 이미 이런 미생물, 즉 너무 작아서 눈에 보이지도 않는 미물들이 뒤덮고 있다. 세면대뿐만 아니라 발가락, 입속, 대장 그리고 김치에도 있다. 그런데 요즘 화장품은 미생물 금지구역이라는 팻말이라도 세워 놓았는지 검은 곰팡이, 붉은색 세균의 흔적이 없다.

화장품은 물과 기름이 주성분이다. 두 개가 잘 섞여서 살갗에 기분 좋게 발리는 크림 형태가 된다. 피부에 자극이 적은 식물성기름, 예를 들면 올리브오일을 사용한다. 그런데 화장품은 곰팡이가 자라기에 최상의 조건을 갖추고 있다. 물도 적당히 있고 먹을 수 있는 올리브오일도 있다. 그렇다고 냉장고에 들어가 있는 것도 아니다. 아무것도 없는 세면대 벽에서도 습기와 실리콘 접착제만을 먹고 자라는 놈들이니 화장품 속은 더없는 천국이다. 게다가 손이나 얼굴에 찍어 바른다. 그러면 손과 얼굴에 묻어 있는 미생물들이 자연히 화장품에 묻게 된다. 묻었다고 별일 있으랴. 김치에도 있고 된장에도 있는 미생물이 화장 크림 속에 묻어 있은들 어떠랴. 하지만 이놈들이 오일을 먹고 자라면서 고약한 냄새를 내고 색깔도 변한다. 때로는 잘 만들어진 크림 형태가 깨져버려 쓰고 싶은 생각이 사라진다. 미생물은 화장품 '공공의 적'이다.

방부제는 불가피한 선택이다

상대편 곰팡이나 세균 등을 죽이기 위해 자기들 스스로 만들어내놓는 것이 페니실린 같은 '항생제'이다. 또 화학적으로 만들거나 식물에서 추출한 것 등 다른 물질들을 통틀어서 '항균제'라고 한다. 식품, 화장품 등에 첨가해서 균이 못 자라게 하는 것을 '방부제'라 부르나 모두 역할은 비슷하다. 화장품에는 물론 이런 방부제를 첨가한다. 화장품은 약과 달리 멸균된 용기를 사용하는 것도 아니다. 냉장 보관하는 것도 아니고 게다가 매일 열고 닫는다. 손에 있는 세균이 화장품 속으로 들어간다. 방부제가 없다면 세균이 잘 자랄 수 있는 환경이다. 이런 어쩔 수 없는 상황에선 방부제는 불가피한 선택이다. 문제는 이런 방부물질들의 부작용, 즉 피부자극성이나 독성 여부이다. 아무나 쉽게 쓰는 화장품이니 부작용이 나타나기도 그만큼 쉽다. 약은 부작용을 최소로 허용하지만 화장품은 부작용 'ㅂ' 자만 보여도 회사가 문을 닫을 만큼 그 여파가 심각하다. 화장품 제조가 보기와 달리 만만치 않은 이유이기도 하다.

'방부제 없는 화장품'이 가능할까? 답은 '가능하지만 글쎄?'이다. 우선 제일 쉬운 방법은 화장품을 멸균 상태에서 만드는 것이다. 마치 약을 만들 듯이 모든 내용물을 고온에서 멸균하고 그것을 역시 멸균된 용기에 담고 마치 치약을 짜내듯 손이 전혀 닿지 않게 사용하는 방법이다. 기술적으로는 전혀 어렵지 않다. 문제는 가격이 오른다는 것이다. 다른 방법으로는 자극이 전혀 없는 방부제를 사용하는 것이다. 이건 기술적으로 좀 어렵다. 방부제는 어떤 형태로든 세포에 영향을 준다. 천연물질이라고 해서 자극성이 전혀 없는 것도 아니다. 독이 있는 식물들이 얼마나 많은가. 또 자극이 적은 물질을 찾아도 농도가 낮아서 효과가 없을 수 있다. 결국 과학적인 측면에서 만능에 가까운 물질은 없다. 지금 상태에서는 허용 가능한 가격 범위와 허용 가능한 자극 정도를 모두 고려해서 가장 적합한 방부제를 찾는 것이 현실적인 답안이다. 물론 소비자들에게는 이런 사실을 100% 알려서 선택할 여지를 주어야 한다. 요즘 소비자들은 까다롭고 야무지지만, 그들은 과학을 이해할 수 있기 때문이다.

항생제, 항균제 무엇이 다른가

항생제Antibiotic는 미생물이 만드는 물질이다. 페니실린이 대표적이다. 한 놈이 다른 한 놈을 죽이기 위해 만들어 내는 물질이다. 페니실린은 푸른곰팡이가 다른 박테리아를 죽이기 위해서 내뿜는다. 병원에서 쓰이고 있는 항생제는 대부분 미생물, 그것도 땅속 미생물들이 만들어 내고 있다. 땅속에 대부분의 미생물이 살고 있기 때문이다. 땅 1g 속에는 약 백만 내지 1억 마리가 있다. 이놈들 사이에는 영역 다툼이 심한데 항생제를 내뿜으면서 자기 영역을 지킨다. 항생제는 비싸다. 땅속 미생물 중에서 항생제를 많이 만드는 놈을 선발해서 배양탱크에서 며칠 키운다. 이후 배양액에서 항생제만을 골라내는 비용이 만만치 않다. 항생제는 특정 균을 대상으로 하며 모든 균을 죽이는 건 없다. 이런 항생제를 많이 자주 사용하면 병원균에 내성이 생긴다. 이런 걸 화장품에 사용할 수는 없다. 화장품에는 어떤 균이 자랄지 모르기에 광범위한 균을 자라지 못하게 하는 방법이 필요하다.

항균제는 균을 자라지 못하게 하는 물질이다. 따라서 항생제도 포함된다. 항생제를 제외한 항균제만을 이야기하자. 알코올이 대표적이다. 70% 알코올로 피부를 미리 닦아내서 주사 맞을 때 피부균이 몸속으로 들어가지 않게 한다. 알코올 이외에 다양한 항균제가 있다. 어떤 물질이 어떻게 균을 자라지 못하게 할까. 항생제는 특정 부분을 막는다. 예를 들면 페니실린은 세포벽을 만들지 못하게 한다. 반면 광범위 항균제는 물리적으로 작용한다. 즉 세포막을 터트리거나 자외선처럼 DNA를 파괴시킨다. 비누도 항균 작용을 한다. 비누 성분이 미생물 세포막을 뚫고 들어가 터트리기 때문이다. 화장품에는 항균제가 필요하다. 화장품 성분이 미생물이 자라기 딱 좋은 환경이기 때문이다. 마치 가공식품에 방부제가 들어가는 것과 같다. 물론 적정량을 사용하면 먹어도 상관없는 정도다. 화장품 방부제도 마찬가지, 즉 피부에 해가 없는 성분, 독성이 없는 범위 내에서 사용되어야 한다. 그래도 미생물, 즉 살아 있는 놈을 죽이는 물질이 화장품에 들어가 있고 그걸 얼굴에 바른다고 하니 찜찜하다. 게다가 종종 방부제 성분이 발암요인이 된다는 보고도 있어서 께름칙하다. 방부제를 천연성분으로 바꾸는 방법이 없을까. 어떤 회사에서는 한약에 쓰이는 성분을 화장품 방부제로 적용하기도 한다.

여기에서 짚고 넘어가야 할 점이 있다. 만약 한약에서 특정 성분이 많이 들어간 방부제를 만들었다고 하자. 그건 안전할까. 아니다. 한약에서 나왔건 버섯에서 나왔건 어떤 형태로든 상태가 변했으면, 즉 농축되거나 일부만을 뽑아냈으면 그건 먹는 한약, 먹는 버섯과는 다른 상태가 된 것이다. 상태가 변하면 다시 독성검사를 해야 한다. 천연물이나 약초에서 나왔다고 모두 안전한 건 절대 아니다. 사용하는 농도, 대상에 따라 독성이 다르기 때문이다. 반대로 화학 합성한 물질이 모두 나쁘다고 생각하는 것도 잘못이다. 같은 비타민C라도 과일에서 추출한 것과 합성한 것은, 제대로 합성했다면 같은 물질이라고 볼 수 있다. 합성 비타민C가 천연보다 독하다는 건 잘못된 생각이다. 따라서 합성물질이라도 독성검사에서 이상이 없다면 천연물과 같이 사용할 수 있다.

최근 민간에서는 천연화장품을 만드는 것이 유행이다. 이 경우 항균제를 사용하지 않을 수 있다. 즉 항균제는 장기간 보존하는 경우에는 필수다. 만약 그때 만들어서 즉시 사용한다면 항균제, 즉 방부제는 필요하지 않다. 가장 바람직한 경우다. 집에서 화장품을 만드는 건 간단하다. 필요한 원료를 섞고 크림형태 혹은 로션형태로 믹스하면 된다. 장점은 바로 사용하니 보존제가 필요 없다는 점, 단점은 장기간 보관을 못한다는 점이다. 만들어서 냉장고에 놔둔다고 했을 때도 장담을 못 한다. 균은 냉장고에서도 자라기 때문이다. 다만 늦게 자랄 뿐이다.

결론은 이렇다. 항균제 없이 화장품 만들기 쉽지 않다. 1회용 화장품이 아니면 개봉 이후 균에 노출된다. 결국 항균기능을 하는 무언가가 들어가야 한다. 다만 그 항균제가 피부에 자극 없고 위험성이 없으면 된다. 그것이 천연물이건 화합물이건 안전성이 검증된다면 상관없다.

'동굴에서 곰과 호랑이에게 100일간 쑥과 마늘을 주면 무엇이 태어나지요?' 주부들은 '웅녀가 아닌가?' 하며 너무 쉬운 문제에 의아해한다. '답은 미백화장품입니다' 주부 대상 화장품 강의에서 사용했던 난센스 퀴즈다. 햇빛을 못 보는 상황에서 항산화 성분이 풍부한 쑥과 마늘을 먹으니 얼굴이 검던 곰이 하얀 피부가 되었다는 우스갯소리다. 하지만 실제로 100일간 동굴에서 마늘만 먹으면 당연히 흰 얼굴이, 아니 눈부시게 하얀 얼굴이 된다. 그만큼 햇빛은 피부색을 검게 변화시키는 가장 강력한 원인이다.

20만 년 전, 아프리카에 살던 현생 인류의 조상인 호모사피엔스가 세계 각국으로 이주를 했다. 당시 아프리카에 살던 조상은 지금처럼 흑인이었다. 이는 강렬한 태양 아래서 피부 DNA를 보호해서 살아남는 방법이 검은색 피부였기 때문이다. 하지만 유럽으로 이주한 흑인들에게는 더 이상 검은 피부가 도움이 되지 않았다. 태양이 강하지도 않고 일 년에 해가 쨍한 날이 손에 꼽을 정도였기 때문이다. 당연히 피부는 검정 멜라닌을 만들지 않아도 되었다. 결국 아프리카를 떠나 유럽으로 이주한 조상들은 약한 태양 덕에 흰 피부가 되었다.

반면 남아 있는 흑인들은 그대로 검은 피부이고 아시아로 이주한

화장품 유통기한

우유에는 유통기한이 있다. 그 이후로는 판매가 금지된다. 화장품도 유통기한이 있어야 맞다. 하지만 식품처럼 강제규정은 없다. 화장품은 밀봉 당시 최대한 균이 자라지 못하도록 조치되어 있다. 방부제를 첨가한 경우도 있고 아예 멸균을 한 경우도 있다. 일단 개봉하면 이 사람 저 사람 손에 노출되면서 균과 접촉해 균이 자랄 확률이 있다. 제품에 따라 균이 자랄 확률이 다르다. 눈에 바르는 화장품은 6개월, 기초화장품은 12개월, 기타 메이크업 제품은 18개월이다. 식약처는 성분 중에 쉽게 변질되는 물질, 예를 들면 비타민C, 레티놀, 효소 등이 들어 있으면 유통기한을 표시하게 했다. 식품은 유통기한 이후에 사용하면 처벌받는다. 반면 화장품은 자율규약이다. 화장품에 균이 자란 상태로 사용된다면 위험하다. 특히 눈 같은 예민한 부위는 더욱 그러하다. 균은 억제하고 피부에는 문제가 없는 방부제가 가장 필요한 시점이다.

항균, 항생기능 검사 방법

플라스틱 접시에 배양액을 젤리 형태로 만들고 그 위에 대상 균을 넓게 배양한다. 이때 종이 디스크에 항균, 항생물질을 종류별로 물에 녹여 올려놓는다. 시간이 지나면 사진처럼 노란색(균에 따라 다르다) 균이 자란다. 종이에 묻어 있는 물질이 스며 나온다. 항균성이 있으면 균이 자라지 못하고 그 부분이 투명하게 보인다(사진 1-9).

사진 1-9 **항균기능 검사하는 배양접시**

방부기능이 있는 식물, 금송화

금송화 성분 중에는 방부기능, 즉 미생물을 자라지 못하게 하는 항균기능이 있다. 천연물 속 성분은 항생제라 하지 않는다. 금송화에서 방부물질을 추출해서 화장품에 첨가할 수 있다. 추출은 뜨거운 물, 에탄올로 한다. 이걸 건조시키면 걸쭉한 추출물이 나온다. 대부분 천연추출물에는

사진 1-10 **금송화**

식물 속 당 성분이 많아서 걸쭉하다. 한 단계 더 가공할 수도 있다. 이런 추출물이 100% 안전한 건 아니다. 더구나 식용으로 사용하지 않는 원료는 확실히 안전성을 검사해야 한다.

Chapter 6

인간을 닮은 미백화장품을 만들다

: 피부진화

호모사피엔스는 중간인 갈색이 되었다. 장기간에 걸친 진화의 결과가 세계인의 피부색을 달리 만들었다. 피부색은 이런 의미에서 자연적인데 검은 피부가 자연에서 살아남기에는 더욱 유리하다.

하지만 피부색은 사람들에게, 특히 흑인에게 많은 상처를 남겼다. 흑백 갈등의 원인은 단순히 피부색만이 아니다. 산업혁명으로 먹고살기가 좋아진 유럽 사람이 아프리카 흑인들을 노예로 들여오면서 문제가 시작되었다. 검은색 피부가 멸시와 천대를 받는 원인이 된 것이다. 오랜 시간 동안 계속되던 이 비틀림 현상은 흰 피부를 동경하는 방향으로 선회했다. 한韓민족이 백의민족이라서 흰 피부를 좋아하는지, 아니면 잘 살던 유럽인이 흰 얼굴이어서 하얀 피부를 선망하는지는 분명치 않다. 중국 미인의 기준은 '흑안세요설부黑顔細腰雪膚', 즉 검은 눈, 가는 허리, 눈같이 흰 피부이다. 15세기 유럽에 흑인 노예가 들어왔으니 이보다 훨씬 전부터 중국인들은 '미인은 백색 피부'라고 했다. 흰 피부를 가지고 싶어 하는 마음은 미백화장품을 여인들 쇼핑리스트 맨 위에 올려놓았다. 그런데 미백화장품 원리는 간단하다.

사진 1-11 **고도에 따른 피부색소 형성**

햇볕이 강한 지역에 사는 인종이 검은 피부색을 가진다. 자외선 강약 차이가 인류 피부색의 차이를 만들었다는 반증이다

미백화장품은 멜라닌색소 형성을 억제한다

　멜라닌색소가 만들어지고 피부에 퍼지는 과정을 막으면 된다. 지금껏 가장 많이 연구된 부분은 색소를 만드는 일꾼인 '타이로시네이즈 효소'를 멈추게 하는 방법이다. 버섯에서 쉽게 구할 수 있는 이 효소를 사용해서 어떤 소재가 멜라닌 생성을 방해하는지 간단히 실험해 보면 된다. 이렇게 쉬운 실험 덕분에 이 방법이 대표적인 미백소재 선발 방법이 되었다. 하지만 이것보다 훨씬 많은 종류의 미백제가 개발되고 있다. 필자의 연구실에서도 미백소재를 찾는다. 그런데 미백소재를 찾을 때 가장 고려해야 할 점은 새로운 소재가 몸에 나쁜 영향을 줄지도 모른다는 점이다. 또한 실험실에서의 효과가 실제 사용했을 때 잘 적용되지 않을 수도 있다는 문제도 있다. 좀 더 안전한, 그러면서도 효과적인 방법은 없을까?

　요즘 자연 기술을 그대로 모방하는 연구가 한참이다. 무엇을 모방하면 백인과 가까운 피부가 될 수 있을까? 등잔 밑이 늘 어둡다. 답은 백인이다. 백인은 지금까지 큰 문제 없이 잘 지내왔다. 백인의 흰 피부를 타깃으로 하는 미백제가 안전하고 효과적인 게 아닐까? 어떤 부작용이 생길지 모르는 처음 써보는 소재보다는 적어도

사진 1-12 인종 간 피부색 차이:멜라노솜 차이

(A) 멜라닌이 만들어지는 신호경로:자외선이 각질세포에 닿으면 멜라닌 자극 호르몬 MSH이 수용체MC1R에 달라붙는다. 여기서 발생한 신호에 따라 타이로신으로부터 유멜라닌, 페오멜라닌이 만들어진다

(B) 인종별 피부색 차이:아프리카 흑인은 검은색 유멜라닌이 많게, 유럽인은 갈색 페오멜라닌이 적게 만들어진다

확실한 증거, 즉 백인이 있다. 그런데 백인과 흑인 피부색 차이는 무엇일까? 멜라닌 만드는 세포 수가 다른 것도 아니다. 차이는 '멜라노솜'이라는 색소공장 주머니이다. 즉 백인은 작은 주머니에, 갈색 계열의 멜라닌이 차 있고 널리 퍼지지 않는다. 그래서 백인은 얼굴이 희고 모발도 금발이 많다. 즉, 유럽으로 옮겨간 아프리카 선조들이 햇빛이 적은 그 지역에 적합하도록 진화한 까닭이다. 수

십만 년간 진행된 인류 피부색 진화의 비밀을 풀어서 가장 인간적이고 자연적인 미백화장품을 만들 수 있지 않을까 기대한다.

Chapter 7

화장하는 뇌를 들여다보다

: 뉴로 사이언스

의대 신입생들이 제일 두려워하는, 그래도 가장 해보고 싶은 수업은 시체 해부다. 시신에 대한 묵념이 끝나고 하얀 천을 벗겨내면 거기 해부용 시신이 있다. 해부를 시작하라는 교수 말에도 그들은 머뭇거린다. 이때 옆에 있던 선배 조교가 쓱 나서면서 해부용 칼로 얼굴 피부를 착착 벗겨낸다. 그제야 신입생들이 하나둘 앞으로 다가선다. 그들을 머뭇거리게 한 것은 누워 있는 시신이 교육용 물체라기보다는 '누구'라는 생각 때문이다. 옆집 아저씨이기도 하

사진 1-13 **화장하는 여인(헨리 드 툴루즈, 1864~1901)**

고 어제 슈퍼에서 보았던 할아버지 같기도 해서이다. 하지만 얼굴 피부가 없어지자 그 '누구'가 사라졌다. 이처럼 얼굴 피부는 바로 '그 사람'이다. 우리는 얼굴을 보고 그가 아랫집 남자인지, 오랜 친구인지 안다. 반대로 누군가 나를 알아볼 때도 내 얼굴을 보고 인사를 한다. 또 소개팅을 할 때도 첫인상이 중요하다면서 어떤 얼굴 모습이어야 상대방 마음에 점을 '콱' 찍어놓을까 고민한다. 그래서 얼굴은 소통의 창이다. 즉 얼굴은 '걸어 다니는 광고판'이다.

광고판에 무슨 그림을 그려 넣을까 수시로 고민을 한다. 이 점에선 남녀노소가 다르지 않다. 가능하면 멋있게 이왕이면 어리게 보이고 싶다. 그래서 늘 거울을 보면서 아이라인을 확인하고 마스카라를 손본다. 같은 얼굴이라도 눈 부분이 짙어 보이면 좀 더 여성적이고 도발적으로 보인다며 마스카라에, 아이라인에 수시로 손이 가기도 한다. 그런데 흰 도화지에 그림을 그리듯 화장하는 사람은 무슨 생각을 하고 있는 것일까?

화장을 하는 여자들의 뇌에는 어떤 변화가 있을까? 실제로 일본 가네보 연구팀은 뇌과학자와 공동연구를 통해 화장하는 사람 뇌를 '기능성 MRIfMRI'로 실시간 모니터링했다. 그 결과 세 가지 사실을 확인했다. 첫째로 다른 사람을 쳐다볼 때 반응하는 뇌 부위가 화장할 때도 같이 활성화되었다. 즉 화장을 시작하려고 거울을 보는 순간, 거기에 있는 '또 다른 나'를 '타인처럼' 바라본다는 것이다. 마치 '거기 서 있는 당신은 누구세요'라고 묻듯이 멀리에서 나를 바라보는 것이 화장할 때의 심리이다. 화장은 내가 바깥 사람들과 소통하는 것과 같은 기분을 준다. 둘째, 화장을 한 사람은 다른 사람을 쉽고 친근하게 대한다. 화장은 소통에 자신감을 준다는 해석이다. 셋째, 화장은 만족 호르몬인 도파민을 분비한다. 립스틱을 입술에 바르면서 나는 나를 '김태희'로 보기 시작한다. 처음 립스틱을 바르는 순간 여자는 최고의 희열을 느낀다.

화장할 때 행복 호르몬이 분비된다

뇌에서는 도파민이 분비된다. 도파민은 행복할 때 뇌에서 분비되는 호르몬이다. 또한 마약, 술, 도박을 하거나 담배를 피울 때도 행복 호르몬인 도파민이 철철 넘친다. 최근에는 초콜릿을 먹을 때에도 도파민이 나온다는 연구가 있어서 밸런타인데이에 연인에게 주는 선물의 대명사가 되었다. 조지아 건강대학원 연구에 의하면 초콜릿을 먹는 것뿐만 아니라 먹는 것을 상상하는 것만으로도 도파민이 생성된다. 화장하는 여자도 뇌에서 같은 일이 일어난다. 화장대 거울 앞에 '흰 도화지 상태'의 내가 있다. 립스틱을 들고 김태희로 변할 나를 상상하는 것만으로 나의 뇌는 마약을 맞은 것처럼 이미 뿅 간 상태가 된다. 시작도 하기 전에 이미 김태희가 되었다면 화장을 마친 나는 벌써 백설공주가 되어 있는 것이다.

화장을 하고 나온 여자와 데이트를 하는 남자는 따라서 백설공주를 깨우는 왕자와도 같다. 동화처럼 키스만 해주면 된다. 하지만 키스를 했다간 뺨을 맞겠다는 판단이 들면 놀이공원에 가서 롤러코스터를 타자. 공포심도 도파민을 방출한다. 무서워서 가슴이 두근거리는 것을 상대방이 좋아서 설레는 것으로 착각하게 해준다.

사진 1-14 **뇌의 중독회로**

복측피개영역(1)-중격측좌핵(2)을 연결하는 쾌
락회로에는 도파민이 흐르고 전전두엽(3)과 연
결되어 있다

롤러코스터에서 내려오면 자연스레 손을 잡고 가게 된다. 사랑의
기술에도 가끔 과학의 마술이 필요한 이유다. 과학적인 의미에서
화장은 중독되지 않는 마약이다. 마음껏 자주 즐겨야 한다.

쾌락회로 Pleasure Center

동물 뇌에는 '쾌락회로'가 있다. 쥐의 그곳에 전극을 꼽고 쥐에게 전극 스위치를 주면 시간당 700번씩 먹지도 않고 하루 종일 그곳만 누른다. 1954년 캐나다 맥길 대학에서 발견한 두뇌의 이 '쾌락회로 Pleasure Center'가 '중독회로'다. 이곳은 인간의 진화를 위한 중요한 부위다. 종족 번식을 위해서는 짝 짓기가 즐거워야 한다. 섹스가 쾌락으로 발전한 이유다. 이 쾌락회로는 도파민에 의해서 돌아간다. 즉 섹스의 물리적 행위가 두뇌에 전기신호로 전달되면 그 신호를 받은 뇌 '측좌핵' 부분이 도파민을 만든다. 이 도파민이 인간을 황홀하게 만든다. 따라서 섹스는 몸이 하는 게 아니라 두뇌가 하는 셈이다.

이 회로를 움직이는 물질들을 인간이 찾아내고 만들어 냈다. 담배와 마약이다. 쉽게 접해서 금방 쾌락이 오면 그게 중독의 시작이다. 도파민은 사람을 행복하게 만든다. 몇 년 동안 고생해서 만든 작품이 완성되는 순간에도 도파민은 나온다. 화장이 중독을 일으킬까. 어떤 행위가 중독인지 아닌지 여부는 다음 세 가지 방법으로 판단한다. 쉽게 끊을 수 있는가, 끊었을 때 금단증상이 나타나는가, 같은 쾌감을 얻기 위해 양을 늘려야 하는가이다. 화장은 어떤 경우에도 해당되지 않는다. 화장은 중독되지 않고 사람을 행복하게 만드는 묘약인 셈이다.

Chapter 8

화장하는 남자,
그루밍족

: 성 호르몬

학교 복도에 한 남학생이 지나가는데 향수 냄새가 진하게 풍긴다. 이건 면도 후의 간단한 스킨 정도가 아닌 아주 진한 향수이다. 어떤 녀석인가 고개를 돌렸더니 '아뿔싸' 얼굴도 화장을 했는지 연극배우 분장에 가깝다. 게다가 패션도 남자인지 여자인지 구분이 안 갈 정도로 화려하다. '아, 드디어 '그루밍족'을 공과대학에서도 만나는구나' 감탄이 앞선다. 군복 상의를 검게 물들여서 입고 다니는 것이 대학생 특권이자 상징이었던 시대가 1980년

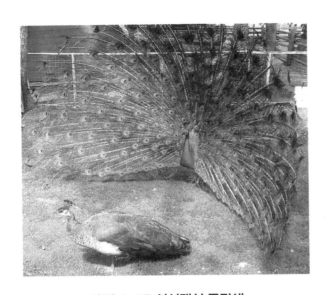

사진 1-15 **성선택설:공작새**

수컷 공작새는 화려한 깃털로 암컷을 유혹한다. 화려한
깃털이 살아남기에는 별로 도움이 안 되지만 암컷에게
선택되어야 후손에게 자기 DNA를 전달할 수 있다

무렵이다. 게다가 공과대학 경우는 계속되는 밤샘 실험으로 노숙자 패션으로 강의실에 들어오는 것이 당연했던 것이 1980년대 모습이었다. 이런 향수에 젖은 7080세대에게 외모와 패션에 투자를 하는 '그루밍Grooming족'이 낯설다. 하지만 20대들에게는 이런 7080세대가 오히려 '고리타분'하다. 그리고 이제 남자가 화장해야 하는 시대가 왔음을 당당히 알린다. 실제로 국내 남성 화장품

시장은 1.4조 원으로 급성장 중이다.

　동물의 세계에서는 수컷이 화려하다. 화려한 깃털을 가진 수컷 공작에 비해 암컷은 논에 있는 종달새처럼 수수하다. 수꿩인 장끼의 울긋불긋한 깃털은 사냥꾼 모자에 늘 꽂혀 있을 만큼 아름답다. 하지만 암꿩인 까투리는 밋밋한 패션으로 장에 나온 시골 아낙네 모습이다. 동물 수컷은 화려해야 암컷의 눈을 끌 수 있다. '님을 봐야 뽕을 딴다'고 상대방 눈을 끄는 데에 할 수 있는 모든 노력을 한다. 그다음에는 춤과 같이 암컷의 환심을 살만한 행동을 한다. 암컷 맘에 들어야만 짝짓기를 통해서 자손을 퍼트릴 수 있기 때문이다. 임신할 수 있는 능력을 가진 암컷이 칼자루를 쥐고 있으니 당연히 수컷이 화려하게 화장해서 잘 보여야 한다. 그런데 인간은 왜 거꾸로 여자들이 화장하는 것일까? 여성들만이 임신하는 것은 분명한데 지금 남자들은 무슨 배짱으로 여성을 선택해서 씨를 퍼트릴 수 있다고 자신하는 것일까?

　인간들이 사냥을 해서 먹고살던 시절에는 남자들이 밖으로만 돌아다녔다. 하지만 농경 시대에 접어들면서 한곳에 정착해 살기 시작했다. 농사를 짓게 되면서 남자들이 힘을 쓰기 시작했다. 여성들은 남성에게 의존할 수밖에 없는 상황이 되면서 남성 위주의 문화가 형성되었다. 경제권을 쥔 남자들에게 선택을 받아야 하는 여성들이 화장을 시작했다는 것이 문화학자들 생각이다.

남성 화장 시대가 다가온다

하지만 이제 슬슬 세상이 바뀌고 있다. 전투기 조종사 같은 남자들만의 세계였던 곳에도 여자들이 들어서기 시작했다. 생물학적으로도 여성의 두뇌가 먼저 발달한다. 게다가 남자아이들은 게임, 놀이에 빠져 노는 사이에 죽어라고 공부한 여자들이 학교 성적 1, 2등을 모두 차지한다. 술 먹고 군대 다녀오는 사이에 여자 대학생들이 시험이란 시험은 모두 휩쓴다. 안정적인 직장인 공무원, 교사는 모두 여성들이 우세하다. 하다못해 골프에서도 한국 여자골퍼들이 세계를 주름잡고 있다. 경제권을 가진 여성들이 늘면서 이제 남성들은 사면초가이다. 동물의 세계에서 가장 중요한 경쟁력은 자식을 낳을 수 있는 능력이다. 자식을 낳을 수 있는 여성들이 경제권마저 획득한다면 남성들은 할 수 있는 것이 없다. 남성이 자식을 나을 수 있는 정자를 제공할 수 있다고? 하지만 그

것은 이미 꿈이다. 여성들은 정말로 자식이 필요하면, 결혼하지 않고도 '정자은행'을 통해서라도 자식을 가질 수 있다. 말썽만 피우는 남성들은 귀찮은 존재가 되어버린 것이다. 정말 여성 시대가 도래한 것일까? 남성이 화장을 해서라도 여성의 선택을 받아야 하는 시대가 된 것일까?

이것저것 곰곰이 생각해 보면 화장을 하고 외모에 신경을 쓰던 그루밍족 남학생이 선견지명이 있다. 인간만이 유일하게 여성이 화장을 했던 동물이었다면 이제는 남성도 다른 동물처럼 화려하게 치장을 하는 '정상적인 동물'의 세계 일원이 된다는 것을 그 남학생이 미리 점치고 있었기 때문이다.

하지만 이런 생물학적, 문화적 이유를 모두 이해한다 해도 나는 아직도 그루밍족이 낯설다. 진한 향수, 모델 같은 패션 그리고 백옥 같은 얼굴의 그루밍족에 고개를 돌린다. 반대로 밤잠 못 자서 부석부석한 얼굴이지만 힘들여 얻은 실험데이터에 '싱긋' 미소 짓는 '투박한 남자'가 좋다. 나는 역시 '7080 고리타분형'인가 보다.

남성 전용 화장품이 필요할까

이 질문보다 먼저 나올 질문은 남성 피부가 여성과 다른가이다. 다르다. 남성은 남성 호르몬(안드로겐)이 높아서 피부가 25% 더 두껍고 거칠다. 사춘기를 지나면서 차이는 극대화된다. 피부 콜라겐은 초반에는 남성이 많다. 30세 이후 남녀 모두 매년 1%씩 콜라겐이 줄어든다. 여성이 폐경 이후로 콜라겐 분해 속도는 급증하고 이후 콜라겐 감소 비율은 2% 정도를 유지한다. 남성은 호르몬 차이로 수염이 자라게 된다. 또한 2배 많이 땀을 흘리게 되며 땀 속에 젖산(latic acid)이 많이 함유되어 있다. 젖산은 보습기능이 있어서 남성이 여성보다 피부 수분이 많은 편이다. 이런 이유로 남성의 피부가 건강 면에서 유리하다 할 수 있다. 하지만 피지선이 더 발달되어 피지선 관련 문제인 여드름이 더 많이 생긴다. 이런 생리학적 차이에 기반을 둔 남성 전용 화장품이 개발 중이다.

다윈 성선택설

어떤 종이 살아남고 진화할까. 적자생존(適者生存)이 중심학설이다. 하지만 더 정확하게 구분하면 성선택(性選擇)이 더 중요하다. 즉 진화가 되려면 먼저 돌연변이가 발생해야 한다. 또한 그 돌연변이종이 환경에 더 적합해야 한다. 더 중요한 게 있다. 그런 돌연변이종이 후세에 전달되어야 한다. 즉 돌연변이 수컷, 암컷이 상대방에게 선택되어야 한다. 새끼를 낳는 것이 암컷이므로 암컷이 돌연변이 유전자를 가졌다면 어떤 수컷이든 돌연변이 유전자가 후세에 전달될 확률은 최소 50%이다. 반면 수컷에게 생긴 돌연변이는 암컷을 만나야 전달된다. 결국 이것이 새끼를 낳는 암컷이 열쇠를 쥐고 수컷을 선택하는 이유이고 수컷이 치장해야 하는 이유이기도 하다.

PART
II

피부, 바이오로 변신하다

Chapter 1

삭힌 홍어를
피부에 바른다면?

: 발효화장품

발효화장품이 상한가이다. 하지만 발효가 그리 녹록지 않음을 알려준 사건이 있었다. 교대역 사거리에 있는 K한정식 집은 저녁에는 빈 방이 별로 없다. 그렇다고 음식이 특별하진 않고 저렴한 가격으로 그나마 손님이 유지되는 것 같은 보통 한식집이었다. 하지만 이 집 음식에 대한 저평가를 한 번에 뒤집는 사건이 있었다. 그날따라 여주인이 튀김 한 접시를 직접 들고 왔다. '원샷' 하라는 주인장 익살에 일행 중 한 사람이 튀김을 입에 가벼이 넣었

사진 2-1 호기성호흡과 혐기성 발효

산소가 있으면 포도당이 이산화탄소, 물이 되는 호기성 단계가 된다. 하지만 산소가
없는 상황에서는 젖산(요구르트), 에탄올(동동주)이 만들어지는 혐기성 발효가 된다.
포도주를 놔두면 시어진다. 이는 포도주에 미생물이 들어가서 산소와 함께 에탄올
을 식초(아세트산)로 만들기 때문이다

다. 다음 순간, 뜨거운 감자를 입에 문 사람처럼 뱉지도, 먹지도
못하고 숨만 헉헉거리는 안타까운 모습이 되었다. 그 광경에 '멍'
하고 있는 사이, 남자의 승부욕을 부추기는 듯, 여주인의 날렵한
손이 문제의 튀김과 함께 나에게로 왔다. 생선전 정도 크기이지
만 무엇이 안에 있는지는 모르는 튀김을 입에 덥석 물었다. 뜨거
웠다. 동시에 전기처럼 코를 찌르는 암모니아 냄새로 숨을 쉴 수
가 없었다. 혀에는 뜨거운 철판이 달라붙고, 코에는 고춧가루가

날리듯, 정신이 아득했다. 하지만 호기심 어린 일행들 눈앞에서 차마 뱉지는 못하고 숨만 겨우겨우 내몰았다. 튀김은 삭힌 홍어였다. 돼지고기, 쉰 김치와 함께 먹는 삼합 메인요리다.

하지만 밀가루 튀김으로 겉모습을 감추고 뜨거움마저 그 속에 숨겨 놓았다. 멋모르고 삼킨 사람들은 삭힌 홍어에서 뿜어져 나오는 뜨거운 암모니아의 호된 맛을 평생 잊지 못할 것이다.

삭힌 홍어에 대한 사람들 반응은 둘 중 하나다. 삼키거나 뱉거나이다. 내장을 떼어낸 홍어를 한 달 정도 서늘한 독 안에 묻어두면 홍어가 삭는다. 이른바 발효가 된다. 어떤 식품이 발효식품인가 아닌가는 생성된 성분이 이로운가 해로운가에 달려 있다. 못 먹을 정도로 고약하다면 심정적으로는 부패된 음식처럼 느껴진다. 삭힌 홍어를 뱉어낸 사람에게그 홍어는 발효제품이 아닌 부패식품이다. 그런데 발효인가 부패인가를 결정하는 것은 어떤 재료인가 어떤 미생물이 관여하는가이다. 김치는 배추를 원료로 사용한다. 함께 버무린 젓갈 속 유산균이 김치 국물 속 시원한 젖산을 만든다. 또한 메주를 매단 지푸라기에 있던 균이 콩 단백질을 잘게 부수어서 된장을 만든다. 김치나 된장은 몸에 좋은 것들이기에 우리는 이를 발효식품이라 부른다.

모든 발효가 안전한 건 아니다

같은 메주라 해도 만드는(담그는) 방법에 따라 메주 표면에 푸른 곰팡이가 끼기도 한다. 이것은 독소이기 때문에 떼어내지 않으면 안 된다. 이처럼 발효식품은 전통적으로 해왔던 방법이 아니라면 다시 검증을 해야 한다. 발효화장품 연구도 마찬가지이다. 즉, 새로운 방법으로 만든 발효화장품 소재라면 그 방법과 안전성, 효능을 다시 검증해야 한다. 발효가 몸에 좋다고 하니 발효물질에서 새로운 소재를 찾아서 기능성 식품, 기능성 화장품을 만들려는 연구가 곳곳에서 열풍이다. 화장품을 만들기 위해서는 작은 분자일수록 피부침투가 더 쉬워진다. 발효 미생물 분해효소에 의해 잘게 부서진 원재료는 분자량 크기가 작은 물질로 변한다. 덕분에 피부 흡수율이 늘어난다. 통상 분자량 500달톤 이하면 피부를 잘 통과한다.

발효는 이미 있던 물질에서 새로운 물질을 만든다. 쌀에는 없던 알코올이 누룩 발효에서 생긴다. 발효를 통해 새로운 화장품 소재를 만들 수도 있지만 아직은 조심스럽다. 발효식품이라면 일단 안전하다. 우리가 늘 먹어왔던 발효제품은 건강에는 좋은 것으로 이미 오랜 기간 검증된 셈이다. 대부분 안전하다고 판명되었지만 그건 음식으로 먹었을 때의 이야기다. 이 성분들이 직접 피부에 침투하면 어떤 반응을 보일지는 반드시 검증되어야 한다. 교대사 거리 한정식 집 삭힌 홍어튀김은 그냥 꾹 참고 삼키면 되는 발효 식품이다. 하지만 이 홍어 삭힌 것을 피부에 그냥 바르면 무슨 일이 생길지는 아직 모른다. 식품은 먹어서 속이 한 번 불편하면 그 만이지만 피부는 화장품 소재에 극히 민감하다. '피부 알레르기'라는 이름으로 오래 기억에 남을 수도 있는 것이다. 전통을 이용한 발효화장품에도 첨단 과학이 필요한 이유이다.

막걸리 한 잔으로 힘을 낼 수 있는 이유

발효라고 하면 떠오르는 건 술이다. 동동주는 찹쌀을 누룩으로 발효시킨다. 찹쌀 속 전분(녹말)을 누룩 속 곰팡이가 분해한다. 누룩은 여러 종류의 미생물을 모아 놓은 덩어리다. 수십 종 미생물을 메주 같은 곡물덩어리에 섞어서 키운다. 이걸 선선한 곳에 보관했다가 사용한다. 조금씩 떼어내서 다시 섞어 키우면 계속 배양과 보관이 가능하다. 물론 장기보관이 가능해서 대대로 사용하기도 한다. 발효는 당(혹은 다른 영양소)을 분해할 때 산소가 없는 상황에서 일어나는 분해과정이다. 녹말이라면 아밀라아제에 의해 사슬 당으로, 이후는 다른 효소에 의해 기본 당인 포도당으로 분해된다. 포도당이 산소가 있는 상황에서 분해되면 이산화탄소와 물, 에너지가 나온다. 즉 우리가 숨을 쉬면 산소가 세포에 공급된다. 혈액을 통해 들어온 산소가 세포 속 포도당을 분해하면 물, 이산화탄소, 에너지가 나온다. 이게 숨을 쉰다는 호흡Respiration이다. 우리가 밥을 먹으면 힘이 나고 이산화탄소가 날숨으로 내뱉어지고 또한 오줌이 만들어지는 원리이기도 하다. 곰팡이 같은 미생물도 같은 방식으로 먹고 살아간다.

사진 2-2 쌀과 효모를 발효시키는 일본 청주(사케)공장.
화장품 소재 피테라가 태어난 곳이기도 하다

다시 동동주 이야기로 돌아가 보자. 찹쌀이 들어오면 누룩 속 곰팡이가 잘라내 분해과정을 거친다. 만약 공기를 불어넣어 주면 곰팡이는 동동주를 만들지 못한다. 대신 에너지를 생산해서 자라나고 곰팡이 수가 늘어날 것이다. 반면 안방에 고이 모셔두면, 즉 공기를 공급하지 않는 상황이면 발효를 한다. 이때 최종 산물이 이산화탄소, 물이 생기는 게 아니고 중간 단계에서 알코올(에탄올)로 변한다(사진 2-1 참조). 포도당 속 에너지가 모두 이산화탄소와 물로 변하지 않았으니 그 에너지는 알코올에 저장되어 있다. 즉 술은 실제 분해하면 에너지가 나온다. 술 힘으로 일을 한다는 이야기는 과장이 아니다. 맥주에도 알코올이 4% 있다. 맥주를 마시면 밥 먹은 것처럼 배에 살이 붙는 이유다. 막걸리, 메주, 김치, 요구르트 등 발효식품은 식품 성분, 즉 탄수화물, 단백질, 지방 등이 완전히 분해되지 않는 중간 분해물이다. 여러 가지 중간물질이 나온다. 여기에 좋은 물질들이 있을 수 있다. 발효화장품은 이런 물질을 사용한다.

술 공장에서 태어난 피부소재, 피테라Pitera

SK-II 피테라가 유럽, 중국에서 주름 방지 효과로 인기다. 무엇보다 술 만드는 효모에서 생산된 발효 소재로 일본 교토 한 청주회사가 만들었다. 1976년 야나기 박사는 청주 공장에서 일하는 사람들 얼굴엔 주름이 많아도 손은 보드라운 것을 발견한다. 술 속 어떤 성분이 피부를 부드럽게 만드는 것이다. 그는 수년간 350종 효모를 조사해 '피테라'라는 성분을 찾아냈다. 피테라는 효모배양액이다. 그 안에는 단백질, 아미노산 등 50종 이상의 다양한 성분이 들어있다. 현재 일본 SK-II 주요 화장품 소재로 판매되고 있다.

Chapter 2

메주, 피부를 지키다

: 바이오피부소재 제조펍

된장은 전통식품이다. 전통이란 말은 오랜 기간 많은 사람들이 즐겨 먹었다는 이야기다. 의학적으로는 수천만 명이 수십 년간 먹어왔고 몸에 좋다는 걸 증명해 온 셈이다. 그것이 전통식품에 과학자들이 눈을 돌리는 이유다. 화장품 과학자들이 가장 신뢰하는 원료는 많은 사람들이 오랫동안 사용한 건강식품이다. 그 안에 무엇인가 있을 것이라는 기대에서다.

된장은 콩을 삶아서 그곳에서 균이 자라도록 해서 만든 전통음

사진 2-3 **처마 밑에 매달린 메주**
짚에 묻어 있던 고초균이 메주 내 단백질을 발효시킨다

식이다. 균을 따로 집어넣지 않아도 된다. 삶은 콩을 메주 형태로 네모나게 만들고 짚으로 둘러싸서 천장에 매달아 놓으면 된다. 짚에 붙어 있는 많은 균 중에서 콩을 제일 잘 먹고 자라는 녀석인 고초균Bacillus이 콩을 메주로 발효시킨다. '고초枯草'란 오래된 풀이란 의미이다. 이 균이 메주 내에서 자란다. 물론 경우에 따라서는 불청객인 곰팡이들이 메주 표면을 덮지만 그건 긁어내면 된다. 콩 성분을 잘게 자르거나 유용한 성분으로 변환시키는 발효과정이 의약계 관심을 끌고 있다. 발효과정 중에서 항암 성분인 리놀레인산이 생기기 때문이다. 매일 된장을 먹는 것이 암 예방에 좋은 이유는 바로 발효과정에서 나온 이런 좋은 물질 때문이다.

발효는 새로운 물질을 만든다

사진 2-4 **특정 물질 분리 기술(예:칼럼 크로마토그래피 기술)**

고체와 달라붙는 성질이 서로 다른 2개 물질을 고체분말 속에 넣는다. 고체에 많아 달라붙는 놈(노란색)은 적게 달라붙는 놈(빨간색)보다 늦게 이동한다. 결국 액체로 이동시키면 두 개가 분리된다. 이 원리로 발효액이나 식물추출물에서 특정 유용한 성분을 분리해 낼 수 있다

발효과정에서는 피부에 좋은 물질도 나온다. 이소플라본은 대표적인 콩 성분으로 구조가 여성 호르몬과 유사해서 신체 활성을 유지한다. 게다가 강력한 항산화력을 가지고 있어서 피부 노화 방지에도 제격이다. 잘게 잘린 단백질 덕분에 많아진 아미노산도 피부 필수 영양분을 직접 공급할 수 있다. 콩 단백질을 작은 조각으로 분해해서 이 중에서 미백 성분을 만든 경우도 있다. 바로 멜라닌색소 주머니가 피부 전체로 퍼지는 단계를 억제하는 것이다. 잉크방울은 물속에서 퍼져야만 전체 물이 검은색이 된다. 멜라닌색소도 퍼지지 않게 하면 하얀 피부 톤을 유지할 수 있다. 콩뿐만 아니라 발효된 메주에도 몸에, 특히 피부에 좋은 물질들이 많이 만들어져 있다. 된장만큼 우리에게 좋은 식품은 없다고 해도 과언이 아니다.

된장으로 화장품을 만들고 싶다면 — 발효화장품 장단점

메주 내에는 피부에 좋은 다양한 물질이 생산된다. 피부자극을 낮추는 항산화물질, 피부 콜라겐을 생산케 하는 물질 등이다. 메주는 콩이 발효된 것이다. 이걸 화장품으로 만들 수 있을까? 넘어야 할 산이 많다. 먼저 원하는 물질만을 모아야 한다. 발효액 자체를 화장품 원료로 직접 쓸 수도 있지만 효능이 약할 수 있다. 좋은 물질을 농축해서 피부에 공급할 수 있는 기술을 적용해야 한다. 공학적 기술이 필요한 것이다. 된장을 예로 보자. 된장에 들어 있는, 피부에 좋은 이소플라본을 농축하고 싶다면 먼저 이소플라본을 추출할 용매를 찾는다. 가장 무난한 것은 에탄올이다. 다른 용매, 예를 들면 클로로포름은 위험하기도 하고 추출 후 남아 있으면 독성이 있을 수 있다. 에탄올을 된장에 붓고 저어주면 된장 속 이소플라본이 에탄올에 녹아 나온다. 이렇게 모은 에탄올을 온도를 높여 증발시킨다. 물론 증발시킨 에탄올은 다시 온도를 낮게 해서 회수할 수 있다. 이 방법으로 농축된 이소플라본을 그대로 사용할 수도 있다. 더 순도를 높이려면 정밀한 방법을 사용한다. 분리용 칼럼을 사용하기도 한다. 하지만 화장품이 약은 아니다. 약이라면 원하는 물질 이외에 다른 물질이 들어가 있을 때 이것으로 인한 부작용, 독성을 완벽하게 파악해야 한다. 그러나 화장품은 피부에 독성이 없다면 순수물질까지 분리할 필요까지는 없다. 순도가 높을수록 제조 비용은 급격하게 오르기 때문이다.

발효화장품이 넘어야 할 산 중 하나는 바로 냄새이다. 고약한 냄새 때문에 청국장이 피부에 좋다고 그대로 쓸 수는 없다. 냄새물질을 제거하기는 지극히 어려운데 냄새란 된장 중 어떤 성분이 공기 중으로 날아가는 것이기 때문이다. 짧은 지방산이 대표적으로, 이 물질들을 모두 제거해야 한다. 어떤 물질인지도 정확히 모르는 상태에서 특정 물질을 된장에서 제거하기는 대단히 어렵다. 기술이 많아지면 가격이 오른다. 유일한 현실적 대처법은 다른 향으로 고약한 냄새를 가리는 즉, '마스킹'하는 것이다. 예전 유럽 궁전에 화장실이 없었을 때

야외에 실례하고 향수로 대신한 것처럼 말이다. 이런 점을 고려하여 발효를 진행해야 한다. 현재 주로 많이 쓰이고 있는 방법은 유산균을 이용하는 것이다. 식용이니 일단 안전하고 냄새도 거의 없다. 피부에 좋은 물질들이 발효로 많이 생산된다. 하지만 된장 속에 있는 물질들이 유산균에서도 생산된다는 보장은 없다. 최근에는 청국장 만드는 균 유전자 중에서 냄새물질 생산 유전자를 제거한 균으로 청국장을 만들기도 했다. 오래된 된장에 최신 기술을 적용 중이다.

벌에 쏘이면 된장을 발라도 되나?

어릴 적, 벌에 쏘이거나 화상을 입으면 무조건 된장을 발라야 하는 것으로 알고 있었고 실제로도 사용해 본 경험이 있었다. 별 효과가 없었던 것으로 기억하지만 벌에 쏘인 경우, 쏘인 아이에게나 된장을 발라주는 어른에게 그래도 뭔가 대응을 했다는 것으로 안심을 하게 하는 심리적 효과는 분명 있었던 것 같다. 하지만 화상이 생겼을 때 메주를 바르는 것은 위험한 일이다. 무엇을 바르기보다는 화상 부위 청결을 유지하는 것이 급선무다. 게다가 된장 내에는 미생물도 있다. 물론 병원균은 아니지만 어떤 균이든 인체 피부를 뚫고 들어가서는 곤란하다. 더구나 화상이라면 피부방어벽이 손상된 무방비 상태다. 여기에 균을 발라주는 꼴이다. 곪지 않는 게 다행이다. 어쩌면 당연히 곪아야 할 터인데 그랬다면 아마 조상들도 쓰지는 않았을 것이다. 된장 안에 뭔가 좋은 물질이 생긴 걸까. 과학자들이 된장 속에서 항균펩타이드를 찾아냈다. 그렇다고 벌에 쏘였을 때 된장을 바르지는 말자. 심하면 병원으로 가는 게 상책이다.

Chapter 3

피부를 살리는 줄기세포

: 피부줄기세포

줄기세포 화장품이 화제다. 그런데 줄기세포, 정확하게는 줄기세포 배양액 첨가 화장품을 별 걱정 없이 써도 되나? 이에 대한 답에 앞서 생각해 볼 부분이 있다. 화장품은 피부에 바르는 것인데 피부에 바르는 것이 또 있다. 바로 동물들 침이다. 개는 상처를 입으면 쭈그리고 앉아서 상처 부위를 계속 핥는다. 신기하게도 며칠 지나면 그 상처가 아물어 있다. 입안 상처가 다른 곳에 비해 쉽게 아무는 이유는 침이다. 침에는 무엇이 있기에 이런 요술을 부리는

표피

진피

줄기세포

줄기세포

모발팽출

신경

모피질

모유두

사진 2-5 **피부줄기세포 위치**

피부 아래 모발 중간 부분에 피부줄기세포가 있다. 이 줄기
세포들은 이동하여 피부 속 각종 세포가 된다. 상처가 날 경
우 피부줄기세포는 상처에서 보내는 신호를 따라서 그곳으
로 이동한다

걸까. 먼저 침 속 항균물질이 침투한 병원균을 녹인다. 다음 순서
로 EGFEpidermal Growth Factor, 즉 표피 재생인자라는SOS 구조요청
물질이 상처 주위 세포들에게 급하게 문자를 보내면 지원군이 쏜
살같이 달려온다. 문자통신, 이것이 피부상처 복구의 핵심이다. 피

부 내에서 세포끼리 대화를 하는 물질, 소위 '사이토카인'이라 부르는 EGF 같은 놈들이 피부 세계의 모든 통신을 지배한다.

　요즘 세상 사람들을 움직이는 것은 스마트폰이다. 카톡, 문자, 트위터, 페이스북 같은 통신 수단이 사람들 사이 대화를 대신한다. 화를 내고 출근한 남편이 아내에게 슬그머니 보내는 사과 문자, 군대 가는 친구에게 위로의 말 대신에 '잘 다녀와 짜샤~'라고 눙치는 문자 메시지가 친구에게 애틋한 마음을 전한다. 우리 몸도 세포들 간에 이런 통신으로 일사불란하게 움직인다. 어떤 세포가 감기 같은 바이러스 공격을 당하면 옆집 세포들에게 비상 신호물질을 내뿜는다. 인터페론도 이런 비상사태 전달물질이다. 이 신호를 받은 주위 세포는 부지런히 문단속을 하고 집 안 모든 방어물질을 동원한다. 줄기세포가 다른 세포로 변하게 하는 물질도 이런 신호문자다. 따라서 줄기세포를 이용해서 고장 난 장기를 치료하려면 이런 신호체계를 완벽히 알아야 한다. 교통사고로 끊어진 척추신경을 연결할 목적으로 주사한 줄기세포가 신경세포가 아닌 근육세포로 바뀌면 곤란하다. 줄기세포는 어떤 세포로든 변할 수 있는 능력이 있다. 이런 줄기세포 원조는 수정란이다. 수정란이 두 개, 네 개로 분열하면서 열 달 동안 뇌세포, 심장세포, 피부세포로 바뀌어 뇌,

심장, 피부가 된다. 어떻게 같은 세포가 각각 다른 세포로 변할까? 이 신비가 과학자들이 밝히려고 하는 줄기세포 연구의 '블랙박스'이고 가장 알고 싶어 하는 '특급 비밀'이다.

줄기세포 분화는 블랙박스다

이 블랙박스를 잘못 건드려서 낭패한 경우도 있다. 미국 유명 잡지인 사이언티픽 아메리카Scientific America는 눈꺼풀을 팽팽하게 하려고 지방줄기세포를 눈꺼풀에 이식했다가 그곳에 뼈가 생긴 사건을 보도했다. 피부를 볼륨 있게 하려고 주입해 왔던 필러CH: Calcium Hydroxyapatite와 함께 주사한 줄기세포가 의도와는 전혀 달리 뼈를 형성한, 아주 보기 드문 사건이다. 피부 필러의 한 종류인 CH는 뼈 주성분이다. 이 CH에 콜라겐 생성세포가 달라붙어 콜라겐이 생기면 자연스레 주름이 없어진다. 주입한 CH는 녹아서 없어져 수십 년 동안 사용했던 안전한 필러이다. 이 환자의 경우는 왜 그곳에 뼈가 생겼는지, 줄기세포가 무슨 역할을 했는지 원인이 분명치 않다. 사실 줄기세포는 커서 무엇이 될지 모르는 어

사진 2-6 **피부손상 회복과정**

상처가 발생하면 염증 신호물질이 상처 부위로부터 생성되어 퍼져 나간다. 이 신호를 받고 백혈구가 상처 부위로 진출한다. 벌어진 상처는 엉김단백질로 봉합된다. 표피세포가 분열해서 상처 부위를 채우고 각질세포는 다시 자라 혈액을 공급받는다. 상처 부위가 봉합되면서 수축되고 내부 상처 부위는 흔적이 남는다

린아이와 같다. 무한한 가능성이 있다는 의미이기도 하지만 그만큼 잘 보살펴야 한다. 화장품에 사용하려는 줄기세포배양액에는 많은 종류의 신호물질이 들어있다.

이 많은 신호물질이 피부에 있는 세포들, 특히 모발 중간에 존재하는 것으로 밝혀진 피부줄기세포에게 무슨 신호를 보내는지 정확하게 파악해야 한다. 그래서 줄기세포배양액이 피부세포들을 툭툭 깨워서 청춘 같은 피부 상태로 유지하는지를 확인하고,

또 확인해야 한다. '나 데리러 와, 엄마'라는 문자를 '나 데리러 와, 임마'로 잘못 쓴 딸은 엄마에게 꿀밤 한 대를 맞으면 그만이지만 피부에서 엉뚱한 신호를 받은 줄기세포는 간단히 빼낼 수 없다. 그동안 화장품 연구의 방향은 피곤에 지친 피부세포를 활기차게 만드는 쪽이었다. 이제 줄기세포가 피부 건강의 핵심이다. 줄기세포끼리 주고받는 문자를 완벽하게 해석하는 일이 줄기세포 화장품의 첫 단추이자 미래 줄기세포 화장품이 갈 길이다.

줄기세포 화장품

젊으면 줄기세포도 젊다. 하지만 나이가 들면 줄기세포도 노화된다. 빠르게 생성하지 않고 더불어 수리 능력도 줄어든다. 그렇기에 피부에 있는 줄기세포를 젊게 만들거나 피부세포 자체를 젊게 만들어야 한다. 줄기세포가 만들어 내는 물질이 이런 역할을 할 수 있다. 식물줄기세포를 배양해서 배양액을 피부에 사용하면 피부세포(줄기세포, 각질세포 등)를 젊게 만들 수 있다. 줄기세포는 분열해서 두 놈이 되는 특징이 있다. 다만 한 놈은 그대로 줄기세포 상태를 유지하고 다른 한 놈은 분화세포(모발세포, 케라틴생산 표피세포, 멜라닌 생산 세포, 진피생성세포 등)가 된다.

피부줄기세포

피부에는 줄기세포가 있는데 모낭 주변에 위치한다. 이놈들은 두 배로 분열하면 한 놈은 그대로 줄기세포 상태를 유지하고 다른 놈은 피부세포로 분화한다. 표피 아래층에서 계속 자라면서 피부장벽을 만드는 기저층도 일종의 줄기세포다. 다만 다른 것으로 변하지는 않고 오직 표피세포(케라티노사이트)만 만드는 분화된 세포라는 것이 다를 뿐이다. 반면 모낭 근처 줄기세포는 피부가 손상되면 달려가서 수리한다. 어떤 세포로든 변한다. 나이가 들면서 세포 자체가 상해를 입는다. 자외선이건 내부에서 발생하는 활성산소이건 상해를 입는 수가 늘어난다. 반면 줄기세포는 숫자가 줄고 재생 능력이 떨어진다. 결국 피부는 수리가 금방 되지 않아 늙고 주름이 생긴다. 모발도 재생 능력이 떨어져 머리가 듬성듬성해진다.

사진 2-7 **피부줄기세포**

피부줄기세포는 모근(A) 근처에 달라붙어 있다(황색). 피부에 상처가 나거나 보충이 필요한 경우 원하는 세포로 분화해서 모발세포(A, B 청색 부위)를 생성, 모발을 만든다. 피지선(C)에서는 피부기름인 피지를 만들어 내보낸다

Chapter 4

피부의 수호자,
북극 이끼

: 피부노화

나는 몇 살까지 살 수 있는 운명일까? 100세? 오래 살고 싶은 마음은 희망사항일 뿐 내 수명은 세 자매 손에 달려 있다. 그리스 신화에 의하면 인간의 수명은 클로토, 라케시스, 로포스 세 자매가 결정한다고 한다. 즉 인간 수명에 해당하는 '실'을 뽑아내고, 살 만큼의 '길이'를 정하고, 수명이 다하면 가위로 실을 '자른다'는 것이다. 인간 수명의 실을 뽑아내는 첫째 자매 이름은 클로토Klotho이다. '실을 뽑아낸다'는 의미로 의복Clothes의 어원이기도 한 이 신神

은 이제는 과학자들에게도 친숙하다. 사람 수명을 결정하는 중요 수명 유전자 중 하나를 '클로토 유전자'라고 명명했기 때문이다. 1994년 찾아낸 이 장수 유전자에 인간 수명을 결정하는 자매 이름을 붙인 일본 연구진 센스가 돋보인다.

한 화장품 회사 Mivelle Biochemistry가 이 장수 유전자를 활성화시키는 천연물을 찾아냈고 이것으로 만든 노화방지 화장품이 피부세포를 젊게 만든다고 발표했다. 그 천연물은 바로 북극지방 동토에서 자라는 이끼 성분이다. 영하 기온에서도 버티는 북극 이끼는 질긴 놈이다. 추운 지방에서 살아남으려면 우선 부동액을 가

사진 2-8 **미토콘드리아**

세포의 보일러인 수백 개 미토콘드리아(적). 연소속도를 줄이는 것이 장수의 지름길이다[세포핵(황), 세포골격(청)]

지고 있어야 한다. 몸이 얼어 터지지 않으려면 자동차 라디에이터 부동액 같은 물질이 필요하다. 또한 이런 곳에서는 먹는 것도 시원찮고 따라서 몸 안에 들어오는 에너지도 적은, 사람으로 치면 '극한 다이어트' 상황이다. 이런 곳에서 수만 년 살아남은 놈들이니 당연히 '생존 노하우'가 있다. 이것은 중요한 의미가 있다. 극한 다이어트 상황, 즉 먹을 것이 없고 날씨도 추운 상황이니 이끼는 온몸으로 에너지 부족 비상상황임을 알고 있다. 따라서 세포 엔진을 최소한으로 돌리면서 살아남는 방법을 찾아낸다. IMF 상황에서 살아남은 기업은 무엇이 중요하고 무엇을 버려야 하는지 알고 있듯이 세포도 마찬가지다. 극한 다이어트 상황에서 최고 효율로 세포를 돌리려면 어떤 일을 해야 하는지, 어느 경로를 차단해야 장수하는지 치열하게 고민한다. 결론은 다이어트, 즉 식사를 적게 하는 것으로, 이것이 장수 지름길이다.

소식이 장수 지름길이다

실제로 식사량을 평소의 40~50% 줄인 쥐의 수명은 20~30% 늘어난다. 굶어본 사람이 오래 산다는 역설적인 이야기이다. 하지만 그리 대단한 발견은 아니다. 거꾸로, 식사량을 40~50% '늘린' 사람이 어떻게 되는지 우리는 그 결과를 너무 잘 알기 때문이다. 즉 비만, 당뇨, 고지혈증, 고혈압으로 '죽음의 사중주'를 듣게 된다. 극한 다이어트를 한 동물의 경우, 세포 내에서 두 가지 일이 일어난다. 하나는 장수 유전자인 클로토 유전자를 작동시키는 것이고 다른 하나는 몸 안 에너지 센서를 켜서 에너지 낭비가 없도록 하는 것이다. 이 두 가지가 결국 장수 첩경이기도 하다. 북극의 영하 기온에서도 자라는 이끼는 이런 장수 기술이 몸에 밴 놈이다. 이놈들은 노화를 일으키는 세포 산화물질, 즉 활성산소를 금방 없애는 비법도 가지고 있고 세포 내 손상도 신속하게 치료하는 기술도 있다. 이끼의 생존 노하우를 찾아낸 연구진 아이디어가 참신하다.

실제로 이끼 화장품을 피부에 바르니 피부 내 콜라겐이 늘어나고 피부세포가 젊어진 것처럼 자란다는 연구 결과가 있다. 물론 화장품을 만들기 위해 이끼를 매번 북극에서 가져올 필요는 없다. 이끼는 빛만 있으면 스스로 햇볕을 먹고 자란다. 푸른 바닷속 이끼인 미역이나 해초가 잘 자라듯, 배양기 내에서 빛과 영양분만 공급하면 쉽게 자란다.

클로렐라를 바다에서 가져오는 것이 아니라 공장 배양기에서 키우듯이 이 북극 이끼도 원하는 만큼 만들 수 있다. 이끼는 사람들에게 노화 방지에 대해 한 수 가르친다. 과유불급過猶不及, 즉 지나침은 부족한 것만 못하다는 것을. 음식은 우리 몸을 움직이는 중요한 연료이자 에너지원이지만 피부세포를 포함한 우리 세포

사진 2-9 **미토콘드리아에서 에너지 만들기**

미토콘드리아는 보일러다. 연료인 영양소를 분해(해당)해서 에너지ATP를 만든다. 당에서 떨어져 나온 고에너지 전자는 '전자전달계'를 거치면서 에너지를 뽑아낸다. 이 에너지는 크렙스Krebs회로에서 여러 가지 중간물질을 만들어 세포합성에 쓰인다. 포도당은 분해되어 이산화탄소와 물, 그리고 에너지저장물질ATP을 만든다. 이 ATP로 세포는 필요한 활동을 하게 된다.

세포

미토콘드리아

미토콘드리아 DNA

사진 2-10 **세포 내 미토콘드리아와 DNA**

미토콘드리아는 세포 내 100~2,000개가 있다. 세포 전체의 20% 부피를 차지한다. 미토콘드리아는 자체 DNA를 가지고 있다. 37개 유전자를 가지고 있으며 대부분은 미토콘드리아의 보일러 역할을 한다. 즉 영양소에서 에너지를 만드는 작업을 한다. 미토콘드리아는 세포질, 즉 핵 밖 공간에 있다. 난자 속에는 핵DNA 이외에 10만~60만 개 미토콘드리아가 있다. 반면 정자는 머리 부분에 핵DNA만 있고 꼬리 부분에 150개 미토콘드리아가 붙어 있다. 그나마 난자 내에서는 '적'으로 간주되어 파괴당한다. 왜 이런 모습으로 진화했는지는 분명치 않다. 미토콘드리아 DNA는 어머니를 통해 전해진다. 따라서 미토콘드리아를 비교하면 엄마, 딸, 자매 관계를 알 수 있다

는 에너지가 '오버'하게 되면 금방 늙어버린다. 빛이 나는 피부를 원한다면 음식을 절제하라. 클로토가 뽑아내는 실의 '수명 길이'를 늘리려면 소식으로 과감히 '허리둘레'를 줄여라.

소식과 세포보일러(미토콘드리아)

밥을 먹으면 온몸의 세포도 식사를 한다. 세포는 위, 대장이 분해한 포도당 형태로 원료를 공급받는다. 여기에서 에너지를 만들어 낸다. 대표적인 에너지는 ATP$_{\text{Adenosine Tri Phosphate}}$다. 3개 달라붙은 인산결합 때문에 에너지가 축적되어 있다. 이 에너지 물질 덕에 근육세포는 움직이고 두뇌는 생각하게 된다. 에너지를 만드는 세포보일러는 바로 미토콘드리아다. 이놈이 장수하기 위한 핵심 요소이다. 미토콘드리아가 늙어버리면 세포가 바로 비실비실해진다. 그런데 소식을 하면 미토콘드리아가 경제속도로 달리지만 과식을 하면 마치 과속페달을 밟은 버스 뒤에서 검은 연기가 나오듯이 '활성산소'가 생긴다. 결국 활성산소는 세포를 손상시키므로 이놈들을 줄이기 위해 평소에 소식하는 습관을 들여야 한다.

미토콘드리아를 피부에 주사해 볼까

보일러(미토콘드리아)가 과열되면 연료가 제대로 연소되지 않고 '검은 연기'를 내뿜는데, 이것이 활성산소$_{\text{ROS: Reactive Oxygen Species}}$다. 불같은 성질을 가진 이놈들은 미토콘드리아 DNA에 상처를 낸다. 보일러 작동에 문제가 생기면 병이 생긴다. 중추신경계, 심혈관계, 소화계 장기에 문제가 생긴다. 싱싱한 미토콘드리아 물질을 공급하거나 아예 미토콘드리아를 직접 몸에 주입하면 임상적으로 효과가 나타난다. 보스턴 병원에서 심정지 소아환자에게 미토콘드리아 10억 개를 주사해서 손상된 심장근육을 회복시켰다. 꼭 자기 것이 아니어도 된다. 원래 외부에서 들어온 놈이라 다른 사람의 미토콘드리아를 주사해도 된다. 자기 것이 아니면 부작용이 많은 바이오치료제와 다른 장점이다. 미토콘드리아는 이 세포 저 세포 사이를 이동한다는 것이 밝혀지면서 원하는 세포로, 예를 들면 상처 입은 심장세포에게만 전달할 수도 있다. 이왕이면 가장 손상이 덜 된 놈을 고르는 게 치료 효과가 좋을 것이다. 줄기세포를 배양하면서 그 안에 있는 미토콘드리아를 골라내면 된다. 미토콘드리아가 부실하면 잘 생기는 게 염증이다. 또한 패혈증 치료에도 효과를 보고 있다. 이제 싱싱한 보일러를 공급하는 방법을 피부에도 적용해 볼 수 있지 않을까.

미토콘드리아는 셋방살이 중

미토콘드리아는 몸속 보일러다. 인류의 불과 같다. 미토콘드리아는 최초 생물(원핵생물) 중 일부가 다른 세포에 끼어들어서 변형되었다는 설이 유력하다. 즉 간단한 원핵생물(예:박테리아)이 진화를 거듭하며 복잡한 진핵생물(예:동식물)로 변하는 도중에 미토콘드리아로 자리 잡았다는 이야기다. 그 증거로 미토콘드리아 DNA, 리보솜 등이 진핵생물보다는 원핵생물과 비슷하다.

원핵생물은 에너지를 만드는 보일러 부분이 세포벽 부분에 붙어 있다. 반면 진핵생물은 보일러가 단독으로 있다. 미토콘드리아다. 미토콘드리아처럼 외부에서 들어와 자리 잡은 것 중에는 엽록체도 있다. 광합성을 하는 세균(원핵생물)이 세포 내로 들어와 자리 잡은 것이 식물세포다. 식물세포는 태양광발전소(엽록체)와 보일러(미토콘드리아)를 동시에 가진 셈이다. 낮에는 태양광으로, 밤에는 먹는 것으로 살아가는 놈이니 가장 고수라 할 수 있다.

Chapter 5

약초를 '즉시' 만들어드립니다

: 식물세포배양

20년 전 방문한 중국 티베트 하늘은 푸르다 못해 눈이 시렸다. 중국 동쪽인 티베트는 고도가 3,000~4,000m 산악 지역으로 자외선도 훨씬 강하다. 선글라스와 자외선차단제 그리고 긴 소매 옷으로 온몸을 덮었지만 강한 자외선에 손등이 금방 검어진다. 이런 티베트 고산 식물들은 자외선 차단물질 혹은 항산화물질을 만들 것으로 예상하고 한 달간 채집 여행을 나섰었다. 하지만 원하는 현지 식물은 그리 쉽게 발견하지 못했다. 티베트 동부 지역

사진 2-11 **식물줄기세포**

식물 속 줄기세포는 뿌리 하단(1)에 위치한다

인 '샹그릴라' 지역은 티베트어로 '마음속의 해와 달'이라는 뜻이다. 해와 달이 속 타는 내 마음을 알았는지 샹그릴라에서 한 식물을 만나게 해 주었다. 현지인이 깊은 산속에서 채취한다는 약초 이름은 '티베트 불로초'다. '샹그릴라 지역의 불로초'라는 화려한 이름만으로도 평생 젊음을 유지하지 않을까 기대가 된 약초였다. 예감은 맞았다.

티베트에서 돌아와 대학 실험실에서 효능 검사를 통해 티베트 불로초에서 성능이 좋은 물질은 찾았지만 샹그릴라가 줬던 기대는 거기까지였다. 화장품 원료로 쓰이려면 몇 가지 조건이 있다.

언제라도 필요한 만큼 공급이 되어야 하고 또 일정하게 성분이 유지되어야 한다. 하지만 현지에서 보내오는 불로초 효능이 매번 일정하지 않았고 대량 구입도 어려웠다. 아쉽지만 샹그릴라 불로초는 그렇게 연구실 구석에 20년간 박혀 있었다. 하지만 불로초는 역시 죽지 않고 살아나는 능력이 있나보다. 불로초를 살려낼 수 있을 최신 연구 방법이 개발됐다. 바로 식물세포배양이다.

산삼도 이제는 실험실에서 키워서 먹는다

식물은 씨에서 자라서 가지, 줄기, 잎 또는 뿌리가 된다. 줄기를 토막으로 자른 다음 식물이 자랄 수 있는 고체배지 위에서 식물호르몬제와 영양분을 공급하면서 키우면 '캘루스'라는 세포덩어리가 생긴다. 일종의 식물줄기세포다. 이 캘루스를 고체 상태로 계속 더 키우면 식물로 자랄 수 있다. 액체배양기 속에 넣고 영양분을 주면서 교반하면 하나하나 독립된 세포로 자란다. 마치 누룩을 키워서 술을 만들 듯이 배양하면 식물세포배양이 완성된다.
이렇게 키운 식물세포는 식물과 비슷한 물질들을 생산한다. 세

사진 2-12 캘루스는 식물형성층을 떼어내 배양하면 생
기는 미분화세포덩어리다

포가 모인 것이 식물이니까 당연히 같은 물질을 생산할 수 있다. 깊은 산속 약초에서 얻던 약 성분을 실험실 내에서 얻을 수 있게 된 것이다. 게다가 실험실 내에서 키울 수 있으니 최고로 좋은 조건을 만들어 줄 수 있고 일정하게 원하는 성분도 얻을 수 있다.

식물세포배양 기술로 웬만한 식물은 모두 실험실에서 세포 형태로 배양이 가능하다. 씨앗을 가지고도 같은 일을 할 수 있다. 씨앗을 발아시켜 캘루스, 즉 줄기세포 형태로 키우면 된다. 결국 '샹그리라 불로초'를 화장품 원료로 쓰기 위해 굳이 4천m 고지에 있는 샹그릴라의 깊은 산속을 헤맬 필요가 없다는 이야기이다. 지금은 산삼도 같은 방법으로 배양해서 팔고 있다.

(a)   (b)

사진 2-13 **식물세포배양 방법**

ⓐ 식물 전 단계(캘루스 형태)로 직접 배양하거나 ⓑ 액상반응기로 키우는 방법이 있다

물론 세포로 키운 것과 실제 산삼 성분이 완전히 같지는 않다. 연구자들은 어떤 조건이면 실험실 내 산삼 배양액과 실제 산삼 성분이 같아지는가를 연구하고 있다. 이제 심봤다라는 심마니 외침을 산에서가 아니라 실험실에서 들을지도 모른다.

식물세포배양이 화장품 원료의 희망이다

용평스키장 꼭대기는 발왕산이다. 산 정상에서 오른쪽으로 내

사진 2-14 **주목나무**

이 나무가 만드는 항암물질(택솔)을 얻기 위해
나무를 베는 대신 주목 세포를 배양탱크에서 키
워 생산한다

려가면 주목나무를 만날 수 있다. 주목은 천년을 산다는 나무다.
이 나무에서 강력한 항암제인 '택솔Taxol'이 발견되었다. 그런데
환자 한 사람을 치료하는 데 필요한 택솔 2g을 얻으려면 60년생
주목 두 그루를 잘라야 한다. 암 환자들의 항암제로 사용되려면
주목나무가 모조리 사라질 판이다. 다행히 지금은 택솔을 식물세
포배양법으로 얻는다. 화장품 기능성 성분은 대부분 식물을 키워

서 얻지만 '샹그릴라 불로초'처럼 채취가 어려운 경우는 실험실에서 세포배양법으로 그 성분을 얻을 수 있다.

단지 인간의 아름다움만을 위하여 산속 약초를 모두 캐내어 거덜 낼 수는 없다. 산속에 숨어 있는 약초는 그대로 자라게 놔두자. 자연은 자연 그대로 놔두는 것이 최선이다. 자원을 유지하면서 동시에 계속 사용할 수 있어야 한다. 로레알 등 글로벌 기업들은 화장품 소재를 만들기 위해 더 이상 자연을 파헤치지 않는다. 대신 지속생산Sustainable Production이 가능한 방향으로 선회하고 있다. 지구환경을 지키는 현명한 지혜가 화장품에도 필요하다.

식물줄기세포(사진 2-11)

식물 중에서도 인체에 안전한 식품, 약용식물이 화장품 원료로 연구되고 있다. 식물뿌리에는 식물줄기세포가 있다. 이놈들은 식물의 어떤 조직세포로도 변할 수 있다. 식물은 동물과 달리 움직이지 못한다. 외부 적에 대항하는 갖가지 방법을 마련해야 살아남는다. 줄기세포가 방어의 중심 역할을 한다. 잎이나 가지가 상하면 그곳에 줄기세포를 급속 배치해서 수선하고 견딘다. 캘리포니아 강털 소나무는 그렇게 4842년을 살고 있다.

이런 줄기세포들을 실험실에서 키울 수 있다. 이런 경우 배양액에는 식물에 존재하는 많은 유용물질들이 존재하게 된다. 이 중에는 피부줄기세포 성장, 분화, 유지에 도움을 주는 물질들이 존재한다.

식물세포배양(사진 2-13)

식물 원료가 필요하면 회사는 어떻게 구할까? 그 식물을 재배, 수확하거나 해당 물질을 추출하는 방법이 있다. 또 다른 방법은 식물조직이나 세포형태로 키우는 방법이다. 세포가 모여 조직이 되고 조직이 모여 식물 성체가 된다. 식물조직배양 방법은 실험실에서 조직, 세포에 영양분을 공급해 키우는 것이다. 그러면 뿌리, 줄기, 잎 등을 가진 완전한 식물로 생장한다. 씨감자를 만드는 방법도 그중 하나다. 예전에는 감자를 몇 개로 나누었다. 지금은 감자 세포를 키워 성체가 아닌 중간단계 씨감자를 실험실에서 만든다. 실험실에서 배양하니 야외에서 만날 수 있는 감자 병원균으로부터 안전하다. 삼산배양근도 같은 원리로 뿌리 부분만을 탱크에서 키운다. 물론 이렇게 키운 성분이 천년 묵은 삼산과는 같지는 않겠지만 여러 유용물질이 많이 포함되어 있다.

조직배양(사진 2-12)

식물에서 일부 기관(형성층:일종의 줄기세포)을 떼어내어 영양소 및 호르몬을 첨가한 배지에서 키우면 세포덩어리(캘루스:Callus)가 생긴다. 미분화 상태 줄기세포덩어리인 셈이다. 여기에 식물 호르몬을 처리하면 뿌리, 줄기, 잎 같은 기관으로 분화되어 식물개체로 성장한다. 이를 조직배양이라 한다. 씨가 발아해서 성체가 되는 단계를 실험실에서 재현하는 셈이다.

Chapter 6

주부습진, 남편은 무죄다

: 계면활성제

주부들을 대상으로 한 강의에서 있었던 일이다. 손가락 피부가 갈라지는 소위 '주부습진' 원인이 무엇이냐는 질문에 '남편'이라는 답이 등장했다. 순간 '깔깔' 웃음소리가 튀어 올랐다. 더불어 유일한 남자인 필자는 가슴이 뜨끔했다. 그 말이 맞기 때문이다. 집에서 남편이 부인 대신 설거지를 자주 해주었으면 주부의 손가락 피부가 갈라지는 일은 생기지 않았을 테니까.

주방세제 주성분은 비누 성분, 즉 계면활성제라는 물질이다. 이

물질이 주부의 피부를 갈라놓는다. 남편은 죄가 없다. 세제가 범인이다. 주방세제는 접시에 묻은 기름을 물에 녹여서 접시로부터 떼어내는 일을 한다. 문제는 맨손으로 주방세제를 만지는 경우, 이 세제가 접시 기름뿐만 아니라 손 피부 속 기름도 같이 빼낸다는 데 있다. 손 피부를 자세히 보면 마치 성벽처럼 벽돌과 시멘트 같은 구조로 이루어졌다. 시멘트는 다시 얇은 기름층과 물기 있는 층으로 겹겹이 되어있다. 그래서 바깥으로부터 들어오는 병원균을 막는 방벽 역할을 한다. 이 시멘트에서 주방세제 비누 성분

사진 2-15 **계면활성제 역할**

물에 잘 녹는 친수성 머리와 기름에 녹는 소수성 꼬리를 가진 계면활성제는 물에 넣으면 물 표면에 위치한다. 그래서 표면을 넓어지게 한다. 비누방울이 만들어지는 이유다

인 계면활성제가 기름을 빼내면 시멘트가 없어지고 벽돌만 있는 피부가 된다. 당연히 벽돌 사이로 피부 속 수분이 날아간다.

피부의 정교한 성벽이 무너지는 순간이다. 성벽 안에서 잘 지내던 세포들이 물이 필요하다고 경종을 울린다. 신경세포가 성질이 나기 시작하면서 가려워진다. 벅벅 긁으면 이제 손가락은 붉어져서 온통 난리법석이다. 주방세제 속의 계면활성제로부터 시작되어 무너진 피부성벽은 드디어 주부 인내심을 무너뜨린다. 마침 기분 좋게 한잔하고 들어온 남편에게 그 화살이 돌아간다. "뭐, 물 묻히지 않고 살게 해주겠다며?" 갈라진 손바닥을 눈앞에 들이대며 소리치는 아내 항의에 남편은 꿀 먹은 벙어리가 되지만 의구심은 든다. '계면활성제 없는 세제는 없는 걸까'

창포는 천연비누

계면활성제는 화장품의 중요 성분이다. 물과 기름이 화장품의 두 기둥이라면 계면활성제는 두 기둥을 섞어주는 역할을 한다. 잘 섞어져서 크림 같은 형태가 되어야 피부에 기분 좋게 바를 수 있

사진 2-16 **미셀 구조**

물속에 계면활성제가 많아지면 표면을 모두 채운다. 더 첨
가되면 물속에 머물게 되지만 소수성 꼬리 때문에 불안정하
다. 이런 불안정한 놈들이 더 많아지면 불안정한 소수성 꼬
리를 가운데로 모은 구조를 만든다. 이것이 미셀Micelle이
다. 옷에 묻은 때는 대부분 지방계열, 즉 소수성이다. 옷을
흔들면 떨어져 나온 기름때가, 소수성이 미셀 한가운데 모
인다. 이것이 세탁이 되는 원리다.

다. 더불어 피부에 좋은 효과를 내는 유용한 물질들이 잘 퍼져서
피부침투도 쉬워진다. 문제는 계면활성제의 자극성이다. 맹물로
세수하면 아무런 자극이 없지만 비눗물이면 눈이 따갑다. 계면활
성제 특성상 모든 세포막에 쉽게 끼어들기 때문이다. 물론 종류에

따라 피부 자극이 적은 것들도 있다. 인삼엑기스를 물에 흔들면 거품이 생기는 이유는 인삼사포닌이 계면활성제 역할을 하기 때문이다. 이처럼 자극성이 적은 천연물질유래 계면활성제를 쓰려는 노력들이 화장품 회사를 중심으로 활발하게 이루어지고 있다. 하지만 모든 천연물질이 우수한 것은 아니다. 종류가 많지 않고 가격이 비싸서 선택 폭이 좁다. 그래도 소비자가 원하는 것이 무無방부제, 무합성계면활성제 화장품이라면 연구자들은 대안을 찾는다.

예전에 단오가 되면 아낙네들은 창포에 머리를 감았다. 피부 건강에도 좋아서 머리카락이 잘 나게 해주기도 하지만 창포에는 물과 기름 모두에 잘 녹는 계면활성제 성분들이 많이 있어 천연비누이기도 하다. 그런데 창포를 화장품에 사용하려고 채취하기 시작한다면 안 그래도 얼마 남지 않은 창포는 사라지고 말 것이다. 무조건 천연이 좋다고 산과 들에서 채취할 수는 없다. 또 천연물질 중에서 좋은 것을 찾아내 같은 모양으로 화합 합성하면 합성 계면활성제가 된다. 다시 말하면 천연인가 합성인가의 문제가 아니라 실제로 인체에 얼마나 자극을 주느냐의 문제인 것이다.

요즘은 맥주를 만드는 효모로도 계면활성제를 만든다. 이른바 생물 계면활성제이다. 성분도 당과 지질로 된 독성이 적은 구조이다. 가격이나 효능이 괜찮다면 저자극성 비누로 사용할 수도 있다. 이제 조금 더 좋은 주방세제가 나와서 '주부습진'이라는 단어가 사라지고 갈라진 손바닥을 남편 탓으로 돌리는, '억울한 일'이 남편들에게 생기지 않기를 바란다.

생물 계면활성제|Biosurfactant

미생물(박테리아, 효모)이 만드는 계면활성제다. 미생물이 기름 성분의 영양분을 섭취하려면 기름을 둘러싸서 세포 내로 끌고 들어올 수 있어야 그걸 영양분으로 사용한다. 계면활성제가 세탁할 때처럼 기름을 녹여서 미생물 내부로 끌고 들어온다. 이런 미생물은 오일이 많이 있는 곳에 있을 가능성이 높다.

계면활성제:Surface Active Agent, Surfactant

계면을 '활성화'한다는 의미를 가진 물질이다. 물을 좋아하는 친수성 머리 부분과 기름을 좋아하는 (소수성) 꼬리가 있는 물질이다(사진 2-15). 이 물질이 물에 들어가면 소수성 꼬리 때문에 물속에 머물지 않고 물 표면, 즉 물-공기 계면에 있는 것이 에너지 측면에서 가장 안정하다. 계면활성제가 계면에 머물면 물 표면적을 더 넓히기가 쉬워진다. 왜냐면 물만 있을 때보다 계면활성제가 첨가되면 표면적이 늘어나도 에너지가 안정하기 때문이다. 즉 계면이 활성화된 것이다. 비눗방울은 계면이 극단적으로 늘어난 예다. 즉 계면을 더 늘릴 때 들어가는 힘인 '표면장력'이 물만 있을 때 최대이고 계면활성제를 첨가하면 '표면장력'이 떨어지면서 그만큼 더 쉽게 표면이 늘어난다. 이것이 비눗방울의 원리인 것이다.

세탁 원리

비누, 합성세제는 계면활성제다. 세탁이 되는 이유는 계면활성제가 기름때를 둘러싸기 때문이다. 물속에 계면활성제를 첨가하면 처음에는 계면으로 간다. 계속 농도가 늘어나면 계면을 채우고 그 이후는 물속에 머물게 된다. 이런 상황에서는 따로 있는 것보다는 소수성인 꼬리끼리 모여 있는 것이 에너지 측면에서 안정하다. 즉 친수성 머리 부분은 물 쪽으로, 소수성 꼬리부분은 안쪽인 형태가 된다. 이 구조를 '미셀Micelle'이라 부른다(사진 2-16). 미셀 내부는 소수성부분이라 기름(때 성분)이 들어가기 쉽다. 세탁을 할 때 옷에 묻어 있는 기름기가 미셀에 녹아들어가게 되며 이런 원리로 세탁이 되는 것이다.

리포좀Liposome

화장품을 만들 때 사용하는 원료보호 방법이다. 비타민C를 예로 보자. 이 물질은 강력한 항산화제다. 물에 잘 녹는다. 물에서 공기와 접촉하면 산화되어 항산화 능력이 사라진다. 이 물질을 피부에 공급하고 싶으면 먼저 산화되지 않도록 보호해야 한다. 리포좀은 계면활성제가 만든 원형구조이다. 계면활성제 종류(머리/꼬리 비율, 전하크기)를 잘 선택하면 물속에서 가운데가 비어 있는 리포좀 구조가 된다. 가운데는 머리가 맞대고 있는 친수성 영역이다. 물이 들어갈 수 있고 비타민C가 녹아들어 갈 수 있다. 이 부분은 공기가 차단되어 있다. 따라서 리포좀 내부에서 비타민C는 산화되지 않고 보호받는다. 이 리포좀 상태로 비타민C가 들어간 화장품 스킨을 만들 수 있다. 피부에 바르는 순간 기계적인 마찰 힘으로 리포좀이 깨지고 비타민C가 피부표면에 접촉해서 침투할 수 있다. 물론 피부침투가 더 잘되게 하려면 리포좀 구조를 변형시키거나 비타민C를 고분자 물질로 둘러싸는 방식을 사용할 수 있다.

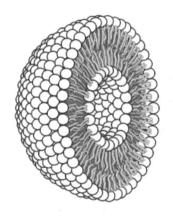

사진 2-17 **리포좀**

리포좀은 계면활성제가 두 겹으로 구형을 만든 경우다. 친수성 머리가 바깥 부분에 있다. 가운데는 친수성 공간이면서 외부산소와 차단되어 있다. 이 가운데 산소에 불안정한 물질을 집어넣으면 안정한 상태로 장기보관이 가능하다

Chapter 7

피부탄력은 끈끈이가 책임진다

: 히알루론산

'거울아 거울아 세상에서 누가 제일 예쁘니?' 백설공주의 계모 왕비는 거울에 물어보았다. '왕비님이요'라고 답하던 거울이 어느 날 '백설공주요'라고 답하기 시작하면서 왕비의 불행이 시작되었다. 어린아이였던 백설공주는 열여덟 살, 이제 한참 예쁠 나이가 된 것이고 왕비는 그동안 나이가 들어가서 늙어 보인 것뿐이다. 이런 간단한 진리를 왕비가 몰랐던 것인지 아니면 알고도 인정하기 싫은 것인지 왕비에게 물어보는 것은 어리석은 일이다. 세상 어느

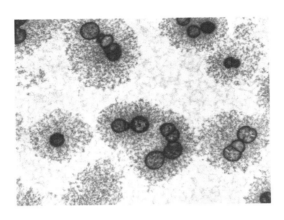

사진 2-18 히알루론산(망처럼 생긴 외부 물질)을 만
드는 미생물(Streptococcus Equisimilis (S.equisimilis))

여인도 나이 들어 생기는 주름살을 인정하기는 싫기 때문이다.

내 얼굴이 늙어 보이는 것은, 즉 얼굴에 주름이 생기는 것은 나이 탓만일까? 아니면 다른 원인이 있을까? 나이 탓만이라면 과감히 포기하고 살겠다. 하지만 내가 어떻게 해볼 수 있는 다른 무엇이 있다면 '백설공주의 왕비' 정도는 아니더라도 무슨 일이건 해야 하는 것 아닌가. 불로초를 얻겠다고 3천 명이나 외국에 보낸 진시황의 엄청난 욕심에 비한다면 주름살이 안 생기기를 바라는 심정은 아주 소박한 바람이 아닌가?

나이 들면서 주름이 늘어나는 가장 큰 요인은 피부 내 수분이 감소하는 것이다. 피부 내 수분은 피부세포 건강에 가장 큰 영향을 미친다. 사람이 물 없이 3일을 견디기 힘든데 하물며 예민한 피부가 늘 수분이 부족한 상태라면 심각한 문제가 발생한다. 피부 아래 부분, 즉 진피에서 콜라겐, 엘라스틴 같은 물질이 분해, 변형되어서 주름이 형성된다. 더 큰 문제는 히알루론산 생산이 줄어드는 것이다. 히알루론산은 피부 건강에 대단히 중요한 물질로서 자기 무게의 2천 배에 가깝게 물을 가질 수 있는 엄청난 보습력이 있다. 이 물질이 피부 내에서 가지고 있는 수분 덕분에 진피 섬유아세포나 표피 케라틴 생성세포들이 살아간다. 표피에 있는 세포들이 물이 없어서 비실비실해진다면 피부는 최후의 보루까지도 포기할 지경에 이른다. 피부의 가장 중요한 기능인 장벽 기능, 즉 인체의 성벽이 무너지는 것이다.

피부 건강의 최선책, 보습

한겨울, 건조한 방 안은 감기에 걸리는 지름길이다. 습기를 유지하는 방법은 간단하다. '막고 잡기', 즉 창에 비닐을 치고 방에는 젖은 수건을 걸어놓는 것이다. 피부도 수분을 유지하기 위해

관절 연골부분(좌)에 히알루론산 같은 당인 글리코사미노글리칸(GAG:Glycosaminoglycan: 헥소사민이 주성분인 다당)과 GAG에 단백질이 붙은 프로테오글리칸Proteoglycan이 얽혀있다. 연골 내부에는 콜라겐과 당단백질, 그리고 연골세포가 있다

같은 전략을 쓴다. 비닐에 해당하는 것은 세포 내에서 생산하는 기름 성분으로 수분이 날아가는 것을 방지한다. 젖은 수건에 해당하는 것은 바로 피부 속 히알루론산 물질이다. 이렇게 수분이 유지될 때 피부는 모든 기능이 정상이다. 설사 자외선을 받아서 콜라겐이 부셔져도 금방 새로운 것을 만들 수 있다.

　무릎관절 부위에도 히알루론산이 있다. 수분을 가지고 있는 끈적끈적한 물질로 관절 사이에서 윤활유 역할을 한다. 하지만 우리 몸에 있는 히알루론산의 50%는 피부에 있다. 피부 중에서도

진피에 몰려 있다. 이곳에서 두 군데, 즉 성벽에 해당하는 표피와 궁궐에 해당하는 진피에 수분을 공급한다. 마치 피부 저수지와도 같은 역할을 하고 있는 것이다. 따라서 건강한 피부, 탄력 있는 피부를 가지려면 피부에 많은 히알루론산이 있어야 한다. 이것을 만드는 것은 진피 속 섬유아세포Fibroblast다. 나이가 들어 줄어든 히알루론산을 더 많이 생산하게 하는 방법은 없을까? 이 방법을 찾는다면 수분 부족으로 생기는 많은 문제, 즉 주름, 아토피 등을 개선할 수 있다. 답은 늘 간단하면서도 가까이에 있다.

신선한 야채, 규칙적인 운동, 적당한 스트레스가 우리 몸을, 피부 세포를 튼튼하게 하고 이것이 탄력 있는 피부로의 지름길인 것이다.

히알루론산 생산하기

히알루론산은 피부에서 생산되는 물을 다량 함유하는 피부 보습제다. 또한 무릎연골세포에서 만들어져 무릎보호기능을 한다. 나이 들면 생산량이 줄고 분해량이 늘면서 연골이 닳게 되면서 무릎 뼈가 서로 부딪혀 관절염이 생길 수 있다. 외부에서 히알루

사진 2-20 **히알루론산**

당이 2개씩 반복되는 고분자물질로 많은 친수성 분자(-OH 그룹) 때문에 물을 함유하기가 쉽다

론산을 주사하면 통증을 완화할 수 있다. 그러면 의료용 히알루론산을 어떻게 만들까. 닭 벼슬의 통통한 부위에 히알루론산이 많아 이를 추출한다.

그런데 닭 벼슬보다 더 좋은 것을 찾았다. 바로 미생물로, 피부 속에 붙어사는 균이다. 이놈은 피부 속에 들어가서 외투를 뒤집어쓰고 있다. 동물 면역세포들에게 들키지 않기 위해서인데 이 외투가 히알루론산이다. 일본 과학자가 발견한 이 균에서 독성유전자를 없애고 배양해서 히알루론산을 만들어 낸다. 지금 공급되는 대부분 히알루론산은 미생물 배양을 통해 만든다.

Chapter 8

자외선이 복부지방 늘린다

: 피부 필러

'너 얼굴 좋아졌다'라는 말을 들은 여자는 '내가 건강해졌나?' 라고 생각하기보다는 '체중이 늘었다'라는 말을 돌려 말했나 싶어 거울을 다시 본다. 체중이 늘면 얼굴이 통통해지고 달덩이처럼 얼굴이 환해지는데, 얼굴 피부 아래 지방층 때문이다. 피부 지방층이 어느 정도는 있어야 얼굴 볼륨이 유지된다. 다이어트와 심한 운동을 할 경우, 얼굴 지방층이 복부보다 먼저 빠지면서 얼굴이 마른 장작처럼 홀쭉해진다. 체중을 줄이려다가 핼쑥해지는

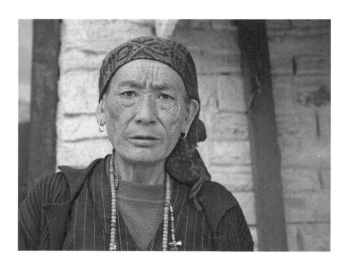

사진 2-21 **네팔 지방 여인 주름**

강한 자외선으로 깊은 주름이 생겼다

얼굴을 보고는 다이어트를 포기하는 여성이 많을 정도이다. 얼굴에 주름이 생기는 것도 보기 싫지만, 아프리카 난민 같은 깡마른 얼굴 또한 맘에 들지 않을 것이다. 이 두 가지, 즉 주름과 볼륨 없는 얼굴의 주범은 놀랍게도 같은 놈, 바로 자외선이다. 자외선이 주름을 생기게 하는 것은 많이 알려졌지만 볼륨 없는 얼굴 원인도 자외선이라는 사실은 최근 밝혀졌다.

서울의대 연구팀은 자외선 노출이 피부 노화에 끼치는 영향을 처음으로 밝혀냈다. 자외선이 얼굴, 목, 팔 등 자외선 노출 부위 피부 피하지방세포에서 지방합성을 억제해 피부를 빨리 늙게 한

사진 2-22 나이든 피부구조

나이 든 피부는 진피층 조직(히알루론산, 콜라겐. 엘라스틴)이 가늘어지고 줄어든다. 이런 감소작용으로 주름이 발생한다

다는 것이다. 우리 몸 지방은 피부와 내장에 각각 85%, 15%가 저장돼 있다. 그런데 자외선을 온몸에 많이 쬐면 지방합성이 억제되는 현상이 일어난다. 그 결과 과다하게 섭취된 열량은 피하지방에 축적되지 못하고 내장지방 형태로 쌓이게 된다. 따라서 자외선을 많이 받으면 피부노화뿐만 아니라 건강까지 나빠질 수 있다. 이 때문에 상대적으로 노출이 심한 얼굴, 목, 팔 등에 피하지방이 없어져 볼륨감이 줄어든다. 결국 피부에 주름살을 유발하며, 피부 볼륨마저 없애서 조글조글하고 깡마른 얼굴, 즉 노화된 피부를 만든다. 지금까지는 자외선에 노출된 피부에서 피하지방

이 없어지는 이유가 밝혀지지 않았다. 서울대 연구팀은 피부 표피세포에서 분비되는 'IL-6'라는 단백질물질이 지방합성을 억제하는 것을 확인했다. 이 물질들을 제거한 결과 자외선을 쪼이더라도 지방합성이 억제되지 않았다. 따라서 단백질IL-6 합성을 조절하는 소재를 개발하면 원하는 부위의 피하지방 양을 조절할 수 있게 된다는 이론적 근거를 과학적으로 마련한 것이다. 그렇다고 복부지방이 이런 물질로 없어질 거라는 기대는 아직 금물이다.

주름 방지에는 자외선차단제가 최고

주름의 직접적인 요인인 자외선을 피하려면 자외선차단제를 바르거나 햇볕을 피해야 한다. 자외선의 두 종류인 A, B를 모두 차단하는 제품에는 차단력을 표시하는 SPF와 PA+ 숫자가 있다. SPF Sun Protection Factor는 자외선B 차단시간이다. 20이면 20×15분, 즉 300분간 자외선을 차단한다. SPF30은 SPF15보다 2배의 시간 동안 자외선을 차단한다. SPF가 낮더라도 자외선차단 효율은 모두 90%를 넘는데 SPF15는 93.3%, SPF30은 96.7% 차단한다. 머리에

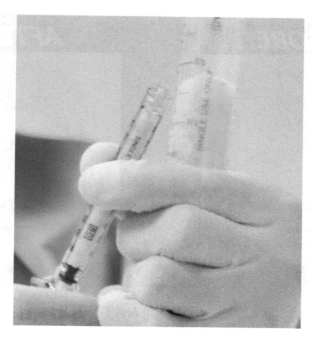

사진 2-23 **지방이식**

본인의 복부지방을 채취해서 얼굴에 주사하는 지방이식법

쓰는 모자는 SPF 3~6 정도, 얇은 티셔츠는 6, 두꺼운 천은 30 정도에 해당된다. PA++는 자외선A 차단 능력이다. 자외선B는 야외에서, A는 유리를 통과해서 실내까지 들어온다. +, ++, +++ 3가지로 구분하고 +++가 가장 높은 자외선A 차단 능력을 가진다.

그런데 값비싼 자외선차단제보다도 항산화물질이 듬뿍 있는 야채가 자외선 피부 문제를 더 효과적으로 없애주기도 한다. 자외선차단제로도 다량의 야채로도 주름을 없애지 못한다면 차선

사진 2-24 **피부 필러 사용 전후 사진**

책은 인위적 주름제거법이다. 현재까지는 보톡스와 피부 필러 주입이 있다. 보톡스는 웃을 때 생기는 주름근육을 일시적으로 마비시켜 웃어도 주름이 생기지 않는다. 필러는 주름 부위에 직접 주사해서 피부 볼륨을 높인다.

필러는 주름 부분에 주사로 주입하며 부분 마취 후 보통 1시간 정도 걸린다.

•필러 종류

(1) **히알루론산 유도체:** 진피 내 보습고분자인 히알루론산(제품명: 리스틸렌. 주 브덤)을 일부 변형시켜 만든다. 즉 잘 분해가 되지 않도록 고분자 사이를 결합시켜 오래가게 한다. 한 번 주사하면 6개월~1년 지속된다.

(2) **칼슘하이드록시아파타이트(제품명:라디세):** 걸쭉한 젤리 형태를 깊은 주 름이나 턱 라인을 살리기 위해 주사한다. 1~3년 유지된다.

(3) **지방이식:** 하복부나 다른 곳에서 지방을 흡입해서 뺨, 입술, 이마 등에 주 입한다. 장기간 유지될 수 있지만 반복 주입해야 한다. 지방이 몸속으로 흡수되는 것을 고려하여 몇 번 보충하기도 한다.

(4) **영구주입(아르테필):** 입 주위 깊은 주름을 부드럽게 만든다. 이 소재는 몸 에 흡수되지 않아서 보충할 필요가 없다. 처음 미용 시술자에게는 적당치 않다.

(5) **폴리락틴산(스칼프트라):** 미국식품안정청FDA은 HIV 환자의 경우 발생하 는 지방조직손실을 보충하는 필러로 승인했다. 2년 정도 유효하며 부작용 (알레르기, 출혈, 멍, 감염, 피부돌출)이 있을 수 있다. 면역력이 약하거나 항혈전 제를 먹는 환자는 권하지 않는다.

PART

III

피부, 몸과 소통하다

Chapter 1

산모의 피부를 지키자

: 모유 수유의 비밀

'화장은 무엇인가'라는 질문에 한 남학생이 답했다. '교통카드와 같다. 그것이 없으면 밖을 못 나간다'는 것이다. '생얼'로 나가기를 꺼려하는 여성의 심리를 너무 잘 알고 있는 그 남학생은 졸업 후 화장품 회사를 차리는 것이 꿈이라 했다. 그 회사에 투자를 해야 할까 보다. 그런데 유니섹스 시대에 사는 남성들이, 이 남학생처럼 여성의 모든 것을 다 아는 것 같지만 경험할 수 없기에 도저히 알 수 없는 것이 있다. 그것은 출산과 육아의 괴로움이다.

여성이 평생 겪을 수 있는 고통 중 가장 큰 고통은 출산일 것이다. 그래도 그 고통은 아이를 낳으면 사라지는 고통이라 할 수 있다. 그마저 요즘은 제왕절개로 큰 고통 없이 넘어갈 수도 있다. 이에 반해 아이를 키우는 고통, 한밤중에도 칭얼대는 아이에게 젖을 물리거나 분유를 먹이는 일은 숨겨진 괴로움이다. 여성은 이 기간 중에 극심한 스트레스를 받는다. 실제로 출산 후에 25% 여성이 육아로 심한 우울증을 앓는다. 지친 몸에 더해서 오는 것은 수유의 괴로움이다. 모유를 먹일 것인가 분유를 먹일 것인가 결정부터 어

사진 3-1 **모유 수유**

유아 건강의 핵심은 모유 수유다

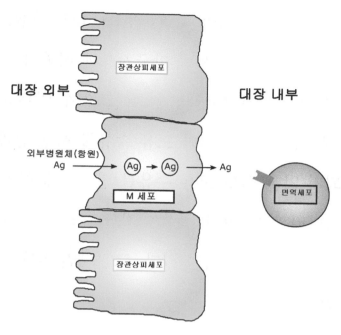

사진 3-2 **유아면역 훈련시키기**

유아장내 M세포는 엄마장내세균Ag으로 장내면
역세포를 훈련시켜 면역을 완성한다

렵다. 주위 사람들 이야기는 가지각색인데다 모유 수유가 몸매에
도 영향을 준다면 선뜻 아이에게 젖을 물리기 쉽지 않다.

육아 우울증의 또 한 가지 원인은 불어난 몸매다. 임신 중에 불어
난 몸무게가 출산 이후에도 줄지 않고 10kg을 훌쩍 넘어선다. 애정
이 식은 것 같은 남편을 바라보는 것보다 S라인이 없어진 몸매를
바라보는 것이 더 절망하게 만든다. 결혼 직전 날씬한 허리라인이

모유 수유로 사라진다면 엄마보다 여자로서 너무 아쉬울 것이다.

국내 모유 수유 비율은 37%로 미국 60%에 비하여 훨씬 낮은 편이다. 직장 여성이 증가하고 모유 수유를 할 수 있는 환경이 마땅치 않은 점 등이 주요인이지만 모유 수유를 하면 몸매가 망가진다는 검증되지 않은 설도 모유 수유를 망설이게 하는 원인이다. 그래서 우리나라 많은 여성이 일찍 젖을 물리고 바로 약을 써서라도 아이에게 분유를 먹이고 있다. 그렇다면 실제로 모유 수유가 비만의 원인일까?

모유 수유는 비만을 줄인다

정답은 그렇지 않다이다. 모유 수유는 오히려 날씬한 몸매를 돕는 촉진제이기까지 하다. 2012년 영국 한 산부인과에서 산모들이 일제히 모유 수유를 하는 이상한 현상이 일어났다. 모유로 아기를 키운 엄마가 그렇지 않은 여성들보다 비만에 걸릴 확률이 낮아진다는 루머 때문이었다. 그런데 루머는 곧 사실로 드러났다. 영국 내 옥스퍼드대학교 연구팀이 6개월간 모유 수유를 한 여성 체질량

사진 3-3 **엄마장내세균 유아에게 옮기기**

장내세균을 유선조직으로 옮기는 수지상세포는 주름 사이에 끼워 균을 운반한다

지수BMI를 조사한 결과 모유 수유를 하지 않은 엄마보다 더 낮게 나타났다는 놀라운 연구 결과를 발표한 것이다. 체질량지수가 낮아진다는 것은 의학적인 측면에서 비만 관련 질병, 예를 들면 당뇨병이나 심장질환에 걸릴 확률이 낮아질 수 있다는 이야기이다.

그렇다면 왜 아이에게 모유를 준 엄마의 체질량지수가 낮아진 걸까. 그 이유는 신진대사가 활발해졌기 때문이다. 신진대사란, 몸에서 일어나는 '화학적 작용'을 말한다. 이 화학과정은 칼로리 소

소흉근

대흉근

유엽

유두

유륜

유관

지방

피부

ⓒ Patrick J. Lynch, 2006

사진 3-4 유선에 모인 엄마장내세균

림프관을 통해 이동한 엄마 장내세균은 유엽생산 모유와 함께
유관을 통해 유아 장내로 이동한다(녹색 : 이동방향)

모 속도와 체중을 통제하는 중요한 역할을 한다. 그러나 여러 가지
원인으로 인해 신진대사가 저하되면 자연스럽게 지방분해 능력도
떨어지게 된다. 그 결과 운동 후 노폐물 배출이 잘되지 않고 몸속
에 쌓여 결국은 살이 쉽게 빠지지 않게 된다. 가뜩이나 힘든 임신,
출산, 그리고 육아로 신체기능은 매우 약해져 있다. 모유 수유를

통해서 이런 낮은 신진대사를 높인다면 아이에게 절대적으로 좋은 모유 수유의 장점(두뇌발달 촉진, 비만위험인자 감소, 면역증강, 호흡기감염 억제 등)과 함께 몸매 관리로 일석이조 효과를 볼 것이다. 이제 마음껏 모유 수유를 할 수 있으리라.

임신, 출산, 육아 시기 여성은 예민해진다. 담배 피우던 남편은 한겨울 베란다에 덜덜거리며 서 있는 본인을 발견한다. 연애 시절 내뿜던 담배연기가 멋있다던 아내가 돌변한 덕분이다. 변한 이유는 아이 때문만이 아니고 정신적 스트레스와 변화한 몸 상태도 한몫한다. 임신 중에는 호르몬 변화로 피부세포도 상태가 변한다. 예를 들면 기미Melasma가 생긴다. 기미는 멜라닌생성세포가 호르몬 자극으로 검정색소를 내놓으며 만들어진다. 멜라닌은 태양 자외선이 피부세포 DNA를 파괴하는 것을 방지하는 천연방호물이다. 상처회복 부위가 검어지는 것과 같은 이유이지만 정확히 어떤 신호가 왜 멜라닌을 만드는지는 분명치 않다. 이러한 검정 스폿이 생기는 이유는 스트레스 호르몬과 연관되어 있다. 변화를 겪은 피부는 시간이 지나면 원래대로 돌아오지만 예민해져 있는 피부에는 저자극 화장품이 필요하다. 출산 후 무방부제, 천연화장품 등을 찾는 이유다. 모유 수유 장점으로 그들을 도와준 과학자처럼 새로운 화장품 기술이 이들의 갈증을 풀어주어야 한다. 그들이야말로 새 생명을 만들어 낸 우리들의 위대한 어머니이기 때문이다.

모유 수유의 또 다른 역할: 장내세균 전달

모유 수유는 초유 내 면역물질, 유용 올리고당 등 유용물질을 아이에게 전달한다. 심리적으로 아이에게 안정감을 주고 엄마의 애착을 전하는 방법이기도 하다. 그런데 그보다 더 중요한 건 장내세균의 전달이다. 영아 장내세균은 아이의 장 속에서 면역을 훈련시키기 때문에 최대한 빨리 자리 잡아야 한다. 면역은 면역세포가 다른 세포들을 얼마큼 강하게 공격하는가가 가장 중요하다. 너무 강하면 자기 세포도 공격하고 너무 약하면 외부 병원균도 공격하지 않고 놔둔다. 이걸 조절하는 장소가 유아의 장 속이다. 여기에서 몸속 면역세포와 장내세균이 '티격태격' 스파링을 한다. 장내세균 정도는 면역세포가 봐주어야 한다. 이런 훈련이 안 되면 사소한 외부 균 혹은 이물질에도 기절초풍 놀라 총질을 한다. 이것이 아토피나 천식의 발생 원인이기도 하다.

장내세균 전달은 아이가 태반에 있을 때, 출산할 때 그리고 모유 수유를 통해 이루어진다. 첫 번째는 최근 연구로 그 가능성이 밝혀진 상태다. 두 번째는 출산 시 태아는 산도를 통과하며 모체 질 유산균과 항문 근처 장내세균으로 샤워를 하게 된다. 세 번째는 모유 수유다. 모유에는 엄마가 선별한 유익한 장내세균이 들어 있다. 이 3단계로 태아는 튼튼한 장내세균이 자리 잡게 되는데 산후 6개월 내에 빨리 자리 잡는 것이 좋다. 모유 수유를 해야 하는 또 다른 이유다.

Chapter 2

백설공주가 사과를 먹은 이유?

: 항산화물질

세계를 움직인 유명한 사과가 3개 있다. 첫 번째는 원죄의 근원인 이브의 사과, 두 번째는 만유인력법칙을 발견한 과학자 뉴턴의 사과, 세 번째는 애플 로고인 '한 입 베어 먹은 사과'다. 이 얘기를 아이들에게 한다면 아마 또 다른 사과를 얘기할 것이다. 다름 아닌 백설공주의 사과다. 독이 든 사과를 과감하게 껍질째 씹어버린 공주는 그 사과 덕분에 잠이 들지만 왕자의 키스를 받고 깨어난다. 그런 의미에서 사과는 흰 피부와 S라인 허리를 가진 백설공주 트레이드마크다.

모든 이야기는 그냥 나오지 않는다. 사과에는 숨겨진 비밀이 있는 것이 아닐까? 혹시 사과는 흰 피부와 날씬한 S라인 허리와 관계가 있을까? 놀랍게도 있다. 사과껍질 성분 중에서 '우르솔산Ursolic Acid'이 다이어트에 도움을 준다는 연구결과가 발표되었다. 아이오와대학 연구팀이 발표한 내용에 따르면 우르솔산은 근육량을 늘리고 지방을 감소시키는 역할을 한다는 것이다. 특이한 점은 껍질에 주로 포함되어 있는 우르솔산이 '갈색지방'을 활성화한다는 것이다. 갈색지방이라는 단어는 우리가 알고 있는 흰색 체지방과는 많이 다르다. 우리 몸에는 태어날 때부터 두 종류의 지방, 즉 에너지를 저장하는 흰색지방과 에너지를 태우는 역할을 하는 갈색지방이 존재한다. 이 갈색지방은 나이가 들수록 급격히 그 양이 줄어드는데 일부 성인에게는 아직도 남아 있는 것이 확인되었다.

지방은 단순히 덩어리가 아니다. 지방이 가득한 세포 뭉치다. 갈색지방이 갈색인 까닭은 지방이 들어있는 지방세포 내에 에너지 발전소인 갈색 미토콘드리아가 많아서이다. 미토콘드리아는 세포 내에서 연료물질을 태워서 몸 안에 쓰이는 에너지를 만드는 화력발전소이다. 즉, 갈색지방세포는 신체의 화력발전소가 몰려 있는 곳이라는 것이다. 이것이 활성화되면 에너지를 많이 태우고 그 덕분에 에너지 저장소인 흰색지방이 감소한다. 즉 사과껍질 속 우르솔산이 갈색지방을 깨운다. 이런 이유로 복부비만의 주요 원인인 흰색지방을 감소시켜 허리를 날씬하게 한다. 이제야 비로소 백설공주가 마귀할멈이 건넨 사과를 껍질째 그대로 씹은 이유를 알겠다. 날씬한 허리도 만들고 또 기절 상태로 있으면 왕자가 올 것을 미리 알고 기대하고 있지 않았을까?

항산화물질이 풍부한 사과

사과껍질에 있는 성분 중에는 우르솔산 이외에 쿼세틴Quercetin이 있다. 이 항산화제는 인체 내에 발생한 활성산소란 해로운 물질을 제거하는 뛰어난 기능이 있다. 자외선이나 스트레스, 과로 등으로 몸 안에 발생한 활성산소는 몸속 세포를 파괴하여 늙고 병들게 만든다. 활성산소가 진피 내 콜라겐, 엘라스틴을 분해하고 얼굴에 주름을 만든다. 주름이 생기는 원인 1위는 물론 나이이고 2위는 태양이다. 나이가 들면서 콜라겐 생성기능이 떨어지니 부서지는 콜라겐을 보충하지 못하는 것이다. 태양에서 나오는 강력한 자외선이 피부까지 뚫고 들어와 물질을 산화시킨다. 피부 속 콜라겐이 부서지는 건 시간문제다. 태양을 피하라. 이것이 가장 강력하고 확실한 주름방지책이다. 나이든 태양이든 피부 속 활성산소를 없애야 한다. 따라서 메말라 있는 피부에 항산화제는 가뭄에 내리는 소나기 같은 구세주이다. 과일이 미인을 만드는 이유이기도 하다. 사과껍질 속 퀘세틴은 또한 두뇌 기억력도 증진시킨다. 백설공주를 구하러 왕자가 올 것이라는 것을 예측할 만큼 총명한 이유가 혹시 사과 때문이 아닐까? 백설공주의 날씬한 허리라인, 흰 피부뿐만 아니라 기억력도 뛰어난 진정한 미인으로 만드는 것이 사과임은 분명하다. 이제 사과는 껍질째 먹어야 한다. 물론 껍질 속에 남아 있을지 모를 농약 성분이 찜찜하다면 식초를 몇 방울 넣은 물에 1분 정도 담근 후 물로 씻어서 먹으면 완벽하다.

다이어트Diet는 그리스어 '디아이타Diaita'에서 유래했는데 육체적, 정신적 건강을 지킨다는 의미이다. '매일 아침 사과 한 알로 병원과 의사를 멀리할 수 있다'라는 영국 속담이 있다. 이처럼 사과는 신체 건강에도 도움을 주지만 S라인과 눈 같은 피부의 백설공주처럼 '완벽미인'이 될 수 있다는 꿈을 꾸게 하는 정신적 건강도

챙겨준다. 뉴턴의 사과가 만유인력을, 백설공주 사과가 다이어트 비법을 가르쳐 준 셈이다.

사과 속 우르솔산으로 화장품 만들기

어떤 할머니만이 알고 있는 피부비법이 있다고 하자. 예를 들어 특정한 사과의 껍질을 짓이겨 얼굴에 발랐더니 얼굴이 환해졌다. 여기에 착안해서 사과 껍질을 조사했더니 우르솔산이 미백효능이 있는 물질임을 밝혀냈다 하자. 이를 이용해 화장품을 만들고 벤처기업을 차릴 수 있을까. 두 가지 방법이 있다. 먼저 사과껍질을 원료로 쓰는 방법이다. 이 경우 사과껍질을 뜨거운 물이나 에탄올로 우려낸다. 이후 물, 에탄올을 증발시키면 걸쭉하거나 분말 형태 추출물이 남을 것이다. 이를 기초화장품, 즉 크림이나 로션 형태 화장품에 첨가한다. 추출물을 사용할 경우 색깔이 있을 수 있는데 칙칙한 색이면 화장품에는 적절치 않다. 다른 방법으로 색을 보정해야 한다. 많은 화장품이 이런 추출물을 사용한다. 비용도 저렴하지만 천연물을 그대로 사용한다는 장점이 있다. 사과껍질 속에는 알려지지 않은 많은 유용한 물질이 있을 수 있다는 점에서는 추출물이 유리할 수 있다.

또 다른 방법은 특정 물질만을 첨가하는 것이다. 만약 사과껍질에서 우르솔산을 쉽게 분리해 낼 수 있다면 문제는 간단해진다. 하지만 그런 경우는 극히 드물다. 해결책은 우르솔산을 화학적으로 합성하는 방법이다. 당연히 가격이 올라가겠지만 우르솔산 함량을 높일 수 있어서 좀 더 효과가 좋은 고급 화장품을 만들 수 있다. 화장품 연구소장은 사과껍질 추출물을 쓸 것인지 우르솔산만을 쓸 것인지 고민해야 한다. 고민 속에는 제조 비용, 피부 효과 그리고 상품 이미지가 들어간다. 사과를 내세워서 제품 선전을 할지 우르솔산을 강조해야 할지는 마케팅 팀장이 고민할 일이다.

유효 물질

고제:
식물 원료

용매

고체/액체
분리 과정

추출 후 식물

추

사진 3-5 천연물 특정 물질 추출법

(예 : 사과껍질에서 우르솔산이 들어있는 추출물을 만드는 법)

나뭇잎에 특정 물질(적색)이 들어 있다. 이것을 많이 뽑아내려면 어떤 용매(뜨거운 물, 에탄올, 아세톤 등)를 첨가한다. 천연물 속 적색물질이 용매에 녹는다. 실제로 대부분의 천연물질은 용매에 녹는다. 이후 용매를 날린다. 물은 끓여서 날리고 에탄올(알코올)은 온도를 높이거나 진공을 걸어 날린다. 그러면 적색물질만이 남게 된다. 물론 적색물질만이 아니라 다른 물질들도 남을 것이다. 이걸 '추출물Extract'이라 칭한다. 식품이나 화장품 원료 라벨에 '××추출물'이라 쓴 것은 모두 이런 형태로 만들어진다.

피하지방과 복부지방

피하지방은 피부(표피, 진피) 아래층에 있는 지방이다. 단순한 지방덩어리가 아니라 피부, 즉 진피를 근육과 뼈에 붙이는 역할을 한다. 모세혈관과 신경이 피하지방을 바탕으로 살아가고 있다. 피하지방은 탄력을 준다. 통통하게 보이는 사람은 피하지방이 제법 있는 사람이다. 다이어트를 하면, 즉 적게 먹고 게다가 운동까지 한다면 피하지방도 물론 줄어든다. 지나친 다이어트로 깡마른 얼굴과 몸을 '스키니Skinny'하다고 좋아하는 사람도 있다. 하지만 피하지방은 피부뿐 아니라 몸 전체 건강에도 중요하다. 반대로 내장지방은 성인병을 유발하는 직격탄이다.

내장을 둘러싸고 있는 복부지방에서 나오는 지방산은 간이 인슐린에 내성이 생기게 한다. 반면 피하지방은 이 지방산을 잡아준다. 내장지방이 있어도 피하지방이 있으면 그나마 다행인 셈이다. 여성은 선천적으로 피하지방이 많다. 이는 여성이 태아에게 공급할 영양소가 지방 형태로 저장되기 때문이라는 학설이 있다. 지방이 필요하기는 하다. 하지만 내장지방은 절대 사절이다. 피하지방이 필요하다. 피하지방이 많은 여성이 똑똑한 아이를 낳는다는 연구 결과도 있다.

사진 3-6

사진 3-7 **피하지방**

(a) 피부구조

　① 표피, 진피(2~4mm), 피하지방으로 구성

　② 피하지방은 피부탄력을 주고 인슐린 저항성 유발물질인 지방산을 잡아준다

(b) (수술 시 보이는 피하지방) 여성(35%)이 남성(25%)보다 체지방 비율이 높다

사진 3-8 **성인 갈색지방(빨간색 화살)**

성인 중 3~7%만이 소량(5~150g)의 갈색지방을 가지고 있지만 저온자극이나 사과,
블루베리 등으로 늘어난다

지방세포 종류

사진 3-9 **지방세포 종류**

갈색지방은 세포보일러(미토콘드리아)가 많고 작은 기름방울들이 차 있어 화력이 세
다. 베이지색은 백색과 갈색의 중간 형태다. 백색지방은 흔히 말하는 뱃살이다. 기름
을 저장해 놓지만 화력이 약해서 스스로 연소하기가 힘들다

사진 3-10 **유아 갈색지방**

체중 5%인 갈색지방은 체온 강하 시 스스로 태워서 열을 내는 비상보일러다

Chapter 3

최고의 화장품, 사랑

: 호르몬과 피부변화

'너 요즘 예뻐졌네, 연애하냐?'라는 말이 있다. 사랑을 하면 정말로 얼굴이 예뻐질까? 그렇다면 이거야말로 일석이조이다. 애인 생기지, 얼굴 고와지지. 그런데 왜 얼굴이 빛나게 되는 것일까? 우리 얼굴은 뇌, 즉 호르몬의 지배를 받는가? 이런 과학적 근거가 분명하다면 또 하나의 신개념 화장품이 탄생할 수 있다. 이른바 '사랑 호르몬 화장품'이다.

사랑은 호르몬이 한다. 처음 상대를 보고 6초 안에 첫인상이 결

운동회로(파킨슨)

전두엽

선조체

흑색질

중격측좌핵

복측피개영역

감정회로(기쁨, 보상)

해마

사진 3-11 **도파민 생성경로**

도파민은 복측피개 영역에서 중격측좌핵을 거쳐 전두엽으로 전달
된다(감정회로). 이 경로는 기쁨, 보상회로다. 마약, 도박을 해도 도
파민이 나오는 중독회로이기도 하다. 도파민은 운동에도 관여한다.
흑색질, 선조체로 향하는 이 부분에 문제가 있으면 발을 떼기 힘든
파킨슨병이 생긴다

정된다. 처음 눈에 꽂힌 사랑은 이후 통제 불능 상태가 된다. 즉 내
가 어떻게 해볼 수도 없이 '달리는 호랑이'에 올라탄 격이다. 이 달
리는 호랑이가 바로 뇌 호르몬이다. 방금 헤어졌는데도 보고 싶고
생각만 해도 가슴이 뛰는 이유는 뇌 신피질 부위 고차원적인 이성
적인 판단이 아니라 감성, 정서를 다루는 변연계의 명령이다. 내
의지와는 상관없이 가슴이 뛴다는 의미다. 인간이 대단한 지성과
이성으로 무장한 위대한 '호모사피엔스'가 아닌 호르몬에 의해 좋

아하고 흥분하는 동물적 인간임을 인정해야만 한다. 헤로인 마약 한 방이면 모든 이성체계가 무너지고 오로지 헤로인이라는 약물에 100% 조정되는 것이 인간인 것을 이해한다면 사랑의 감정이 내 의지가 아니라 호르몬의 결과라 해서 기분 나빠할 것도 아니다.

사랑 호르몬의 3단계

이런 '호르몬 사랑'은 단계가 있다. 처음 본 상대로 인해 가슴이 설레는 단계는 도파민이 지배한다. 도파민은 헤로인 같은 마약을 했을 때 느끼는, 즉 '뽕 가는' 흥분물질이다. 사랑은 마약처럼 강력한 흥분을 준다는 것이다. 처음 본 순간에 시작된 사랑은 도파민으로 온몸을 마비시킨다. 이런 마비는 이후 페닐에틸아민이 이어받는다. 사랑에 맛이 간 사람들은 힘든 줄도 모른다. 상사 잔소리도 가벼이 넘기고 밤을 새워도 몸이 거뜬한 것은 모두 이 호르몬 덕분이다. 초콜릿에는 이 페닐에틸아민이 많아 잉카제국에서 초콜릿을 강장제와 최음제로 사용하기도 했다. 또한 밸런타인데이에 초콜릿을 주는 이유이기도 하다.

급히 달아오른 사랑의 가슴은 이제 옥시토신을 분비하면서 클라이맥스에 도달한다. 결속감과 친밀함 대명사인 옥시토신, 이것으로 사람들은 최고조에 이른 사랑의 기분을 느낀다. 이제 너와 나는 영원한 하나의 끈이야. 사랑의 포로가 된 두 사람은 결혼이라는 수순을 밟게 된다. 하지만 여기까지다. 기간은 보통 2년이다. 가슴이 터질 듯한 상태로 평생을 살 수는 없다. 결국 원래 평형을 유지하려는 본능으로 사랑 호르몬은 정상 수준으로 돌아온다. 상대의 손을 잡는 것만으로 뛰던 가슴이 이제는 내야 할 집세로 가라앉는다. 하지만 너무 아쉬워할 건 없다. 폭풍 시기가 지나면 사랑은 이제 오래된 친구 같은 모습으로 다가온다. 이제 사랑은 일시적인 호르몬이 아닌 영원한 기억으로 뇌에 남는다.

이런 과정에서 몸을 지배하는 호르몬은 당연히 피부에도 많은 영향을 미친다. 도파민은 피부 모세혈관 부위의 혈액순환을 높인다. 덕분에 늘 신선한 피를 공급받은 피부는 건강하고 탱탱하다. 얼굴에 부드럽게 홍조가 깃드는 것은 이런 이유이다. 한창 젊은 피부는 왕성한 혈액순환으로 부끄러운 새색시 얼굴이 된다. 도파민은 또한 피부장벽을 튼튼하게도 한다. 피부가 튼튼하면서도 부드러운 '최상' 상태가 되는 것을 이런 도파민 호르몬이 도와준다.

따라서 최고의 화장품은 이런 도파민을 많이 만들게 하는 것이다. 오메가 지방산 함량이 94%나 되는 페루 지역 잉카너트는 체내에서 도파민 생산을 촉진하는 것으로 밝혀졌다. 이런 화장품을 얼굴에 바르자. 아니 그 전에 사랑을 하자. 사랑을 하면 얼굴이 예뻐진다. 상대를 생각만 해도 얼굴에 미소가 생기는 '맛이 간' 상태, 이와 더불어 내가 그런 사랑을 받는다는 '뜬금없는 자신감'이 겹치게 되고 여기에 도파민이 온몸 혈액을 구석구석 뿌려준다. 이런 상황에서는 아무리 박색이라도 최고의 미인이 된다. 지상 최고의 화장품, 그건 사랑이다.

호르몬을 직접 화장품으로 쓸 수 있을까

호르몬 자체를 화장품에 쓰는 것은 위험하다. 호르몬은 소량이라도 몸 전체 밸런스를 좌우하기 때문이다. 외부에서 호르몬 역할을 하는 물질 중에는 환경 호르몬(Endocrine Disruptor : 내분비교란물질)이 있다. 예를 들면 트리부틸주석이 있다. 선박용 페인트에 첨가되던 이 물질은 어류에 성 호르몬으로 작용해서 암수 전환이 생기게 만든다. 또한 일부 플라스틱 가소제로 사용되는 프탈산도 뜨거운 물에 녹아 나오기도 한다.

과학적으로 입증된 결과를 보자. 오메가3를 섭취했을 때 도파민이 생성된다. 기분이 좋아지는 항우울증 효과가 있다. 정신적인 효과 이외에 피부과민성, 피부건조증이 감소되고 항산화능이 증가하는 피부개선 효과가 있다. 화장품 성분 원료 중에 이런 도파민 증가 능력을 가진 물질을 찾기 위해서는 실험실에서의 측정이 필요하다. 두뇌세포(뉴런)에서 도파민이 나오는지, 피부세포에 염증, 독성 같은 부작용이 생기지 않는지를 검증한다. 이런 물질들, 예를 들면 식물추출물을 발견하면 화장품 형태로 만들어서 피부에 도포하고 피부혈관 순환 정도(혈색), 기분 변화 등을 측정, 혹은 설문으로 조사한다.

사진 3-12 **기능성물질 산업화 단계**

어떤 기능이 있는 성분을 발견하면 단기로는 기능성 식품과 기능성 화장품으로, 장기로는 의약품으로 개발할 수 있다. 기능성 시장은 진입이 용이하고 성공 확률이 높지만 부가가치가 의약보다는 적을 수 있다. 반면 의약품은 장기투자이지만 진입장벽이 높고 이윤이 클 수 있다

의약품, 기능성 식품, 기능성 화장품 차이

만약 어떤 식물이 두뇌 도파민 생산 능력을 높인다는 것을 발견했다면 이걸 신약으로 개발할 수 있을까. 국내의 경우 의약품 중에는 천연물의약품이 있다. 한방에서 치료용으로 많이 쓰던 물질은 효능이 확인되면 굳이 순수한 물질까지 분리해서 사용하지 않아도 된다. 만약 도파민 증가 능력이 확인되면

다른 독성, 부작용을 확인하고 신약검증 과정을 거치면 된다. 즉 동물실험, 임상실험을 모두 거친다. 천연물 신약은 일반 화합물과 똑같은 허가 과정을 거친다는 말이다.

도파민 증가 천연물을 기능성 식품이나 기능성 화장품으로 허가받기는 쉽지 않다. 현재 기능성 식품 범위에는 영양소기능(예 : 비타민C), 생리활성기능(예 : 루테인, 눈 건강 도움), 질병감소기능(예 : 비타민D) 등이 있다. 여기에 기분이 좋아지는 것은 해당이 안 된다. 기능성 화장품도 미백, 노화방지, 자외선차단 등이 있지만 도파민에 해당하는 부분은 법적으로 없다. 대신 도파민 증가가 미백기능이 있다면 미백화장품 소재로 허가할 수는 있다.

사진 3-13 **기능성 화장품**Cosmeuceutical

기능성 화장품이란 기능 위주 제약과 치장 위주 화장품의 중간 형태로 예방, 개선기능이 있는 화장품이다. 화장품이 Art, 제약이 Science를 강조한다면 기능성은 두 분야가 동시에 필요한 영역이다. 바이오 분야가 이 분야에서 할 수 있는 일은 피부에서 어떤 작용을 하는지를 피부세포배양으로 확인한다. 또한 천연물 중에서 원하는 기능(미백, 노화방지, 자외선차단기능)을 하는 물질을 찾아내고 이를 대량으로 만드는 방법을 연구한다

Chapter 4

자전거 타는 여성은
장수한다

: 운동과 피부

건강한 얼굴은 굳이 비싼 화장품을 필요로 하지 않는다. 더불어 정신적 스트레스도 없앨 수 있다면 건강의 반은 이룬 것이다. 내가 거금을 들여 자전거를 구입한 이유도 호젓한 산길을 혼자 달려보면 탁 막힌 가슴속이 후련해져서 스트레스가 사라질 것 같았기 때문이다. 거기다 자전거 동호회까지 가입했다. 이 동호회는 초보도 산길을 갈 수 있게 해준다 했다. 한 번 따라가 볼까 하는 호기심이 문제의 발단이었다.

동호회에는 남자회원 8명과 여자회원 4명이 미리 나와 있었다. 여자도 있는데 내가 못 따라갈까. 처음 가는 길에 뒤쳐져서 민폐를 끼치고 싶지 않았다. 작은 체구의 여성들의 등장은 내심 나를 안심시켰다. 숨을 몰아쉬며 올라선 동네 야산 언덕길 끝에는 아뿔싸, 아주 가파르게 내려가는 좁은 산길이 나를 기다리고 있었다. 나를 포함한 몇 명의 초보는 서로 눈치를 보며 주저하고 있었다. 그때 뒤에 따라오던 4명의 여자는 배낭에서 무릎보호대를 꺼내더니 척척 다리에 감았다. 그러고는 일말의 망설임도 없이 내리막길로 달려 내려갔다. 그 속도는 상상을 초월했고 남은 우리는 넋을 잃고 그 광경을 보고 있었다. 이미 4인방 여전사들은 저 아래에서 우리를 기다리고 있었다. 우리는 선택해야 했다. 하지만 나의 선택은 그리 오래 걸리지 않았다. 나보다 앞서 내려간 청년이 미끄러지며 구르는 것을 본 순간, 미련 없이 자전거를 끌고 걸어 내려갔다. 나는 그날 이후로 그 동호회를 그만두었다.

운동, 영양소섭취가 골다공증을 막는다

이런 급경사에서 자전거는 위험할 수 있다. 하지만 한적한 시골 길이나 숲속으로 뻗어 있는 오솔길을 자전거로 달려본 사람은 그 쾌감을 잊지 못한다. 더구나 요즘은 한강을 비롯해서 전국 강변에 자전거길이 연결되어 있어 차가 없는 길에서 맘대로 자전거를 탈 수 있다. 자전거 타기는 여성들에게 좋은 운동이다. 골다공증에 특히 좋은 것이 그 이유다. 골다공증은 뼈를 이루는 물질이 빠져나가고 잘 만들어지지 않기 때문에 구멍이 숭숭 뚫리고 약해져서 발생한다. 그런데 골다공증의 문제는 따로 있다. 골다공증은 뼈가 부러지기 전에는 증상이 없는 '침묵의 병'이다. 게다가 여성은 남자보다 9배나 많이 발생한다. 특히 폐경이 지난 여성에게 많이 발생한다. 가뜩이나 마음이 가라앉은 그 시기에 가볍게 넘어졌는데도 다리가 골절이 된다면 심각한 우울증을 불러올 수 있다. 노인의 경우 골다공증으로 부서진 골반은 자칫 생명을 위협한다. 실제로 겨울철 골절로 인한 노인 사망사고는 해마다 증가하고 있는 추세다. 평균 수명이 길어지면서 고령화 사회 속에서 가장 두드러지는 병 중 하나인 것이다.

그렇다면 뼈가 약해지는 것을 막을 수 있는 방법은 없을까. 100% 막을 수 있는 방법은 없다. 일반적으로 출생 후 성장기를 지나 어른이 될 때까지 뼈 대사과정이 활발하게 일어나고 삼십 대쯤에 이르러 최대 골밀도가 형성된다. 그러나 그 이후로는 계속 내리막길을 걷게 된다. 매년 0.4~2% 골밀도가 감소한다는 게 과학적으로 밝혀진 바다. 막을 수 없는 것이 세월이라지만 골다공증을 피해갈 수는 있다. 예방이 최고다. 뼈가 튼튼해지는 4인방 영양소인 칼슘, 인, 단백질, 비타민D가 많이 있는 음식을 자주 먹는 것이 비결이다. 그중 칼슘이 제일 중요하고 가장 대표적인 식품은 우유다. 한국인은 대개 하루 칼슘 권장양인 1,200㎎을 절반도 채우지 못한다. 하루 우유 3잔이면 부족한 권장량을 채울 수 있다. 우유를 마시면 속이 불편한 사람들은 데워서 마시다 보면 점점 우유분해효소가 늘어난다. 이런 식품보다도 더 확실한 것은 운동이다. 다리에 충격을 주는 운동은 오히려 뼈를 튼튼하게 하기에 자전거 운동을 적극 권한다. 하지만 실내자전거는 시간이 지나면 실내건조대로 변하는 것이 보통이다. 따라서 한강변을 나가는 것이 최선이다. 다리 운동에도 도움이 되지만 탁 트인 풍경도 답답했던 우리 가슴을 바람으로 가득 채워서 기분을 풍선처럼 띄운다. 귀를 스쳐가는 공기 소리가 들린다. '음, 살 만한 세상이야.'

운동이 피부에 미치는 영향

운동이 심장, 폐, 스트레스에 좋다는 건 잘 알려진 사실이다. 그런데 피부는 어떨까. 혈액순환은 보습, 햇볕 피하기와 함께 건강한 피부의 세 가지 조건이다. 산소와 영양분이 혈액으로 공급되고 노폐물이 혈액으로 빠져나간다. 그렇다고 피부가 몸 안 독소를 제거하지는 않는다. 외부에서 들어온 나쁜 물질 처리는 모두 간에서 한다. 중요한 건 혈액순환이 좋으면 몸 상태가 최상에 도달한다는 점이다. 스트레스로 악화되는 여드름, 습진이 운동으로 줄어든다. 운동은 스트레스를 줄인다. 사실 운동 자체는 스트레스를 유발하는데 숨이 턱에 차면 스트레스 호르몬(코르티솔)이 높아진다. 하지만 운동을 자주 할수록 이런 스트레스 상황에 대처하는 능력이 높아진다. 코르티솔을 낮추는 적응력이 생긴다. 스트레스 해소 방법 1순위가 운동인 이유다. 스트레스가 여드름을 만드는 이유는 피부기름을 만드는 피지선이 호르몬 영향을 받기 때문이다. 피부에 영향을 주는 물질이 또 있다. '마이오카인Myokine'이다. 근육이 운동을 하면 나오는 항염증성 물질로 피부염증을 줄이고 피부세포활성을 높인다.

탁 트인 야외를 달리는 것만큼 속을 후련하게 만드는 건 없다. 하지만 자외선 방어는 필수다. 자외선이 강한 오전 10시~오후 4시 사이를 피하는 게 좋다. 자외선차단제를 사용해라. 땀은 차단제 능력을 40%까지 떨어뜨린다. 긴 소매, 모자로 태양을 막아라. 운동할 때 얼굴, 코가 붉어지는 '빨간 코' 현상이 나타나면 달리기 같은 운동은 피해야 한다. 잦은 운동으로 피부혈관이 심하게 늘어나는 것이 반복되면 혈관이 늘어난 상태가 되기 때문에 열이 안 나는 운동, 예를 들면 수영을 하든지 서늘한 장소에서 운동을 해야 한다.

피부 속 혈관

피부 피하지방층에 정맥, 동맥이 연결되어 있다. 여기에서 모발에 영양을 공급한다. 땀샘에 연결된 혈관을 통해 노폐물이 피부 밖으로 나간다. 진피와 표피 사이에 뻗어있는 혈관을 통해 표피, 진피 내 세포들이 산소, 영양분을 받는다. 얼굴이 붉어지는 홍조현상은 쉽게 혈관이 확장되기 때문이다.

'입술이 파랗게 질린다'는 말이 있다. 추울 때나 무서울 때 생기는 현상이다. 입술은 피부 두께가 얇아서 피부 속 혈관이 잘 비친다. 입술이 붉은 이유다. 빈혈이나 혈액 중 산소부족으로 적색이 줄어들고 청색으로 보이는 경우가 있어 건강의 척도가 된다. 찬 공기에 피부가 노출되면 열손실 방지를 위해 혈관이 수축된다. 더불어 혈류량이 떨어지면서 정맥혈관이 두드러져 보인다. 정맥혈액은 산소와 결합한 헤모글로빈이 적어서 푸르게 보인다. 입술이 새파랗게 보이는 이유다.

유두 진피   모발   유두망 모세혈관
유두망
유두층
망상층
피부 혈관망

사진 3-14 진피 내 혈액순환 모식도

모세혈관은 진피와 표피 경계선까지 도달한다. 이 혈관으로 표피 속 세포에 영양을 공급한다

정상 뼈   골다공증

사진 3-15 골다공증

정상(좌) 뼈에 비해 골다공증(우) 뼈는 뼈의 주성분인 칼슘이 녹아 나와 생긴다

Chapter 5

천고인비의 계절,
호르몬이 문제다

: 비만피부

몸이 비정상적으로 뚱뚱한 사람이 몇 kg을 빼기는 쉽다. 문제는 늘 유지해 오던 평균 체중을 줄이는 것이다. 평상시 생활습관과 찰떡처럼 붙어 있는 것이 체중이니 이것을 줄인다는 이야기는 생활습관 자체가 변해야 한다는 거다. 마치 손깍지를 끼면 오른손이 위에 오던 사람이 왼손이 위에 오도록 습관을 바꾸는 것처럼 어려운 일이다. S라인이나 식스팩은 고사하고 체중만 5kg 더 뺀다면 모든 건강 수치가 정상으로 돌아올 것이라는 의사의 말이 솔깃하다. 하

사진 3-16 **복부지방**

손에 잡힐 정도면 비만경계선이다

지만 음식으로 자꾸만 가는 숟갈을 놓기가 어렵다는 데 모든 문제의 시발점이 있다. 더구나 선선한 가을, 여름 무더위에 지친 몸이 이제야 식욕을 찾는다. 게다가 고칼로리 음식이 총출동하는 추석도 끼여 있으면, 천고마비天高馬肥의 가을은 천고인비天高人肥의 계절로 변신한다. 말은 살찌되 나는 날씬해질 비법은 없는 것일까?

가을은 독서의 계절이기도 하지만 식탐의 계절이기도 하다. 실제로 봄보다 가을에 하루 평균 222Kcal를 더 섭취한다. 서늘해진 가을 공기 때문에 몸은 더 열을 내야 하고 그만큼 허기를 느껴 더 먹게 된다. 반면 열을 내보내는 혈관은 찬 공기로 축소되어 발산이 되지 않아 살이 찌게 된다. 가을이 되면 일조량이 줄고 햇빛이 만드는 세로토닌 호르몬도 줄어든다. 행복감이 덜해지고 스트레스가 쌓인다. 우울증에 따른 폭식이 생긴다.

천천히 먹는 것이 중요하다

사람이 식욕을 느끼게 하는 호르몬은 그렐린이다. 이놈만 잘 관리한다면 우리는 출렁거리는 뱃살을 걱정하지 않아도 된다. 문제는 위가 비워지기만 하면 이를 눈치 챈 호르몬이 뇌에 신호를 보낸다는 것이다. 이 신호를 받은 다음부터 뇌의 명령을 어기고 배고픔을 참기란 너무도 고통스러운 일이다. 처음부터 그렐린이 눈치를 못 채도록 하는 일이 제일 나은 방법이다. 식탐 호르몬 그렐린은 예민하다. 잠든 개가 눈치 못 채도록 조용조용히 식사량을 줄여야 하는데 그렐린은 만만치 않게 눈치가 빠르다.

따라서 그렐린과 맞서 싸우기 위해서는 끈기와 인내 그리고 엄청난 노력이 필요하다. 우선 약 6개월 정도의 시간이 필요하다. 이 기간 동안 식사량을 조금씩 줄여 나가는 것이 매우 중요하다. 한꺼번에 확 줄이지 않고 조금씩 음식량을 줄이는 이유는 물론 그렐린 때문이다. 그렐린은 위가 비어 있으면 바로 활동을 개시한다. 따라서 그렐린이 눈치 못 채도록 100~200kcal씩, 즉 하루에 한 숟가락 정도씩 식사량을 줄여 가는 것이 가장 좋다. 술자리나 회식을 피할 수 있으면 피해라. 그곳에서 그렐린을 피하기란 참새가 방앗간을 그냥 지나치는 것보다 어렵다. 운동만으로는 감량이 안 된다. 아예 식사를 줄이는 방식이 그 호르몬을 멀리하는 방법이다. 하지만 신은 우리에게 선택권을 늘 주신다. 그렐린을 주셨으면 그 반대, 즉 식욕억제 호르몬인 '렙틴'도 주셨다. 렙틴을 늘리는 방법으로는 아침 먹기, 천천히 씹어 먹기, 섬유질 먹기, 산책하기, 숙면 취하기이다. 쉽게 말하면 정신없이 먹으면 식탐 호르몬이, 수도하듯이 음미하며 먹으면 식욕이 상대적으로 줄어든다는 것이다. 최소한 식사하면서 내가 식사를 하고 있다는 생각을 해야 한다. 착 가라앉은 기분으로, 명상하듯 한 알 한 알 씹히는 곡식 맛을 본 적이 언제인가. 급한 마음에, 급한 식사에, 급한 음주에 내 몸은 멍든다. 피부는 몸의 창이다. 천천히 음미하는 식습관이 투명하고 탄력 있는 피부를 만든다.

국내 성인 3명 중 1명은 비만이다. 청소년들은 비만도가 꾸준히 늘어서 17.3%가 비만이다. 비만일 경우 축적된 지방덩어리가 내부 장기를 둘러싸서 제대로 일을 못 하게 만든다. 비만은 특히 성인병(고혈압, 당뇨, 고지혈증)의 직접적 원인이다. 지방에서 나온 신호물질이 혈액 속으로 들어가 혈당을 조절하는 인슐린 역할을 방해한다. 2형 당뇨가 뚱뚱한 사람에게 압도적으로 높은 이유다.

피부도 비만과 직결되어 있다. 비만은 피부장벽, 피지선, 땀샘, 림프구, 콜라겐 구조, 피부상처 치유, 피부혈액순환, 피하지방구조에 악영향을 미친다. 피부 사이에 축적된 지방덩어리로 피부장벽이 깨진다. 피지선이 과잉지방으로 막히면서 여드름이 유발된다. 피하지방이 비례하여 증가한다. 운동 시 과도한 땀이 발생한다. 이런 이유로 다양한 피부질병(흑색피부종, 쥐젖, 건선 등)을 일으킨다. 비만인에게 가장 많이 나타나는 현상은 피부가 접혀서 생기는 염증이다. 염증과 함께 칸디다균이 번성하여 모닐리아 감염증이 생긴다. 여름철 무좀이 성행하는 것과 같은 원리가 접히는 피부(겨드랑이 등)에 생긴다.

Chapter 6

굶을 것인가 뛸 것인가,
그것이 문제로다

: 칼로리와 피부

물만 먹어도 살이 찐다며 세상이 불공평하다는 친구가 있다. 그 친구는 별명이 '0.1톤', 체중이 늘 100kg대를 오르내린다. 하지만 그 친구와 한번 술을 먹어본 사람은 안다. 그의 '물'은 사실은 '술'이다. 그는 술을 즐긴다. 덕분에 허리둘레가 족히 100㎝를 넘어선다. 그는 술은 많이 마시지만 안주는 안 먹는 편이라고 강변한다. 정말 술만으로 살이 찔까? 알코올은 그 자체로는 칼로리가 낮아서 몸에 지방으로 쌓이지 않는다고 하는데 나는 왜 살이 찌는 것일까? 술자리에서 안주를 멀리하고 술만 마시는 것은 거의 '수도'에 가까운 인내가 필요하다. 다이어트를 원하는 사람이 술집에 가는 것은 마치 스키 초보자가 상급자 코스에 가는 것과 같다. 술집에서는 정말로 다이어트를 포기해야 할까. 어차피 즐기려고 마시는 술인데 한 잔 한 잔에 열량 계산기를 두들겨야 할 필요까지는 없다. 이왕 술 마시러 왔으면 그 자리의 목적인 '스트레스 해소'를 하면 된다. 술을 먹은 다음에 발생한 문제는 다음날 해결하자. 그럴 마음이 없으면 아예 술자리를 가지를 말아야 한다. 이제 그 이유를 살펴보자.

맥주 500cc 한 잔의 열량은 180Kcal다. 기분 낸다고 넉 잔이 되면 한 끼 식사에 해당한다. 또 알코올이 들어가면 안주가 더욱 맛있어 보이는 현상이 발생한다. 배가 든든할 정도로 채우려면 삼겹살 2인분, 시원한 냉면 1인분이 눈 깜짝할 사이에 없어진다. 이 정도면 60kg인 성인의 하루 권장 열량이다. 술과 안주가 따라오는 이런 술자리라면 이미 세끼 식사를 한꺼번에 한 셈이다. 이러고도 식스팩이나 S라인을 기대한다면 정말로 양심이 없다고밖에 할 수 없다. 이 계산법은 술과 안주 모두 다 열량 계산에 해당된다는 이야기이다. 세상에 대가 없는 공짜는 없다.

굶는 대신 근육을 키워라

즐거운 술자리를 즐긴 다음날은 어제 넘치게 먹었던 열량만큼 열량을 소모해야 한다. 방법은 두 가지다. 굶거나 움직이거나. 그런데 굶어서 들어오는 열량을 줄이는 방법은 부작용이 많다. 우선 몸은 우리도 모르는 사이에 스스로 살려고 모든 지혜를 모은다. 아침을 거를 경우, 점심때 많이 먹은 음식을 태워 소비하려하지 않는다. 그 대신 몸에 저장하려는 본성이 생긴다. 즉 한 번 굶은 경험이 있어서 몸은 비상시를 대비하는 것이다. 음식을 소화시켜 태워버리는 대신 그대로 저장해 놓는다. 이런 원리는 다른 생물체에서도 나타난다. 즉 효모 같은 아주 작은 미생물도 한 번 굶겼다가 먹이를 주면 몸 안에 지방으로 저장해 놓는다. 먹을 것이 부족해 보이는 상황에서는 엔진을 제대로 돌려서 태워버리지 않고 지방 등으로 몸에 저장한다는 이야기이다. 따라서 굶는 것은 몸 엔진을 잠시 끄는 것과 같다. 엔진은 늘 돌아가야 먹을 것을 쉽게 분해해서 몸에 쌓이지 않게 된다.

엔진은 근육에 해당한다. 근육이 많은 사람의 엔진은 6기통이다. 같은 몸무게여도 뱃살이 있는 사람은 4기통이다. 같은 삼겹살

사진 3-18 **튼살과 셀룰라이트**

을 먹어도 6기통은 에너지를 다 소비한다. 식스팩을 가진 사람은 뱃살이 홀쭉하다. 밥 한 공기에 해당하는 300Kcal를 소모하려면 끼니를 거르거나 한 시간 빠른 속도로 걸어야 한다. 이 경우 유리한 것은 한 시간 걷는 것이다. 한 시간 걸으면서 엔진을 열 받게 해놓으면 한 시간이 지나서도 연료가 잘 소비되는 상태를 유지하는 부수 효과가 있기 때문이다. 게다가 한 시간 운동으로 근육세포가 늘어났다면 그만큼 기초대사량도 늘어나서 맥주까지 같이 마셔도 뱃살로 가지 않는다.

우리나라 알코올 소비량은 일본의 1.8배, 미국의 1.5배이다. 언제 어디서나 24시간 술을 마실 수 있는 환경도 문제이지만 술이 스트레스를 해소해 줄 것이라는 생각도 문제이다. 맥주 한 병은 속보로 한 시간을 걸어야 할 열량이다. 세상에 공짜는 없다. 먹고 마시는 만큼 남자는 뱃살로, 여자는 허벅지 살로 간다. 스트레스가 생긴 것을 맥주로 풀려고 하는 방식을 바꾸는 방식 이외에는 알코올과 안주의 유혹에서 벗어날 방법이 없다는 것이 문제다.

비만과 피부 합병증

비만은 건강에 여러 가지 악영향을 준다. 피부도 예외는 아니다. 비만으로 인슐린 저항성(인슐린이 제대로 활동을 못함)이 생긴다. 이 경우 피부가 접히는 부분, 예를 들면 겨드랑이, 무릎, 팔꿈치, 목 부위에 검은 반점이 생긴다. 이를 '흑색 가시 세포증'이라 부른다. 또한 피부가 접힌 부위에 습기가 생기고 이차감염으로 피부 균이 증식하여 짓무르게 된다. 체중증가로 피부가 팽창하면서 '튼살'도 생긴다. 임신으로 배가 부르면 피부가 트고 선이 생긴다. 시간이 경과하면 줄어들지만 흔적이 남는 경우가 많다. 체중이 하지정맥 관을 압박하면서 하지정맥류, 실핏줄이 터지는 경우가 생긴다. 힘줄이 튀어나왔다고 느낄 정도로 눈에 보이기 시작한다. 점차 진행되면 합병증을 유발한다.

셀룰라이트는 비만이 좀 더 진행되면서 생긴다. 지방에 노폐물과 체액이 결합하여 세포가 변성된다. 단순 비만과 달리 세포질이 두껍고 질기며 분해가 잘 안 된다. 귤껍질처럼 울퉁불퉁한 피부가 되며 발생 후에는 없애기가 어려워 예방이 중요하다. 물, 과일, 신선한 채소, 운동, 마사지로 혈액순환을 돕고 금주, 금연이 도움이 된다.

술 마신 다음날 목이 마르다. 탈수는 단순 목마름을 넘어 염증, 부기, 콜라겐 파괴로 이어진다. 술은 왜 목이 마르게 할까. 술을 마시면 혈액으로 들어가서 뇌하수체에서 생산된 바소프레신(항이뇨 호르몬)을 방해한다. 바소프레신은 신장에서 소변을 재흡수하여 체내 수분량을 조절한다. 이 작용이 알코올로 막히면 소변이 그냥 나간다. 그래서 술을 마시면 화장실에 자주 가는 것이다. 마신 술의 양보다도 소변으로 내보내는 양이 더 많다는 이야기다. 당연히 수분이 부족한 탈수현상이 생긴다.

사진 3-19 **소변량 조절 원리**

뇌하수체Posterior Pituitary에서 생산된 바소프레신ADH과 부신피질에서 생산된 알도스테론은 서로 길항작용, 즉 조절작용을 한다. 그 결과 소변량이 조절되어 체내 수분 상태가 조절된다

Chapter 7

스트레스가 나를 살린다

: 염증

초등학교 시절 운동회는 즐거움 대신 스트레스를 주는 날이었다. 열 살 아이는 늘 걱정도 없이 평화로울 것 같지만 실상은 그렇지 않다. 때로는 쉰 살 성인처럼 심리적 압박이 심하다. 운동회 당시 100m 출발선에서 '땅' 총소리를 기다렸던 순간은 지금도 악몽 같아서 생각만 해도 진땀이 난다. 가족들이 보고 있는 앞에서 꼴찌로 들어오는 모습을 매번 보여줘야 했다. 장애물을 통과하지 않고 옆으로 뛰어가는 반칙을 해본다. 그래도 꼴찌일 만큼 내 다리는 빈약했다. 하지만 이 스트레스가 언제부터인가 '자신감'으로 변했다. 덕분에 지금은 어떤 운동이든 남만큼은 할 수 있게 되었고 이제 운동은 살아가는 큰 즐거움 중 하나다. 달리기 선에 섰

사진 3-20 **스트레스 전달 경로**

스트레스는 두 가지 경로로 두뇌에서 장기까지 전달된다
[A : **호르몬 전달**] 두뇌(해마, 뇌하수체) – 부신피질 – 코르티솔 분비
[B : **신경망 전달**] 신경망(교감-부교감)을 통해 각종 장기에 전달된다

을 때의 스트레스가 나에게 무슨 힘을 주었던 걸까?

스트레스는 양날의 검이다. 적더라도 오랫동안 스트레스를 받을 경우, 몸에 직접적인 해를 끼친다. 쥐를 하루 종일 물레방아를 돌리게 해서 스트레스를 받게 한 뒤 위를 관찰하면 새빨갛게 충혈되어 있다. 이런 것이 반복되면 위염, 위궤양이 생긴다. 위가 이럴 정도면 얼굴은 이미 솟아오른 뾰루지로 난리법석일 것이다. 이런 장기간 스트레스는 몸에 나쁘지만 단기 스트레스는 오히려 도움이 되기도 한다. 인간이 동물과 마주치면 두 가지 중 택일을 해야 한다. 줄행랑치거나 맞붙어야 한다. 둘 다 순간적인 근육 힘이 필요하다. 이런 스트레스는 순간적으로 큰 힘을 불러일으켜 고도의 집중력을 발휘하게 한다. 또한 스스로의 치유 능력이나 면역력을 높이기도 한다. 실제로 운동선수는 훈련과정에서 스트레스를 이용한다고 밝혀졌다. 특히 상대방과 일대일로 겨루는 태권도, 권투, 격투기, 유도, 펜싱과 같은 종목에서 스트레스는 적절한 긴장감을 유발해 경기력을 향상시킨다. 비단 운동선수나 군인만이 스트레스로부터 도움을 받는 것은 아니다. 많은 사람이 자신도 모르게 스트레스로 능률을 높인다. 밤에 잠을 쫓기 위해서나 집중이 잘 안 될 때 커피를 마시는데 이때 커피 속 카페인 성분은 스트레스 호르몬 분비를 촉진한다. 스트레스가 주는 적당한 긴장감은 건강에도 도움이 된다.

적당한 스트레스는 필요하다

미국 오하이오 주립대 의대 퍼다우스 대버 교수는 적당한 스트레스는 백혈구의 숫자를 늘려 면역체계를 강화한다는 것을 논문으로 발표했다. 부정적인 걸로만 알고 있었던 스트레스의 또 다른 모습이 밝혀진 것이다. 이게 다가 아니다. 스트레스는 사람의 생명을 구하기도 한다. 부모가 위기에 처한 자식을 구할 때는 물론, 그 반대의 상황에서도 스트레스는 힘의 원천이 된다. 2007년 어버이날 15세 남학생이 전신에 화상을 입으면서도 화염에 휩싸인 건물 속에서 아버지를 업고 나와 목숨을 살린 경우가 이에 해당된다. 스트레스를 받는 상황에서는 몸속에서 코르티솔 호르몬이 분비돼 근육이 긴장하고 감각기관이 예민해진다. 그래서 위험에 빨리 대처할 수 있게 돼 생존 확률이 높아진다.

상대와 일대일로 겨루는 운동선수의 경우, 아드레날린이 분비되어 심장박동수가 증가하며 집중력이 높아지고, 맞은 부위의 통증도 잘 느끼지 못하게 만든다. 스트레스가 선수를 준비시키는 것이다. 운동회날, 100m 달리기 출발선에 서 있던 열 살짜리 소년도 아마 아드레날린이 펑펑 분비되고 있었을 것이다. 당시에는 다리가 못 따라주어서 꼴찌가 되었겠지만 언제부터 그 아드레날린이 두터워진 다리를 만나면서 100m 달리기에서 남들보다 앞서 달리는 경우도 종종 생겼다. 하루하루 살면서 스트레스 받지 않는 날이 있을까. 아마 없을 것이다. 스트레스가 없는 세상은 아무런 자극이 없는 하늘나라에서나 가능한 이야기이다. 지나친 스트레스는 병을 불러오지만 적당한 스트레스는 우리 몸에 긍정적으로 작용한다는 사실을 기억하자. 얼굴에 솟아오른 뾰루지를 살아 있다는 증표로 알고 감사할 일이다.

스트레스와 피부

육체적, 정신적 스트레스는 인체에 직접적 영향을 준다. 진화적으로 스트레스는 위기에 대응하게 만든다. 즉 초원에서 위험한 동물을 만나면 호모사피엔스는 공격하거나 도망갈 수 있도록 스트레스 호르몬을 만들어 장기를 준비시킨다. 이런 스트레스 전달의 핵심은 두뇌-뇌하수체 연결망HPA이다. 스트레스는 두뇌 해마를 자극하고 이어 뇌하수체에서 스트레스 자극 호르몬을 만든다. 이 신호가 부신피질에 전달되면 스트레스 호르몬인 코르티솔이 만들어진다. 이 호르몬은 혈액을 통해 온몸에 전달된다. 이와 동시에 두뇌에서 직접 각종 장기에 신호를 보내 장기가 흥분 상태가 된다. 하지만 이런 스트레스가 장기화되면 문제다. 심혈관 문제, 두통, 다발성 무력증, 신경쇠약 등이 생긴다. 피부는 어떨까. 피부는 방어와 면역을 담당하는 장기로 외부와 신체 사이 방벽이다. 피부는 외부환경 신호를 보내기도 하지만 두뇌에서 직접 스트레스 신호를 받는다. 염증전달물질이 두뇌-피부 사이에 직접 오고 간다. 알레르기 면역반응에 관여하는 비만세포(Mast Cell: 뚱뚱한 것과 관계없는 이름이다)가 그 중심에 있다. 외부 알레르기 물질에 접촉 시 히스타민 같은 염증신호물질이 방출되어 재채기, 콧물 등을 유발한다. 꽃가루 알레르기는 일시적이다. 하지만 장기스트레스는 염증이 오래가게 만들고 피부노화에도 직접적인 영향을 준다. 염증신호를 차단하는 천연물을 찾아서 기능성 피부소재로 만들려는 연구가 진행 중이다.

호르메시스Hormesis 이론

가벼운 스트레스나 미량의 독소 등이 오히려 몸의 저항력이나 면역력을 키워주는 현상이다. 도움을 주는 낮은 강도의 스트레스는 '좋은 스트레스Eustress'라 부른다. 음식을 제한하거나 소량의 방사선 등 일정 자극으로 인한 호르메시스 효과가 생명체 생존에 필수적인 항상성Homeostasis에 도움이 될 수 있기 때문이다. 보톡스에 사용하는 보톨로리움 독소, 복어 독을 이용한 진통제, 벌침을 이용한 항염 치료제 등이 있다.

사진 3-21 운동경기에 참여하는 것은 스트레스에 대응하는 정도를 높여 주는 좋은 스트레스Eustress로 작용할 수 있다. 물론 스트레스가 도움이 되는 정도는 개인차가 심하다

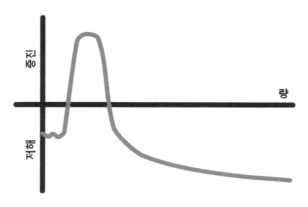

사진 3-22 **호르메시스 커브**

낮은 상태의 스트레스는 오히려 자극이 되어 도움이 된다

Chapter 8

보톡스, 땀을 멈추다

: 땀과 신경

대학 시절, 운동을 하면 유난히 땀을 많이 흘리던 나는 학교 보건소를 찾아갔었다. 자다가 일어났는지 부스스한 얼굴의 노년의 의사는 왜 왔는지 눈으로 묻고 있었다. '한여름에 두 시간 축구를 하면 땀이 비 오듯 해서 혹시 다한증이 아닌가 걱정이다'라는 나의 말에 의사는 내 위아래를 훑어본다. 땀에 젖은 반팔 유니폼에 축구화를 신고 땀을 흘리고 있는 청년이 거기 서 있다. 잠이 덜 깬 의사는 별놈 다 보겠다는 듯 손사래를 치며 나를 내쫓았다. 쫓겨 나오면서도 '운동 후에 땀이 많이 나는 것은 병이 아니구나' 하는 생각에 안심했던 기억이 난다.

정상인의 경우 여름에 흘리는 땀의 양은 1ℓ, 필요 수분량은 3ℓ 정도이다. 운동 시 땀은 아포크린한선을 통하여 배출된다. 뇌가 한선, 즉 땀샘세포에 신호를 보내면 아포크린 땀샘은 열심히 물을 내보내서 피부를 적신다. 물이 증발하면서 피부온도는 낮아지게 된다. 뇌는 몸 중심온도를 측정해서 땀을 낼 것인지 판단, 반응한다. 다한多汗증 환자는 평상시 땀 분비를 조절하는 뇌 신호가 잘못되어 땀을 많이 흘린다. 평소에도 겨드랑이, 가랑이 등의 부위에 땀이 많이 나서 옷이 젖을 정도면 한 번은 병원에 가보는 것이 좋다. 다른 건강상의 문제가 있을 수도 있기 때문이다. 땀 좀 많이 나는 것이 무슨 대수인가 하겠지만 한여름에 겨드랑이 부분이 축축하게 젖어 있는 모습을 본다는 것은 당황스러운 일이다. 게다가 겨드랑이는 에크린한선이 있어서 수분 위주 땀보다도 지방이 포함된 끈끈한 땀이 나온다. 이 땀 성분이 피부에 살고 있는 피부균에 의해 지방산으로 변하면서 냄새가 발생한다. 축축하게 젖은 옷도 뭐한데 냄새까지 난다면 신사 숙녀로서는 그리 달가운 현상이 아니다.

그런데 이런 다한증을 보톡스 주사로 치료한다. 보톡스 주사는 주로 주름살을 일시적으로 펴는 데 사용하는데 주성분은 보툴리움 독소, 즉 독성분이다. 통조림이 상하면 발생하는 보툴리움 균이 생산하는 이 독소는 지금까지 알려진 독 중 가장 독한 놈이다. 1g이면 10만 명을 사망에 이르게 하는 A급 독성무기다. 주름을 없애거나 다한증을 치료하기 위해 사용하는 양은 극미량이다. 이 경우 보톡스는 근육을 당겨 주는 신호물질(아세틸콜린)이 근육에 달라붙지 못하도록 방해해서 주름을 편다. 소량의 독은 약이라는 소위 '호르메시스' 이론에 보톡스를 추가해도 될 만큼 보톡스는 주름과 다한의 고통을 치유해 주는 고마운 약이 되었다.

땀은 소통의 한 방법이다

땀의 가장 큰 역할은 체온조절이다. 그런데 혹시 다른 역할은 없을까? 옆구리에 있는 아포크린한선에서 나오는 땀이 스트레스나 공포에 의해 나오는 것으로 알려져 있다. 왜 무서우면 땀이 나는 것일까? 손에 땀을 쥐게 하는 공포영화를 볼 때 인체는 땀으로 무슨 일을 하려는 것일까? 혹시 다른 사람에게 보내는 신호 같은 것일까? 여자들에게 눈을 가리고 남자들이 입었던 셔츠 냄새로 맘에 드는 짝을 고르게 하는 실험을 해보니 여자들은 자기 가족의 옷은 고르지 않았다. 동물 진화의 입장에서는 다양한 유전자의 짝을 만나는 것이 유리하기에 가족이 아닌 다른 남성을 선택한다고 해석할 수 있다. 그렇다면 옆구리 땀은 내가 누구라는 신호, 즉 일종의 페르몬일까? 아직 밝혀진 바는 없지만 만일 그렇다면 옆구리에서 땀이 많이 난다고 민망해하거나 보톡스 주사로 막을 것이 아니다. 오히려 '나 이런 사람이야'라고 주위에 광고하는 것이 자연적이지 않을까? 땀 좀 많이 난다고 찾아갔던 의사가 아무 말 않고 나를 내쫓았던 것처럼 우리 몸이 땀을 내보내는 것은 다 어떤 이유가 있어서일 것이다. 미천한 우리가 조물주의 뜻을 미처 헤아리지 못할 뿐이다.

스트레스 상황에서도 땀이 난다. 진땀이다. 땀으로 피부가 촉촉해지면 전기가 잘 통하는데 이 점에 착안해서 스트레스 정도를 측정한다. 스트레스는 곧 자살과 직결된다. 심리학자들은 이런 방법으로 자살을 97% 예측한다. 자극적인 벨소리가 처음 날 때는 대부분 반응해서 손에 땀이 나지만 두 번째는 대응 정도가 확연히 달라진다. 자살위험군 사람들은 두 번째 벨소리에 반응 정도가 떨어져 땀이 덜 난다. 주위 환경에 둔감하다는 이야기는 민감도, 흥미도가 급격히 떨어진 상황으로 자살위험성이 높다.

사진 3-23 **에크린, 아포크린 땀샘**

에크린은 모발과 상관없는 피부에 위치한다. 반면 아포크린 땀샘은 피지선 부근에 위치한다. 피지선에서 나오는 피지와 함께 분비되어 냄새(체취)의 원인이 되기도 하며 끈끈한 땀이 되기도 한다

땀샘: 에크린, 아포크린한선

에크린 땀샘은 노폐물, 수분을 주로 내보낸다. 체온조절이 주목적이다. 운동할 때 펑펑 내뿜는 샘이다. 반면 아포크린 땀샘은 끈끈한 지방 성분을 내보내게 된다. 사춘기에 호르몬 작용이 왕성해지면 활성화된다. 이때 피부에 있던 세균이 땀 속 성분을 분해하여 지방산을 만들어 내면 특이한 냄새가 나게 된다. 다한증은 겨드랑이에 땀이 유난히 많은 경우이고 교감신경을 차단해서 치료한다. 교감신경은 스트레스 등 흥분 상태에서 몸이 대비하도록 장기를 고조시키는 역할을 해서 땀을 나게 한다. 이 수술을 하게 되면 다른 부분에서 땀이 나는 부작용이 생길 수도 있다.

디오더런트Deodorant 사용

땀 냄새를 없애는 디오더런트는 대부분 에탄올이 들어가 있다. 에탄올은 소독제다. 겨드랑이에 있는 정상피부 미생물을 죽인다. 정상 피부균은 외부 병원균을 막아주고 피부 면역에 중요한 역할을 한다. 또한 피부질병에 따라 피부미생물이 달라지는데 피부미생물에 대한 연구는 이제 시작이다..

PART

IV

피부, 몸을 지키다

Chapter 1

티베트 여인이 원한 건
하얀 얼굴

: 멜라닌 생성

30년 전 방문한 중국 서부 티베트 서장성은 허허벌판이었다. 수도인 라싸의 공항은 야전비행장을 떠올리게 했다. 티베트의 8월은 우기여서 엊그제 내린 비로 주위 강에 물이 넘쳐 있었다. 나무 한 그루 없는 산을 긁어내린 것처럼 강물은 온통 황토 물이었다. 중국 서쪽 변방 지역인 이곳을 굳이 힘들게 찾은 이유는 자외선을 막는 식물을 찾기 위해서였다. 티베트는 해발 3,000m의 고지로, 지대가 높아지면 자외선 또한 강해진다. 이곳 식물들도 강한 자외선을 받는다. 당연히 강한 자외선의 영향으로 방어시스템을 만들었을 것이다. 물론 지금도 자외선차단제 화장품 원료로 흰 가루(TiO_2)를 사용하지만 이건 단순한 자외선 차단에 불과하다. 자외선을 받았을 때 고지식물은 어떻게 대처할까. 어떤 특별한 방법으로 자외선의 해로움을 방어하는 걸까. 그 원리를 피부에 적용할 수 있는 방법은 없을까.

이 연구 여행에 동행한 사람이 있다. 한국과학기술원 K 박사로, 그는 연구자인 동시에 전도사다. 그는 중국 연변과기대를 통해 이곳 티베트에 수차례 방문했었다. 연변과기대 교수들은 전도에 관심이 많은 편인데, 특히나 티베트는 중국 공산당에 저항하는 불교 국가였기에 더욱 주목받고 있었다. 기독교 불모지인 이곳에 교회를 세우는 것이 K 교수의 꿈이자 소명이었다. 필자와 그는 각기 다른 목적으로 티베트를 방문한 셈이다. 이곳은 영어가 거의 통하지 않아 중국어에 능통한 K 교수 없이는 한 발자국도 움직일 수 없었다.

라싸가 수도라고는 하지만 20분만 걸어도 벌판이 보이기 시작한다. 그런데 벌판에서 유목민을 쉽게 만날 수 있을 거라 생각한건 오산이었다. 렌터카로 40분을 달려서야 벌판에서 텐트 하나를 발견할 수 있었다. 얼굴에 주름이 오글오글한 할머니와 젊은 여성, 그리고 등에 업힌 아기가 거기 있었던 유목민의 전부였다. 젊은 여성은 얼굴에 기미가 가득해 나이가 좀 있어 보였는데 자세히 보니 십대 후반 정도밖에 되지 않았다. 남자들은 근처 야산에서 야크를 돌보고 있다고 했다. 사진을 찍고 돌아서려는데 젊은 여성이 손가락을 비비는 몸짓을 했다. 감사 표시로 이미 돈은 주었는데 더 달라는 것일까? 아니었다. 얼굴에 바를 것을 달라는 의미였다. 어리둥절했다. 사방 10㎞에 봐 줄 사람 아무도 없는 이 허허벌판에서 얼굴에 바를 것을 달란다. 뉴요커도 티베트 유목민도, 여성들은 모두 같은 소망을 가지고 사는구나 싶었다. 티 없이 고운 피부를 갖고 싶은 바로 그 소망 말이다. 피부는 여성에게 있어 '걸어 다니는 광고판'이기 때문이다. 주름 가득한 할머니나 검게 그을린 젊은 여성이나 화장품은 사치품이 아니라 그 소망을 이루기 위한 필수품이었다.

생활자외선과 레저자외선

티베트 고산에 내리쬐는 자외선은 이곳 사람들 피부에 검고 깊은 주름을 남겼다. 왜 자외선은 주름과 기미를 동시에 만들까. 역으로 그 원리를 알면 피부노화 방지와 미백기능 화장품을 동시에 만들 수 있지 않을까. 답은 의외로 간단하다. 자외선은 파장에 따라 A, B, C로 나뉜다. C는 가장 짧기에 가장 강하다. 하지만 대기층에서 흡수되고 지구상에 도달하지는 않는다. A는 파장이 길다. 대신 세기는 약하다. 하지만 파장이 길어서 피부 깊숙이 침투해 진피 바닥까지 들어온다. 긴 파장은 유리도 통과한다. 생활 속에서 늘 노출된다 해서 A는 '생활자외선'이라 불린다. 햇볕이 있는 곳엔 자외선이 있다. 자동차 내부에서도 자외선에 노출되는 이유다. 반면 B는 파장이 A보다 짧다. 표피-진피 경계면까지만 침투된다. 하지만 A보다는 강해서 세포 속 DNA가 손상되거나 화상을 입기도 한다. 결국 자외선 A, B는 모두 피부에 영향을 주고 진피 속 콜라겐을 변형시킨다. 얼굴이 검게 타고, 주름이 생기며 기미도 생기는 원인이 되는 것이다.

그렇다면 기미는 왜 생길까. 자외선을 받은 세포들은 비상체제로 돌입한다. 피부세포 DNA가 파괴되게 생겼기 때문이다. 즉 자외선은 피부 속 물질을 강하게 내리쬐으면서 화학적으로 활성산소 ROS: Reactive Oxygen Species를 만든다. 활성산소는 반응성이 강한 유해

물질로 이 물질신호를 받은 피부는 세포 DNA가 자외선에 의해 깨지는 것을 막아야 한다. 이렇게 피부는 자외선 방어를 위해 검정색소를 만드는데 이것이 멜라닌색소다. 이 물질은 피부바닥에 있는 멜라닌세포에서 만들어진다. 멜라닌은 각질세포로 전달된다. 각질세포는 피부바닥에서 생성된 후 4주 만에 피부 위로 올라와서 피부장벽, 즉 각질을 만든다. 멜라닌은 표피 방향으로 올라가는 세포를 따라 피부 외곽으로 퍼진다. 피부장벽 자체가 검어지고 얼굴이 검어지는 셈이다. 이런 멜라닌이 없으면 DNA는 돌연변이가 나타나고, 이를 수리해 정상으로 만들지 못하면 결국 피부암이 발생한다. 피부가 검어지는 건 자외선을 막으려는 자연 방어 현상이다.

그렇다면 티베트 높은 지대 식물들은 자외선을 어떻게 방어할까. 식물 잎이 사람처럼 검어지지는 않는다. 대신 자외선을 차단, 흡수하는 물질과 활성산소를 없애는 항산화제를 만들어 내고 돌연변이가 생긴 DNA를 수리하는 효소를 만든다. 이런 방어 기술들을 자외선 차단 목적의 화장품에 이용하는 것이 바로 기능성 화장품의 원리이다. 이렇게 티베트 유목민 여성이 원하던 주름 방지와 미백기능을 동시에 가진 기능성 화장품이 만들어지는 것이다.

피부구조

사진 4-1 **피부구조**

표피, 진피, 피하지방으로 구성되고 모발, 땀샘(한선) 등이 있다

자외선 종류

자외선 C(100~280㎚)는 성층권에서 흡수되어 지상에는 도달하지 않는다. B(280~315㎚)는 표피하단까지, A(315~400㎚)는 진피하단까지 침투한다. 강한 B는 DNA 손상을 입혀 돌연변이 염기(T-T dimer : 사진)를 만들고 화상을 입힌다. A는 피부노화를 촉진한다.

사진 4-2 **자외선 지구 도달**

자외선 파장 길이에 따라 지구 도달 정도가 다르다

사진 4-3 **자외선 피부침투 깊이**

A는 진피바닥까지, B는 표피/진피 경계까지

사진 4-4 티베트 유목민 여인들과 텐트 앞에서

(우 : 필자, 좌 : 한국생명공학원 K 박사)

Chapter 2

선탠에 목숨까지
걸어야 할까?

: 자외선과 DNA

예전에 아산병원 외국인 진료소 앞에서 안절부절하고 있는 독일인 여성을 본 적이 있다. 떠듬떠듬 말하는 한국말을 종합해 보니 피부에 중대한 문제가 생겨서 급히 달려왔다는 것이다. 소매를 걷어 내민 팔등에 100원 동전 크기 커피색 반점이 보인다. 난 또 뭐 대단한 거라고 호들갑인가 했다. 하지만 그 여성의 이모와 어머니가 돌아가신 원인이 바로 그 커피색 반점이었다는 거다. 그 반점은 피부암의 일종인 흑색종Melanoma이다. 오래전 보았던 독일인의 피부가 지금도 내 기억에 남아 있는데 반점 때문이라기보다는 거친 피부 촉감 때문이다. 전형적인 백인인 그 부인 피부는 시멘트 담처럼 꺼끌꺼끌했다. 반면 미국 조지아주 애틀랜타에서 유학시절 만난 흑인들 손은 잘 익은 가지처럼 매끌매끌하고 탄탄했다. 잘 닦아 놓은 구두처럼 윤이 나기도 했다. 그 안에는 감귤 속 과육 같은 촉촉함도 느낄 수 있었다. 피부만을 본다면 흑인 피부는 완벽했다.

애틀랜타 공원에서 웃통을 벗고 선탠을 하는 사람들은 모두 백인이다. 하얀 피부는 자외선을 방어하는 능력이 현저히 떨어진다. 덕분에 피부암 발생률이 제일 높은 것도 백인들이다. 그럼에도 불구하고 모두 태양을 향해 웃통을 벗어젖힌 그들은 무엇을 바라는 것일까? 따끈따끈한 조약돌로 언 손을 녹이듯, 태양의 따스함이 필요한 것인가? 하지만 애틀랜타는 유럽과는 달리 늘 태양이 바늘처럼 살갗에 꽂히는 곳이다. 유럽인들, 특히 독일과 영국 그리고 북유럽들인이 쨍쨍한 햇빛을 보는 날이 적다. 쨍하고 빛나는 날이면 모조리 밖으로 나가는 것도 이해가 된다. 혹시 애틀랜타 백인들은 자신의 하얀 피부가 마음에 들지 않는 것일까? 하긴 하얗지만 창백하고 거칠어, '희멀건'한 톤의 피부가 마음에 들지 않을 수도 있을 것 같다. 이제부터 왜 선탠에 그들이 열광하는지 그 이유를 알아보자.

코코 샤넬로부터 시작된 선탠

18세기까지만 해도 유럽에서 백색 피부는 상류층의 상징이었다. 당시 영국 여왕의 흰 피부는 미인의 대명사였다. 이에 반해 갈색 피부는 대부분 이민 온 외국인들이었다. 갈색 피부는 거리 노동자 같은 하층계급, 천한 신분 상징이었다. 하지만 이런 갈색 피부 기피현상이 바뀐 건 아이러니하게도 사소한 해프닝에서 시작되었다. 프랑스 유명 모델인 코코 샤넬이 공연에 늦어서 메이크업을 하지 못하고 햇볕에 익은 '구릿빛' 얼굴을 한 채로 무대에 설 수밖에 없었다. 관중은 이런 구릿빛 얼굴도 새로운 패션 경향인가보다 하며 지레짐작했고 덕분에 갈색 구릿빛 얼굴이 대중에게 유행처럼 번졌다. 이런 코코 샤넬의 해프닝과 그녀의 팬들 덕분에 구릿빛 피부는 유럽인들의 '로망'이 되었다. 그래서 오늘도 그들은 선탠을 하며 구릿빛 피부에 목숨을 거는 것이다.

티민 결합체

A   T   G   C   T·····T   A   A

DNA

T   A   G   C   A   A   T·····T

티민 결합체

⋮ 수소결합

(a)

(b)

사진 4-5 **자외선이 위험한 이유**

⒜ 자외선은 DNA 이중나선에 변이를 일으켜 T-T 결합Thymine Dimer이 생기게 한다.
⒝ 자외선을 받은 미생물은 돌연변이를 일으키고 심하면 죽는다. 자외선을 살균 등으로
쓰는 이유다(실험실 무균실험대)

한국인 중 일부 젊은 여성들이 구릿빛 피부를 위해서 햇빛을 일부러 쬐거나 태닝숍에 간다. 하지만 인공선탠도 자외선에 노출되는 건 마찬가지다. 실제 인공선탠을 한 사람이 보통 사람보다 6배 높은 피부암 발생률을 보인다. 목숨을 걸 정도로 구릿빛 피부를 가지고 싶다면 차라리 인공적으로 색소를 만들기를 권한다. 현재 사용되고 있는 방법은 DHADihydroxyacetone를 사용하는 것이다. DHA를 피부에 도포하면 피부각질 속 아미노산과 반응하여 갈변반응(밀라드 반응)을 일으킨다. 이 반응으로 갈색색소가 2~4시간

정도 걸려 생성된다. 이 색소는 3~10일간 지속되지만 자외선 차단 능력은 거의 없다. 별도로 자외선차단제를 발라야 한다. 피부는 자외선을 받으면 최외각에 있는 세포가 피부하단에 있는 색소형성세포에 구조신호를 보낸다. 구조신호를 받은 색소형성세포는 멜라닌색소를 만들어서 피부외곽세포 핵을 둘러싸서 보호한다. 멜라닌색소가 유전자를 보호하는 것이다. 이것이 없으면 돌연변이 유전자가 발생, 피부암이 생기기 때문이다. 아무리 뷰티가 중요한 시대라지만 거기에 목숨까지 걸 필요는 없다. 안전하게 구릿빛 피부를 만들고 싶다면 이제는 태양빛을 직접 쬐는 대신 크림을 바르는 지혜가 필요하다.

피부색소의 인체방어

정상피부(우)에 자외선(화살표)을 쬐면 DNA를 돌연변이시키고 활성산소가 생성된다. 활성산소는 세포를 부순다. 피부세포와 DNA를 보호하기 위해 멜라닌색소를 기저층(제일 아래 세포층)에 있는 멜라닌 생성세포Melanocyte에서 만든다(우 하단 손가락 모양세포). 만들어진 멜라닌색소를 이웃하고 있는 각질세포(케라틴생성 세포 : Keratinocyte)에 흘려보낸다. 이 세포들이 위로 성장해 가면서 멜라닌색소가 전체로 퍼진다. 바닥부터 최외각 각질세포가 되어 떨어져 나가는 데 4주가 걸린다. 따라서 자외선을 쬔 후 1~2주면 피부가 검게 변하고 4주가 경과해야 피부색소가 원래대로 돌아온다. 멜라닌색소가 실제로 만들어지는 곳은 멜라노솜(우측 : 흑색, 갈색 점)이라는 주머니다. 멜라닌색소는 흑색 유멜라닌, 갈색 페오멜라닌이다. 각기 다른 멜라노솜 주머니에서 만들어진다.

흑인과 백인 차이는 멜라닌세포 수가 아니라 멜라닌 종류 혹은 멜라노솜 종류에 따라 생긴다. 흑인은 흑색 큰 멜라노솜이 많이 생산되고 백인은 갈색 계열 멜라노솜이 적게 만들어진다.

각질

각질세포

멜라닌

멜라닌세포

활성산소

자외선

사진 4-6 **자외선이 피부색소를 만드는 과정**

노화(주름)의 2종류

피부노화는 두 가지(자연노화 : Intrinsic Aging, 광노화 : Photo Aging)로 나뉜다.

(1) 자연노화 : 모든 세포는 나이 들면서 텔로미어(염색체 말단소립 : 염색체 보호캡)
가 줄어든다. 어느 단계 이상에서는 더 이상 세포분열을 하지 않고 세포는 그
대로 늙는다. 세포에 손상이 오면 스스로 자폭한다. 피부세포도 같은 과정을
거친다. 세포가 노화되면서 진피 내 세포도 활동성이 떨어진다. 콜라겐 등 지
지체가 파괴되어도 수리하지 못한다. 이것이 주름으로 나타난다.

(2) 광노화 : 자외선을 받으면 세포내 유해산소종Free Oxygen Radical이 생성된
다. 이것을 신호로 피부 콜라겐이 파괴된다. 피부세포 자체도 손상을 입고 돌
연변이가 발생한다. 진피 내 고분자물질이 탄성을 잃고 주름이 생기게 된다.

사진 4-7 **피부노화 2종류**

햇빛을 안 받은 부분은 자연 노화된 부분이며 검게 그을린 피부는 자연노화와 광노
화가 함께 진행된 곳이다(서울대 정진호 교수 자료제공)

Chapter 3

AHA!
요구르트로 미인 되기

: 피부장벽

찜질방은 온갖 정보가 오가는 곳이다. 한낮에 이곳을 찾은 동네 아주머니들에게는 더없이 좋은 최신 정보 교류의 장소다. 옛날 우물가에서 오가던 모든 이야기가 이곳에서 오간다. 어느 날 찜질방에서 요구르트를 얼굴에 바르는 사람들을 보았다. 아니, 저 비싼 것을 왜 얼굴에 바르지? 궁금한 것을 그냥 지나치기에는 요구르트가 발효로 만들어지기에 필자의 전공분야와도 관련이 있었다. 강의 때 학생들에게라도 이야기해 주려면 왜 그 귀한 요구

르트를 얼굴에 버리는지 알고 싶은 호기심이 생겼다. 답은 의외로 간단하게 돌아왔다. '얼굴이 매끈해져요.'

요구르트가 피부에 유익한 것은 과학적으로도 설명할 수 있다. 요구르트는 우유에 젖산균을 첨가해서 하루나 이틀 배양한다. 젖산균은 우유를 젖산으로 변화시키고 이 과정에서 산성도$_{ph}$가 낮아진다. 물론 비타민B도 생성이 된다. 이 중에서 피부를 좋게 만드는 것은 바로 젖산이다. 젖산은 대표적인 유기산AHA: Alpha Hydroxy Acid으로 과일에 있거나 과일을 이용해서 만들어지는 '과일산'이다. AHA는 아하! 라는 감탄사가 나올 만큼 피부에는 최고의 선물이다.

촉촉한 피부 미인이 되려면 피부 속성에 대한 지식은 기본이다. 피부는 피부장벽을 만드는 일을 평생 한다. 표피 바닥에서 자라난 표피세포는 매일 조금씩 자라면서 피부 최외각으로 나온다. 나오면서 장벽에 필요한 벽돌 같은 세포도 만들고 시멘트 같은 물질을 만들어서 담을 쌓는다. 잘 만들어진 장벽은 그 안에서 세포가 살기에 최적의 습도를 유지한다. 장벽이 튼튼하지 않으면 아토피 같은 피부 질환으로 고생하게 된다. 4주 만에 장벽 최외각에 도달한 세포는 그 목적을 마치고 장렬하게 피부를 떠난다. '때'가 되어서 떠나는 세포들을 우리는 목욕탕에서 '때'라고 부른다. 목욕탕에서 때

타월로 열심히 밀어내는 바로 그 '때'다. 정상적인 피부라면 4주 만에 떨어져 나간다. 하지만 나이가 들거나 문제가 있는 피부는 5주가 걸리고 그만큼 각질은 두터워져 피부가 거칠어진다.

요구르트는 약한 각질제거제

이런 각질을 잘 떨어뜨리는 것이 AHA, 즉 과일산이고 대표적인 것이 젖산이다. 젖산이 들어있는 요구르트를 얼굴에 바르는 아주머니들 정보력은 대단하다. 요구르트에 젖산이 들어있다는 것을 어떻게 알았을까? 하지만 요구르트는 각질을 제거하기에는 젖산 농도가 너무 낮다. 즉 5~7% 정도는 되어야 각질세포들을 붙잡고 있는 단백질을 잘라내서 떼어낸다. 그런데 요구르트는 0.9%다. 또한 pH도 4.5 정도여서 3.8 이하는 되어야 하는데 이에 미치지 못한다.

하지만 겨울베옷도 안 입는 것보다 낫다. 매일 약하게나마 각질을 제거해 주면 제거 자체가 피부에 자극을 준다. 자극을 받은 세포는 정신을 차리고 또다시 열심히 장벽을 만들 준비를 한다. 덕분에 진피 내 콜라겐이나 엘라스틴도 더 잘 만들어진다. 게다가 요구르트에는 비타민도 있으니 꿩 먹고 알 먹기이다. 다만 피부 각질이 제거되면 그만큼 피부가 자외선에 취약해지기 때문에 가능한 한 햇빛을 쬐지 말아야 한다. 아주머니들이 찜질방을 선호하는 이유는 그런 의미에서 꽤 과학적인 것이다. 요구르트로 각질제거하고 지하에서 태양을 피하니 피부에는 VIP 서비스나 다름없다.

10년 전 중국 티베트 지방에서 만난 유목민들 텐트에는 담요와 다 찌그러진 우유 통이 있었다. 그 여인들은 그 통으로 우유를 발효시켜 요구르트를 만들었다. 물론 먹기도 하지만 놀랍게도 그들도 그것을 얼굴에 바르고 있었다. 유목민 여인들에게 요구르트는 아주 귀한 식량이다. 이 식량을 얼굴에 주저 없이 바를 정도로 그들에게 피부는 매우 중요한 것이다. 고운 피부를 원하는 여성들의 갈증을 풀어줄 수 있는 진정한 화장품이 필요하다.

표피와 피부장벽 만들기

피부는 위에서부터 표피, 진피로 나뉜다. 표피와 진피 경계면에는 기저층이 있고 여기에서 케라틴 형성세포가 계속해서 분열한다. 일종의 줄기세포다. 경계면에는 멜라닌색소형성세포도 있다. 신경이 경계면까지 와 있다. 머클세포도 신경전달 역할을 담당한다.

표피세포, 즉 케라틴생성세포Keratinocyte는 단백질(케라틴)을 만드는 것이 평생 직업이다. 바닥에서 자라난 표피세포는 꼭대기로 올라가면서 서서히 성벽을 만들 준비를 한다. 세포 모양도 변한다. 세포가 변하는 단계에 따라 4종류(기저층, 유극층, 과립층. 각질층)로 구분한다. 손발바닥은 투명층이 추가로 있기도 하다.

중간단계에서는 알갱이Granule가 생긴다. 알갱이는 이후 케라틴 단백질과 성벽지질 성분을 만든다. 케라틴은 굵은 동아줄처럼 성곽을 튼튼하게 만든다. 알갱이 속에는 피부보습 성분도 들어있다. 성곽은 단순한 시멘트벽돌이 아닌 촉촉한 벽돌로 보습기능도 유지된다. 그래야 그 아래 세포들이 살기 편하다. 바닥(기저층)에서 처음 분열해서 꼭대기까지 도달하는 시간은 보통 4주다. 나이 들면 5주가 소요된다. 그만큼 표피가 두터워진다. 밀려 올라오는 세포들 덕분에 최외각 각질층은 4주 '때'가 되면 떨어져 나간다. 이것이 '때'가 만들어지는 원리다. 집에서 굴러다니는 먼지 대부분은 이런 때 성분이다

각질층

투명층

과립층

유극층

기저층

멜라노사이트

진피

케라틴으로 꽉 찬
죽은 세포

라멜라 과립

케라티노사이트

머클 세포

감각 신경

사진 4-8 **피부장벽 만드는 세포들**

화학적 박피 기술

화학적 박피는 최외각 각질세포가 잘 떨어지게 만들어 준다. 이런 박피는 너무 깊게 하면 얼굴이 빨갛게 변할 수도 있다. 화학적 박피는 사용하는 박피제 농도, 시간 등이 정확해야 한다. 박피를 하면 그 자극으로 피부 아래 기저층에서 새로운 세포가 자라나 피부재생 효과가 있고 피부색이 환해진다. 피부과에서는 주로 레이저를 사용하며 레이저 강도에 따라 피부박피 깊이가 변한다. 세포 제거 시 새로운 피부세포가 자라면서 혈관이 생긴다. 이로 인해 피부의 붉은 기가 1~3개월 지속되며 상처가 생기면 색소침착이 될 수 있다. 박피시술 후 햇빛을 피하는 게 좋다.

사진 4-9 피부가 벗겨지는 모습

Chapter 4

가짜 웃음이라도
효과는 있다

: 안면근육과 주름

웃으면 얼굴근육이 자극되어서 혈액순환이 잘된다. 한 미용 강사는 탄력 있고 건강한 피부를 만들 수 있다며 '웃는 방법'을 알려주었다. 볼펜을 입에 무는 간단한 방법이었는데도 꽤 효과적이었다. 거울을 봤더니 정말로 쉽게 웃는 상이 되었다. 강사는 웃는 연습을 자주하면 피부가 맑아지는 효과가 있다고 했다. 배우면 바로 실습해야 해야 하는 성격이기에 지하철에서 혼자서 입술을 옆으로 늘리면서 서너 번 연습을 했다. '킥—' 하는 소리에 문득 눈을 들어보니 앞에 있던 중년 여자가 실소와 함께 고개를 돌렸다. 그 여자 얼굴은 '사람은 멀쩡해 보이는데…….어떻게 저렇게 되었을까?'라고 말하고 있었다. 뭐 어쩌랴. 웃음은 바이러스처럼 전파된다고 하니 일단 앞사람에게 전파는 된 셈이다.

〈웃으면 복이 와요〉라는 코미디 프로그램이 있었다. 진짜로 웃으면 복이 올까? 국내 연구진에 의해 웃음이 일상생활에서 직면하는 어려움이나 스트레스를 극복하는 데 큰 도움이 된다는 것이 밝혀졌다. 특히 주목할 점은, 억지로 웃는 웃음도 같은 효과가 있다는 것이다. 가짜 웃음도 스트레스 해소에 도움이 된다니 놀랍고 흥미로운 연구 결과가 아닐 수 없다. 억지로 웃든, 혹은 그냥 웃든 간에 '미소'를 지었던 두 집단 모든 참가자들 심장박동수와 '스트레스 수치'가 웃지 않았던 참가자들에 비해 낮아졌다. 다만 스트레스 수치의 하락 정도에서 차이가 있었다. 마음에서 우러난 웃음이 억지 웃음에 비해 그 정도가 훨씬 컸다. 이 연구를 통해 아주 중요한 것이 밝혀졌다. 바로 억지로라도 '하하~ 호호~' 웃으면 스트레스를 완화하는 데 큰 도움이 된다는 사실이다. 왜 억지 웃음도 건강에 도움이 되는 것일까? 그 이유는 이렇다. 즉, 뇌는 억지로 웃어서 얼굴근육이 움직이는 것을 진짜 웃을 때의 근육 운동과 구분하지 못하고 모두 웃는 것으로 해석한다. 이렇게 뇌가 해석하면 건강에 좋은 호르몬을 만들어 내보낸다는 것이다. 물론 손님을 늘 접대해야 하는 서비스 직종의 경우는 본인이 즐거워지려고 웃음을 짓지 않는 한, 가짜 웃음은 오히려 스트레스다. 결국 본인이 즐거워지려고 생각하고 있느냐 없느냐의 차이가 크다고 할 수 있다.

가짜 웃음도 면역력을 높인다

그렇다면 이 웃음이 구체적으로 어떻게 스트레스를 없앨까. 웃음은 감기와 같은 바이러스 감염을 막아주는 역할을 한다. 이는 실제로 과학적으로 밝혀졌는데 웃긴 비디오 영상을 본 그룹과 가만히 방에 앉아만 있는 그룹의 '침'을 채취해 면역력(면역글로불린: IgA)의 농도를 조사했더니 그 결과가 아주 흥미로웠다. 웃긴 비디오 영상을 본 그룹 침에서는 IgA 농도가 증가하고 다른 그룹은 변화가 없었다. 다시 말해서 웃긴 비디오 영상을 봄으로써, 각종 면역세포들과 면역글로불린, 사이토카인, 인터페론 등이 증가하고,

각종 스트레스 호르몬이 감소된 것이다. 이런 웃음 효과는 암환자에게서도 입증되었다. 말기 암환자에게 웃음치료법을 시행했을 때 면역지수가 정상으로 돌아오는 걸 확인할 수 있었다.

'패치 아담스'라는 영화에서는 웃음으로 환자를 치료하는 장면이 나온다. 실화에 바탕을 둔 이 영화는 웃음 한 번이 주사 한 방보다도 강력하게 사람을 치유할 수 있음을 보여준다. 이미 과학적으로도 증명된 사실인 것이다. 돈 안 들이고도 병든 마음을 치유할 수 있는 가장 손쉬운 방법이 웃음에 있다는 거다. 그동안 별로 웃을 일이 없었던지 오랜만에 본 거울 속 어두운 얼굴이 나에게 이야기한다.

'이봐, 뭐 해? 웃어봐.'

보톡스 주름 제거 원리

세로 주름보다는 가로 주름이 생겨야 오래 산다는 말이 있다. 세로 주름은 얼굴을 찡그릴 때, 가로 주름은 웃을 때 생기기 때문이다. 하지만 가로 주름도 주름이다. 하회탈이 즐거워 보이기는 하겠지만 젊어 보이지는 않는다. 주름을 없애는 방법은 필러 주입법, 보톡스 주사법이 있다. 필러는 피부진피 성분인 히알루론산을 변형시켜 주사한다. 시간이 지나도 분해되지 않도록 제조되었다. 보톡스 주사의 주성분은 독이다. 통조림이 부패할 때 병원균(보톨로리움)에서 생산되는 독으로 1급 생화학무기다. 끓이면 없어지는 단백질이 주성분이다. 이 독소가 사람을 죽이는 원리는 뱀독과 같다. 뱀은 상대방을 금방 무력화시켜야 뱀 자신이 살 수 있다. 뱀독은 근육을 움직이게 하는 신경전달물질(아세틸콜린)보다 더 강하게 신경 수용체에 달라붙는다. 신호가 없으니 근육이 움직이지 못하고 호흡근육이 멈추니 죽고 마는 것이다. 하지만 소량의 독은 인체에 약이 될 수 있다. 눈 근육이상인 사시를 교정하고 눈 떨림 현상도 치료한다. 다한증도 고친다. 다한증은 신경전달물질인 아세틸콜린이 땀샘을 과도하게 자극하면 생긴다. 의료용으로 쓰던 보톡스가 피부에 쓰이기 시작했다. 소량을 피부에 주사하면 피부근육이 마비된다. 안면근육을 약하게 마비시킨다. 웃을 때 움직이는 근육이 마비되면 가로 주름이 안 생기고 얼굴이 팽팽해 보인다. 하지만 부작용도 있다. 얼굴에 표정이 없어져 웃어도 부자연스러워 보인다. 어쨌든 보톡스는 피부시술 대명사가 되었다. 대통령도 주름 때문에 보톡스를 맞는 세상이다. 독 주사라도 젊게 보인다면 맞는 게 인지상정이다.

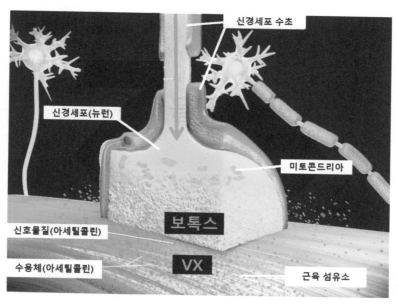

사진 4-10 **신경독 작용원리**

운동전기신호(녹색 화살표)가 신경세포말단에 도달하면 주머니 속 아세틸콜린(적색 점)이 분비되고 근육 수용체에 달라붙어 근육세포를 운동시킨다. 보톡스는 아세틸 콜린 분비 자체를, 화학무기인 신경작용제VX는 아세틸콜린 분해를 각각 막아서 모두 근육을 마비시킨다

시술 후   시술 전

사진 4-11 **보톡스 시술 전후**

Chapter 5

해파리가 주름을 없애준다?

: 주름 생성

여름이 되어 기온이 서서히 오르기 시작하면 기대에 부푸는 사람들이 있다. 바로 해수욕장 상인들이다. 날이 뜨거워질수록 한몫 단단히 챙길 수도 있기 때문이다. 그런데 그들에게는 기대와 함께 한 가지 걱정거리가 있는데, 다름 아닌 해파리다. 한번 나타났다 하면 슬금슬금 사람들이 뒷걸음질로 해변을 벗어난다. 게다가 해파리에 찔려 벌겋게 부어오른 사진이라도 인터넷에 오르면 그날로 장사는 끝이다. 필자가 만난 해파리는 7월이 아닌 8월 말, 즉 해수욕장 끝물 때였다. 물도 차가워져서 해수욕은 어차피 글렀고 바닷가나 걷자면서 나간 해변에서 해파리를 보았다. 스스로 움직이기보다는 물결 따라 정처 없이 떠다니는 듯, 흐물흐물한 모습이 별것 아닌 녀석들 같다는 생각이 들었다. 하지만 촉수에 있는 독침 한 방이면 생명에 위협적일 정도라니 가히 '허허실실虛虛實實'이다.

어선 어망에도 걸려서 어민들이 애를 먹고 있는 이 골칫덩어리가 요즘 인기를 끌고 있다. 해파리에 있는 풍부한 콜라겐 때문인데, 콜라겐이 화장품이나 의료용으로 쓰일 수가 있기 때문이다. 해파리에는 콜라겐이 3% 있다. 그렇게 많은 콜라겐이 해파리에 있다니, 해파리도 피부가 있다는 뜻인가? 그렇지는 않다. 콜라겐은 동물에 제일 많이 있는 단백질로 동물 피부나 내부 장기 사이에도 콜라겐이 꽉 차있다. 사람의 경우도 25~35%가 콜라겐이다.

콜라겐은 아주 질긴 구조로 되어 있다. 따라서 이것을 가공해서 더 단단하게 만들면 '가죽'이 되어 구두도, 가방도 만들 수 있다. 가죽벨트 콜라겐은 주로 소 피부에 있는 콜라겐을 사용한다. 다른 부위의 콜라겐은 더 가공해서 젤리나 약 포장껍질로서 사용되니 콜라겐은 많은 용도를 가지고 있는 셈이다. 그런데 이런 귀한 콜라겐이 골칫덩어리인 해파리에도 있는 것이다. 게다가 이건 해산물 아닌가? 사료를 먹는 소의 콜라겐으로 만든 약 캡슐을 먹는다면 왠지 거부감이 들 것이다. 광우병 이야기가 나온 후에는 더욱 그렇다. 그런데 파란 바닷물이 연상되는 해산물 콜라겐이라니 기분이 괜찮다.

먹는 화장품이 효과가 있을까

먹는 화장품이 시중에 선보이고 있다. 콜라겐을 먹으면 피부 콜라겐 양이 늘어나서 피부가 좋아질까? 아직 많은 연구 결과가 있지 않지만 이론적으로 불가능하지는 않다. 즉 콜라겐이 위에서 분해, 소화되어서 아미노산으로 몸에 공급된다면 그걸로 단백질이 증가하고 그중 일부인 피부 콜라겐도 증가할 수 있다. 아마도 엄청난 양을 먹어야 피부까지 도달하지 않을까? 그러다가 콜라겐 자체의 부작용으로 고생할지도 모른다. 돼지껍질 속 콜라겐이 피부에 좋을 거라고 생각하고 먹지만 기대는 안 하는 편이 좋다. 하지만 그런 희망도 없다면 질긴 껍질을 그렇게 오래 씹을 이유가 있을까? 그보다 좋은 방안이 있다. 피부 좋아지려고 많은 양의 돼지껍질과 2병 소주를 먹을 것이 아니라 소주는 딱 두 잔, 다량의 야채, 2차 없이 곧바로 집까지 한 시간 걸어가는 것이다. 얼마 지나지 않아서 피부 콜라겐 함량이 늘어나고 얼굴이 환해질 것이다.

피부를 위해서 콜라겐을 직접 먹는 것은 효능이 있을 확률이 적다. 그렇다면 콜라겐을 아주 잘게 부수어서 피부를 직접 통과시켜 보내면 어떨까? 이 방법은 진피에 있는 세포들에게 직접 콜라겐 원료를 먹이는 셈이다. 그러면 먹는 것보다는 훨씬 효과적일지 모른다. 최근 해수부 국가연구소를 중심으로 콜라겐을 해파리에서 분리해서 화장품 원료로 쓰려는 연구가 활발하다. 골치 아픈 해파리도 처리하고 또 고급 원료로도 사용할 수 있다면 도랑 치고 가재 잡는 격 아닌가? 해파리의 변신이 기대된다.

진피 속 콜라겐, 엘라스틴

진피眞皮는 진짜 피부란 의미다. 진피 속 콜라겐, 엘라스틴 등 단백질이 탄력, 장력을 만들어 피부를 탄탄하고 질기게 한다. 이런 단백질이 없으면 피부를 당겼을 때 금방 떨어져 나갈 것이다. 진피는 이런 길고 질긴 단백질로 가득 차 있다. 표피와는 달리 진피 내 세포들은 듬성듬성하다. 콜라겐을 만드는 세포(섬유아세포)가 노화되고 콜라겐이 자외선으로 잘라지면 주름이 생긴다. 따라서 주름을 없애려면 자외선을 막아야 한다. 그래야 세포, 콜라겐이 원상태를 유지한다. 노화방지에 자외선차단제가 효과적인 이유다. 노화피부세포에 영양분을 공급하는 것도 방법 중 하나다. 하지만 방지가 훨씬 쉽다. 한 번 손상된 세포들을 되돌리기는 힘들기 때문이다. 진피는 상부에 세밀한 섬유들이 모여 있는 유두乳頭진피와 하부에 그물망 구조의 거친 콜라겐, 엘라스틴이 얽혀 있는 망상진피가 있다.(〈사진 4-11〉, 〈사진 4-12〉, 〈사진 4-13〉 참조). 상부 유두진피는 표피하단과 레고처럼 맞물려 있지만 이 결합은 나이 들면 약해져서 표피와 진피가 밀려서 마찰성 수포가 발생하기도 한다.

사진 4-12 **진피구조**

피부 진피에는 유두乳頭진피Papillar와 망상網狀진피Recticular가 있다. 각각 오돌오돌 올라온 형태와 그물망 구조란 의미다

그림 (a)

콜라겐 섬유 다발

불규칙 결합 조직

하단 진피

그림 (b)

콜라겐 합성

체인

프로콜라겐

트로포콜라겐

미소섬유

640 Å

섬유

사진 4-13 **콜라겐 구조**

⒜ 피부 진피 내 콜라겐 모습 : 진피 아랫부분 망상진피에는 더 굵은 형태의 콜라겐이
있다.

⒝ 콜라겐 합성: 콜라겐은 3가닥 단백질이 꽈배기처럼 꼬여 있다. 3~4개 아미노산이
반복되는 구조다. 그래서 서로 꼬이기 쉬워 단단한 밧줄 형태가 된다. 같은 단백질이
라도 달걀 흰자위처럼 물컹거리지 않는다. 콜라겐은 때로 흉터를 남긴다. 피부가 베
이거나 데면 치유가 시작되는데 이때 비정상적으로 섬유조직이 밀집되게 성장하게
되면 피부표면이 불쑥 솟아오른다. '켈로이드'라 불리는 이 상처는 수술로 제거해야
한다. 상처 초기에 빨리 치료할수록 이런 흉터가 남지 않는다.

20 μm

사진 4-14 **엘라스틴 구조**

엘라스틴은 스프링 같은 탄력을 준다. 구조 자체가 늘어났다 줄었다 한다. 단백질
체인 사이는 서로를 연결해 주는 링크구조가 있어서 탄성을 준다

Chapter 6

효소가 피부를
매끄럽게 한다

: 피부침투

얼마 전 강원도 곰배령을 다녀왔다. 곰배령은 산림유전자원보
호구역으로 지정되어 하루 200명으로 입장을 제한하고 있었다.
곰배령 정상으로 오르는 계곡은 잘 보존되어 있었다. 덕분에 사
람 때가 묻지 않은 나무와 많은 이끼 등을 볼 수 있었다. 산행을
끝내고 들어선 식당 벽에 있는 메뉴가 눈길을 끌었다. '산 약초
효소 팝니다' 약초면 약초지 웬 효소? 생명공학을 전공하는 나에
게 '효소'는 강의 중 가장 많이 쓰는 단어라 할 수 있을 만한 중요

한 단어다. 주인장에게 산 약초 효소를 어떻게 만드냐고 물었다. 곰배령 근처 산에서 채취한 많은 약초(주인은 수백 가지라고 했는데 정확한 개수와 상관없이 '종류가 많다'는 의미인 것 같았다)에 설탕을 넣고 몇 달 놔두면 그게 산 약초 효소가 된다고 했다. 인터넷이나 전화 주문으로 쏠쏠히 돈을 번다고 했다. '효소'란 용어가 잘못된 거라고 이야기했다. 그러자 모두들 '효소'라고 이야기하고 인터넷, 심

사진 4-15 피부침투 경로

피부 최외각 각질세포는 벽돌이고 그 사이를 메꾸는 시멘트는 피부장벽이다(벽돌과 시멘트 모델). 벽돌은 물리적으로 탄탄하게 만들고 장벽은 외부물질이 침투하지 못하게 한다. 시멘트 성분은 세라마이드, 콜레스테롤, 지방산이다.
– 침투 경로 : (1) 각질세포 사이 (2) 각질세포 통과 (3) 모발을 통한 흡수

지어는 방송에서도 '효소'라고 이야기하는데 왜 잘못되었냐며 당신 사이비 교수 아니냐는 표정이다. 단어가 맞냐 틀리냐를 떠나서 아무런 과학적 근거 없이 여러 가지 검증되지 않은 식물을 그대로 먹는 누군가가 걱정된다.

효소Enzyme란 '효모 안에 있다'라는 어원으로 세포 안에 들어있는 단백질로 만들어진 '일꾼'이다. 중매쟁이가 있으면 결혼이 빠르게 성사되듯이 효소가 있으면 반응이 빠르게 이루어진다. 침 속 아밀라아제 효소가 밥에 있는 녹말을 잘게 부수듯이 효소는 몸에서 일어나는 모든 일에 관여한다. 콩을 삶아서 두부를 만들면 별로 변하는 것이 없지만 콩으로 메주를 만들면 메주 안 미생물들이 발효를 해서 새로운 물질들이 만들어진다. 메주 속 미생물은 어디에서 왔을까. 콩을 삶았으니 콩에는 없을 것이고 외부에 가능성이 있다고 봐야 한다. 바로 메주를 매달던 짚에서 왔다. 식물(짚) 잎에 있다 해서 이름도 고초枯草균이다.

'효소'란 말이 잘못 쓰이고 있다

이제 그 메주를 먹었다 하자. 그 안에는 많은 미생물들이 있을 것이고 여기에서 만들어진 많은 효소들과 미생물들도 있을 것이다. 하지만 먹으면 효소는 위에서 위산과 분해물질(또 다른 효소)로 다 분해된다. 메주가 몸에 좋은 이유는 효소 때문이 아니고 효소 혹은 미생물이 만든 어떤 물질 때문이다. 산 약초를 설탕에 담가 놓으면 삼투압 차이로 약초 내 성분이 우러나온다. 물론 일부 진짜 효소도 우러나올 수 있지만 효소가 기능을 할 수 없는 환경이다. 산 약초에서 나온 어떤 성분이 몸에 좋을 수는 있지만 효소는 아니란 이야기이다. 매실효소도 같은 원리이다. 설탕으로 우려낸 것은 매실 열매 내 물질, 즉 추출물Extract이지 매실효소가 아니다.

피부에 사용할 수 있는 진짜 '효소'가 한 종류 있기는 있다. 단백질분해효소인데 보통 가정에서 고기를 연하게 하는 데 사용한다. 즉 배나 키위를 갈아서 고기에 뿌려 놓으면 단백질분해효소 덕분에 고기 내 단백질이 분해되고 연해져서 먹기가 좋다. 만약 키위를 갈아서 피부에 바르면 어떻게 될까? 피부가 연해질까? 실제로 '파파야Papaya'라는 열대과일에 있는 파파인 단백질분해효

사진 4-16 **피부장벽 구조**

친수성 머리(적색)와 소수성 꼬리 부분(흑색) 물질이 스스로 층을 형성한다. 이 물질들은 각질형성세포(케라티노사이트)가 각화과정을 거치면서 세포 내에서 만든다. 피부 최외각 층이 각질층을 만들 때 이 물질들이 분비되어 벽돌(각화세포) 사이를 메꾸는 시멘트 역할을 한다. 이 장벽이 잘 유지되어야 수분손실이 없다. 환경적, 유전적으로 피부장벽이 문제가 생기면 아토피가 생긴다

소를 사용하여 피부각질제거제로 개발한 사례가 있다. 각질은 단백질이고 이것을 효소가 잘라주면 각질제거와 같은 효과가 있다. 각질제거는 피부를 매끈하게도 하지만 피부세포를 자극해서 세포가 잘 자라게도 한다.

만약 곰배령 산 약초 추출물을 피부에 바르면 어떻게 될까? 산약초 내 어떤 성분이 피부에 좋을 수도 있다. 하지만 검증되지 않은 것은 비록 그것이 먹는 약초라 해도 피부에 바르는 것은 현명

치 못하다. 우려낸 녹차 속 카테킨 성분처럼 검증된, 즉 안전하고 효능 있는 성분을 사용하는 것이 옳은 방법이다. 피부는 생각보다 예민하고 살아 있는 세포들이기에 검증되지 않은 물질로 모험을 할 수는 없다. 피부 관리에 과학이 절실한 이유이다.

모순矛盾: 막으려는 장벽과 뚫으려는 기능성 화장품

피부는 장벽을 만들어야 한다. 그것이 피부가 존재하는 이유이기도 하다. 마음대로 아무것이나 피부 내로 들어가면 안 된다. 반면 기능성 화장품은 유용한 물질을 피부에 전달시켜야 효과가 있다. 피부장벽을 통과해야 한다. 막겠다는 장벽, 들어가겠다는 기능성 피부소재, 둘 사이는 모순矛盾, 즉 창과 방패다. 피부에 좋은 성분을 만들었다면 그 효과를 검증해야 한다. 검증은 피부세포와 실제 인체를 사용한다. 실험실에서 사용하는 피부세포는 검증이 간단하지만 실제 피부와는 많이 다르다. 다른 점 중의 하나는 피부장벽 여부다. 인체는 피부장벽이 있다. 이걸 통과해서 어떤 물질이 들어가야 피부세포에 원하는 효과를 일으킬 수 있다. 따라서 연구자들은 갖가지 방법으로 피부침투 효율을 높이려 한다. 사용하려는 원료 특성이 가장 중요한데 우선 소재 크기, 즉 분자량이 작아야 한다. 500달톤 이하면 쉽게 침투한다.

그다음으로 중요한 특성은 소재가 친수성인가 소수성인가이다. 소수성, 즉 물에 잘 안 녹는 구조일수록 잘 들어간다. 피부장벽의 세 가지 성분은 세라마이드(40%), 지방산(25%), 콜레스테롤(25%)이다. 모두 소수성이며 이 성분들을 통과해야 한다. 즉 화장품 유용 성분이 크기가 작고 소수성이라면 피부장벽은 쉽게 통과한다. 그렇지 않을 경우는 다른 방법을 쓰는데 고분자물질로 둘러싸서 나노입자 크기로 만들면 통과효율이 높아진다. 대부분 단백질은 친수성이고 분자량이 커서 그냥 들어가지지 않는다. 호르몬, 사이토카인 등 세포 내 중요한 신호전달물질을 피부세포에 공급하면 효과가 높은 경우가 있지만 이런 물질들은 피부장벽을 뚫기가 대단히 어렵다. 예를 들면 피부세포 성장인자hEGF는 분자량이 6045이다. 친수성에 고분자인 이 물질만 통과시킨다면 상처 난 피부가 쉽게 재생이 될 터인데 침투가 관건이다. 기능성 화장품은 기능성물질을 함유한 화장품으로 확실한 기능성을 보이려면 피부에 침투해야 한다. 막겠다는 피부장벽과 뚫겠다는 기능성 화장품 사이 한판 승부가 기대된다.

Chapter 7

사막을 살아가는 비법,
촉촉함

: 수분과 보습

나는 나이보다 젊어 보일까 아니면 겉늙어 보일까? 내 나이 또래 저 배우는 어떻게 저렇게 팽팽한 피부를 가지고 있는 것일까? 태어난 체질 덕인지 뭔가 남모르는 비법이 있는지 궁금하다. 최근 연구에서 나이 드는 것보다 더 빨리 피부 노화를 가져오는 원인을 찾아냈다. 바로 피부 보습력이 떨어질 때다. 그렇다면 최고의 보습제를 찾는 일이 최고의 피부를 만드는 지름길이라고 할 수 있을 것이다. 그 답은 사막에 있었다.

이집트 수도 카이로 외곽, 사막이 시작되는 바로 그곳에 사람들이 농장을 만들고 있었다. 사막 한가운데 작은 나무들을 줄지어 심어 놓았고 그 옆으로 물탱크와 물을 뿌려주는 긴 파이프가 장관이었다. 물탱크에서 물이 뿜어 나와 심은 나무가 뿌리를 내리고 잎이 자라난다. 하지만 심긴 나무들이 제대로 살아남을지는 의문이었다. 이미 바싹 말라버린 나무들은 농사일로 거칠어져서 말라버린 피부를 가진 시골 할머니 손 같아서 안쓰럽기까지 하다. 사막에서 식물이 살기란 8월 한낮 아스팔트 위에 뿌리를 내리는 것보다 더 힘들어 보인다. 식물이 사막에서 살아가는 비법은 없을까?

사막은 일 년 내내 강우량이 25㎜로 한국 강우량 50분의 1밖에 안 된다. 이집트 카이로에서 20년 만에 올해 처음 비를 맞았다는 가이드 말이 실감난다. 그런데 이런 사막에서도 잘 살고 있는 식물이 있는데, 그건 선인장이다. 선인장은 놀라운 식물이다. 선인장은 잎이 없지만 날카로운 가시가 잎을 대신하고 있다. 잎을 통해 수분이 증발되는 것을 막는 진화의 흔적이다. 선인장을 잘라본 사람은 물이 촉촉이 배어 있는 선인장 몸체를 발견할 수 있다. 이렇게 물을 가지고 있는 또 다른 식물에는 알로에가 있다. 백합과에 속하는 이 식물도 선인장과 비슷한 환경에서 자란다.

이 식물들이 가지고 있는, 보습 능력이 있는 물질은 트리할로스 Trehalose라는 당糖이다.

두 개의 포도당이 결합된 이 물질은 극한 환경에서 살아가는 데 많은 도움을 준다. 세포 내에 물이 부족해지면 두 개 포도당 분자가 결합한 트리할로스를 만든다. 이 물질은 알파결합을 하고 있어서 녹말과 같은 결합구조이다. 그런데 위급한 상황, 즉 급히 포도당을 만들어 살아남아야 할 때는 트리할로스가 더 쉽게 포도당을 만든다. 왜냐면 효소로 자를 때 녹말은 1개의 포도당을 한쪽 구석에서 내놓지만 트리할로스는 한 칼에 두 개의 포도당을 동시에 내놓는다. 또한 이 물질은 구조상 물을 품고 있기가 쉬워서 좋은 보습제 역할을 한다. 게다가 이 물질은 온도가 내려가면 세포 내에 얼음이 생기는 것을 방지해 준다. 한마디로 추운 겨울에도 식물에 수분을 유지할 수 있는, 때로는 비상식량기능까지 가지고 있는 놀라운 물질인 것이다.

사막에서 살아남는 부활초

  이 물질이 들어있는 식물은 선인장뿐만 아니라 사막에 살고 있는 또 다른 식물인 부활초Resurrection Plant이다. 이 식물은 성서에서 나오는 유대 광야 '여리고' 계곡에서 자라는 '여리고 장미Rose of Jericho'이다. 예수님이 죽었다가 부활한다는 의미의 부활초는 물이 없으면 트리할로스를 만들면서 휴면 상태로 들어간다. 거의

사진 4-17 **사막 부활초**

마른 상태로 사막을 굴러 다닌다

죽은 것처럼 바람에 의해 광야를 이리저리 굴러다니는 이 식물은 물이 있는 곳에 도달하면 언제 그랬냐는 듯 피어난다. 그래서 부활초라는 명성과 함께 축복받은 식물이 되었다. 사막에서 살아가는 방법을 터득한 것이다.

이집트 수도인 카이로에서 반나절을 이동하고 다시 지프차로 한 시간을 달리면 베두인이 살고 있는 사막에 도착한다. 이곳 사막에서 살아가려면 몸과 마음이 선인장 같아야 한다. 아무리 황량한 환경이라도 선인장 속처럼 늘 촉촉하게 사람들을 품을 수 있어야 한다는 말이다. 여행에서 만난 베두인 남자와 결혼해서 살고 있다는 '열정의 한국인' 여인을 이곳에서 만날 수 있었다. 그분의 거칠어진 피부에, 뜨거운 가슴에 트리할로스가 가득한 부활초를 선물하고 싶다. 촉촉함이야말로 사막을 살아가는 비법이기 때문이다. 나이보다 젊은 피부를 가지는 방법, 그것은 부활초처럼 늘 촉촉함을 갖는 일이다.

사진 4-18 **부활초 부활 모습**

부활초에 물을 공급하면 수 시간 내에 식물체로 자라난다

사진 4-19 **사막 부활초 보습 성분(트리할로스 구조)**

당이 2개 연결된 구조로 다량의 ―OH 그룹을 가져서 물을 많이 함유한다

피부장벽을 닮은 보습화장품

피부가 촉촉하려면 수분이 날아가지 말아야 한다. 수분증발 방지법은 2가지다. 피부장벽에서는 나가는 것을 막고 피부 내부에서는 물을 잡아주어야 한다. 피부장벽은 세라마이드, 지방산, 콜레스테롤 3종류의 소수성 물질로 피부장벽을 만들어 수분이 쉽게 빠져나가지 못한다. 반면 피부표피층에는 천연보습인자NMF: Natural Moisturizing Factor인 아미노산유도체(피리돈, 카복실산)가 있다. 이놈들은 피부세포가 위로 올라가면서 세포 내부에서 생성된다. 바로 이놈들이 수분을 잡고 있다. 피부의 이런 기능을 모방해서 피부보습 화장품을 만든다. 보습용 화장품은 두 가지 성분이 있어야 한다. 화장품 내 오일 성분은 피부에 얇은 기름 막을 만들어 증발을 방지한다. 화장품 내 보습 성분은 글리세린, 트리할로스, 당 등이다. 이 물질들은 구조 내에 물을 잡아주는 친수성그룹-OH이 많다. 글리세린은 담배첨가제로 담배를 촉촉하게 해야 '호로록' 타버리지 않고 연기를 만들어 낸다. 이 세 개의 OH 그룹이 물을 잡아준다.

사진 4-20 **글리세린 구조**

피부 수분 손실 측정법

피부장벽과 피부보습기능이 저하되면 피부 내 수분이 표피를 통해 밖으로 날아간다. 손실 정도 측정 방법은 피부 상단 2곳 상대습도를 측정한다. 수분손실이 클수록 상대습도 차이는 커진다. 수분손실은 피부장벽기능이 떨어졌을 때 증가한다. 주방세제를 자주 쓰면 피부장벽 내에서 기름 성분이 없어진다. 장벽이 깨지면 급격히 TEWL이 증가한다. 나이 들면 TEWL은 약간 감소한다. 그 이유는 피부장벽기능 자체보다는 피부각질이 두꺼워지기 때문이다. 즉 피부세포가 진피/표피 경계에서 분열해서 자라 올라오고 장벽을 형성하는 기간이 4주에서 더 지연된다. 4주 만에 장벽이 떨어져 나가야 하는데 늦어지면 두꺼워진다.

사진 4-21 **피부수분손실 측정원리**

피부 위의 두 점 사이의 상대습도 차이를 구한다. 차이가 클수록 수분증발 속도가 크다

사진 4-22 **피부장벽 구성**

피부최외곽 각질세포 사이에는 세라마이드, 지방산, 콜레스테롤이 이중 막을 이루어서
피부장벽을 형성한다

사진 4-23 **피부 아토피**

피부장벽이 환경, 유전적 원인으로 깨질 경우 아토피가 발생한다

전파과학사에서는 독자 여러분의 책에 관한 아이디어와 원고 투고를 기다리고 있습니다. 전파과학사의 임프린트 디아스포라 출판사는 종교(기독교), 경제·경영서, 문학, 건강, 취미 등 다양한 장르의 국내 저자와 해외 번역서를 준비하고 있습니다. 출간을 고민하고 계신 분들은 이메일 chonpa2@hanmail.net로 간단한 개요와 취지, 연락처 등을 적어 보내주세요.

피부 나이를 거꾸로 돌리는
바이오 화장품 (큰글자책)

1판 1쇄 찍음 | 2022년 3월 22일
1판 1쇄 펴냄 | 2022년 3월 29일

지은이 | 김은기
펴낸이 | 손영일
편집 | 손동민
디자인 | 기민주

펴낸곳 | 전파과학사
출판등록 | 1956년 7월 23일 제10-89호
주소 | 서울시 서대문구 증가로 18(연희빌딩), 204호
전화 | 02-333-8877(8855)
FAX | 02-334-8092
E-mail | chonpa2@hanmail.net
홈페이지 | www.s-wave.co.kr
공식블로그 | http://blog.naver.com/siencia

ISBN | 978-89-7044-715-5 (03590)